国家社科基金后期资助项目
出版说明

　　后期资助项目是国家社科基金设立的一类重要项目,旨在鼓励广大社科研究者潜心治学,支持基础研究多出优秀成果。它是经过严格评审,从接近完成的科研成果中遴选立项的。为扩大后期资助项目的影响,更好地推动学术发展,促进成果转化,全国哲学社会科学工作办公室按照"统一设计、统一标识、统一版式、形成系列"的总体要求,组织出版国家社科基金后期资助项目成果。

全国哲学社会科学工作办公室

国家社科基金
后期资助项目
GUOJIA SHEKE JIJIN HOUQI ZIZHU XIANGMU

义素层级析出
对语法结构的影响

——以"V$_{走/跑}$+N"非常规结构为例

陈建萍　著

上海三联书店

序

    近日收到陈建萍厚厚的书稿,读过之后第一感觉是:书稿有厚度,内容有分量。书稿是在她的博士学位论文基础之上形成的,相对于她的学位论文,书稿题目和内容均作了较大改动,内容更加聚焦、更加完善,更增加了许多"新意",这大概是她的书稿内容能够得以顺利获得国家社科基金后期资助的主要原因吧。

    现代汉语的非常规结构一直受到学界的关注,近些年来更是成为语法学界研究的热点之一,特别是在结合构式理论方面的研究,然而就目前的构式研究来说,大多文献呈现的是从构式的整体进行探讨,而对于构式内部的构件组配规律,以及构式语义、功能与构件组配方式的互动却重视不够,陈建萍的书稿正是在这方面下足了功夫。陈建萍的研究,以原型动词"走"及其历时承继的动词"跑"为研究对象,考察"走/跑"与名词组配中的非常规结构,从两个方面展开讨论,一是对该类结构中的部分个案进行深入分析,结合与相关的常规结构的比较,探究了"走样""走心""跑腿""跑肚"等一系列"凝固性"非常规结构所形成的路径、机制和动因;二是从宏观层面出发,探讨了义素层级析出对语法结构的影响,针对"V$_{走/跑}$＋N"非常规结构,构建出非常规结构的等级梯度,探讨了义素层级析出与非常规等级梯度的正比关系。

    坚持形式与意义相结合进行研究,一直是汉语语法学界所秉持的基本原则之一,这突出表现在20世纪末汉语语法学界以描写为重心的时代。当前语法学界的研究重心早已把目标设定为解释工作,但很多文献却又轻视了扎实的描写工作。纵观陈建萍的研究,始终坚持了形式与意义的结合研究,书稿以V$_{走/跑}$意象图式与句法映射之间产生的语义为接口,从语义与语法互动的角度进行剖析。单就其深层语义分析来说,涉及的语义单位就有义素、基义、义位、义位变体、陪义等,可见其描写之细、用功之深。在解释工作方面,陈建萍的研究所涉及的理论有认知语言学理论中的运动意象图式、原型理论、隐喻和转喻理论,除此之外,还涉及语义学、语用学、修辞学、语言演变等多方面的相关理论,可见陈建萍的学术视野之广。

通读全书内容,我认为陈建萍的突出创新有两大方面:第一,打通了研究非常规结构中的"认知—语义—句法"相结合的研究路径;第二,进行了修辞、语用、语法、语义、词汇等多个层面的互动研究。总的来看,陈建萍的研究,大处着眼,小处着手,观察充分,描写细致,解释合理,方法适切,结论可靠,不仅对汉语非常规结构的研究有着重要的借鉴意义,对非常规结构的国际中文教育应用研究也大有裨益。

人生充满许多偶然性,但我更相信人与人之间的相遇相识更是一种缘分。2010 年 7 月,在云南大学组办的"第八届国际汉语教学学术研讨会"上,我认识了陈建萍,当时她曾开玩笑道:"如果有一天您当了博导,就考您的博士",我当时也当句玩笑话答应了下来,没想到 5 年后此话"基本成真"。之所以说"基本成真",是因为在 2015 年,陈建萍本来顺利考取到了金立鑫先生门下,但金先生当年确定要去韩国支教 3 年,他很是负责,认为从指导便利方面来说,还是转过来由我来指导陈建萍较好,这对我来说真是"捡到了宝",这里要特别感谢金先生!与陈建萍进行交流,发现她阅读面广、阅读效率高,在攻克难题方面,不畏险阻,有股永不服输的劲头,正因为如此,陈建萍在读博 3 年中取得了较为丰硕的成果。其实,陈建萍对文学的研究兴趣也比较浓厚,曾写出过较有影响的专著《辨明红楼梦里人——跟中文老师解读〈红楼梦〉人物关系》,也发表过一系列高水平的论文,这不仅展现了她对汉语言文学多方面的浓厚兴趣,也展现了她多方面的才华。陈建萍博士毕业后到上海体育大学从事国际中文教育工作,正为汉语言文化的国际传播发挥着积极作用,相信她的学术道路会越走越宽广!

吴春相

于 2024 年 5 月 27 日

目　录

第一章　绪　　论

第一节　语义与语法互动研究背景

一、语义与语法互动研究视角

近年来,在汉语语法研究中,形式语法与功能语法是比较有影响力的理论。形式语法是以形式化为标志,追求普遍语法为目标;功能语法是以研究语言交际中的功能为标志。这两者均是从西方引进的语法理论,在研究汉语的过程中,逐渐具有一些中国特色。而关于汉语语法的总体特点,吕叔湘先生在《汉语语法分析问题》中提出"汉语语法缺乏严格意义上的形态变化"。这个"形态"依然是我们站在西方语言的视角进行界定。而当我们排除西方印欧语言的干扰,朴素地来看待汉语语法,可以发现汉语语法的特点是:"表现语法意义的语法形式是多种多样的,汉语语法不依赖于严格意义的形态变化,而主要借助于虚词、句式、重叠、语序、框式、韵律等其他语法手段来表现语法关系和语法意义。"(邵敬敏,2020)。在此基础上,邵敬敏提出了语义语法理论,将虚词聚类、句式系列、框式结构、重叠格式、韵律、流水句等都纳入语法研究的范畴。

基于汉语的特点,语言学界先贤已经开辟了意义与形式双向通道研究的先河。吕叔湘(1982)提到语法研究要"从形式到意义,从意义到形式";朱德熙(1982、1985)认为语法研究要"形式和意义相互验证";胡裕树、范晓(1985)提出"三个平面"理论;王维贤(1991)提出在语法研究中"语义重要性"论述;陆俭明(1991、1997)进行关于语义特征和语义指向的研究。由此可见,从意义和形式双向进行研究的方法既继承了吕叔湘、朱德熙为代表的语法研究思想,也是适合汉语语法的特点。在此基础上,邵敬敏、吴立红(2005)提出了语义语法的一系列研究原则:1.在研究语法形式时,不忘意义解释;在研究意义时,不忘形式上的验证。2.形式和意义是双向的。3.倡导语义研究对汉语语法的决定性作用。4.对语法形式和语法意义内涵的理解要扩大,一切要从汉语的语言事实出发。

本研究的视角也是从语义和句法两个角度出发,两者彼此互动中探索语言的规律。使用"互动"一词,说明语义与语法关系含两个方向:一个方向是语义对语法结构的影响作用;另一个反向方向是句法结构产生的语法意义,而这个意义与组构成分的语义特征具有一定关系。

二、非常规结构语义与句法错配

在语言系统中,语法规则抽取自语言事实。而符合抽象的语法规则却并非全能生成正确的语言表达。例如及物动词后可搭配名词,但"吃"之后不可搭配"桌子、凳子"等名词。在符合语言规则的前提下,词语之间的搭配规律,还受到并置理论制约。并置理论是研究相关词汇之间的一种或然关系(probabilistic-lexical relations)。并置,也叫搭配,是指语言中的某些词汇习惯上连在一起使用;是指一类词和另一类词之间有同现关系(co-occurrence)(李福印 2006:107)。进行组合的语义搭配问题,既有比较客观的,在各种语言中都具有共性的因素,例如,词所指称的客观事物,能不能那样搭配,逻辑事理上,容许不容许那样搭配;又有特定语言社会中比较独特的因素,例如,社会风俗、文化背景、思想习惯、语言心理等等(张志公,1987:i)。而在语言事实中,出现突破传统语法规则的非常规结构,例如"吃食堂""喝西北风""走眼""跑肚"等,这些结构内部词汇之间并置关系不能从结构表面观察笼统地纳入并置理论范畴。由此,我们将进一步探索是何种因素实现词语并置,在语义上呈现何种面貌。

第二节　非常规结构现象及相关理论前提

一、非常规结构句法现象及研究重要性

在现代汉语中,存在"走水路""走眼""跑项目""跑腿"等一类结构。这些结构中的"走""跑"均为自足动词,在句法规则中,其后一般出现体标记"了"说明动词的情况,或者衔接补语成分补充说明动词的结果。补语成分以数量短语居多,例如"走五公里""跑一趟"等。而"水路""眼""项目""腿"等名词,句法位置居于动词"走/跑"之后,但在句法结构中不是动词支配的对象,这不符合传统句法中动宾关系的界定。而这类搭配由于其特殊性,导致一些结构已固化成词,例如"走眼""跑腿"已被《现代汉语词典(第 7 版)》收录。这类结构,在现代汉语中大量存在。这对母语使用者而言,识解和运用该类结构都不存在多少障碍,而对将汉语作为外语学习和使用的二语学习者,这种相对于普通语言规则之外的例外现象,给以语言规则作为掌握语言为重要抓手的他们带来很大的困惑,这也是汉语国际教学中的难点。

在以往的学术研究中,学者往往将该类结构笼统地归纳为"非常规结构"。研究角度较为广泛,最常见的研究方法以个案剖析的形式进行。在中国知网学术期刊中,从动词角度出发,就能检索到以"吃食堂""喝西北风""睡沙发""晒太阳""淋雨""走人""跑项目"等"V+N"非常规搭配的研究。以2000 年后为例,关于"吃食堂"个案研究就达 25 篇之多。这些研究角度各异,但从"V+N"系统角度着手的,在文献检索中尚未多见,从该类结构句法搭配(语法)与词汇固化演变(语义呈现、义素析出)的互动动态角度入手,从而探索语言语义表达与语法规则形成的底层逻辑角度出发,则更为罕见。

在人类认知中,"吃"既是词汇核心基本词,也属于高频使用的常用词,而"走"也是属于这同一类。在 BCC 语料库中,"吃"的使用频率为 1229653 次,"走"的使用频率则更是高达 1345742 次。而由"走"所构成的"V+N"结构,如"走过场、走江湖、走样、走眼"等,同样与"吃食堂、吃父母"等作为"V+N"非常规结构高频出现在汉语语言使用中。

探索语言共性规律是语言研究的终极目标。而共性规律的提炼是建立在众多个案探索的基础上。汉语中存在大量此类非常规结构现象,它们在汉语语言系统中普遍使用,能为汉语母语者正常识解,其结构内部必定蕴藏符合汉语母语使用者的认知规律。本书研究,是从语言映射客观世界的认知角度出发,选取典型高频常规动词:单音节"行走"类动词的原型动词"走"及其现代汉语承继动词"跑",以其所构成的"V$_{走/跑}$+N"非常规结构为研究内容,以其居于"行走"类动词范畴系统核心原型地位为视角,在理论与实践的重要性体现为以下几点:

首先,在理论价值上,从语言表述行为的层面,"行走"行为是与"吃喝"行为同属于人类最基本行为之一,因而在语言事实中属于原始及高频表述对象。而"走"是"行走"范畴类动词的原型,"跑"为现代汉语对古代汉语"走"的承继,两者具有典型性和原型性特征。以"走/跑"所构成的"V$_{走/跑}$+N"非常规结构为研究范例,从语言事实出发,探索其形成途径、动因、制约机制及其词汇化倾向的制约因素,从语法规则为语义表达服务的底层逻辑,探索语法与语义互动过程中凝练而成汉语语法规则,为"奔工地""遛娃""逛灯"等其他"V$_{行走}$+N"类非常规结构研究提供研究范式和方法,从而为系统研究

"V_{行走}＋N"类非常规结构奠定基础。同时可拓展到"光盘""上心"等其他非行走类"V＋N"非常规结构的研究,试图对"秒懂""头大"等不属于"V＋N"类非常规结构的探索提供一些启发。探索既成的语言学基本规则之外的其他规则,是语言学研究的基本任务;对汉语作为个体语言自身语法特点的探索,这是从构建汉语自身语法系统的角度而进行基础研究,具有一定的学术价值。

其次,在方法论上,通过对非常规结构的研究,在句法现象层面,我们尝试打通修辞、句法、词汇研究三重界面;从语言认知底层到呈现角度,试图从"认知—语义—句法"通道剖析非常规结构本质。在语言表达中,修辞的作用在于使语言表达生动鲜明准确,运用个体临时打破句法规则的方法,对语言进行创造性的表达。非常规结构在语言形式上具有异于常规表达的特殊性,这与修辞的特点一致;但其又具有高频使用的特点且固化进入汉语句法,向句法形式规则靠拢,但却未显示出具体原理。且因其原理的不明确性,在认知中,有的非常规结构已经固化成词,例如"跑肚、走眼"等。而词汇在句法形式上线性并置出现与词汇语义有关,句法结构的非常规化与并置词汇成分之间存在语法与词义之间的相互作用和相互影响。而非常规结构内部并置成分语义的变化,必然有其底层的认知基础。由此可见,非常规结构动态存在于修辞、句法与词汇之间,成为这三者之间的接口(interface)界面。通过对该类结构的研究,不仅能将修辞、句法、词汇三个层面研究有机整体地结合在一起,而且也探索出句法与语义互动,认知基础影响语义变化的通道,这在汉语言研究方法论上具有现实意义。

第三,从语言哲学角度,语言存在的根本目的是传信,而句法结构是语言的表层规则,语法规则以规约的形式协助词汇并置后整体语义提取,同时成为语义表达的规约手段。而超出规约手段的结构,若能在语言表层显化出现,必然有语言底层传信目的的需要及词汇获得并置的语义因素,这是必然性与可能性的两个方面。而义素析出与语法结构之间的影响研究,就是从语言表层显化的句法结构不符合传统规约角度入手,探究到语言底层传信表达语义的必要性(语用要求)和形成句法结构可能性的影响因素(义素链接)之间的关系。

二、义素概念及"义素析出"方式

在20世纪20—30年代诞生的结构语义学中,义素是结构主义语义学用来描写语义的最小意义单位,是义位的组成成分,也叫作区别性语义特征(张志毅、张庆云,2005:19)。20世纪40年代丹麦的语言学家叶姆斯列提出义素分析设想;1963年,高明凯在《语言论》中提出"义素"这一术语。语法单位之间直接联系是语法关系,深层联系则是语义关系,而语义,则由不同的语义特征(义素)构成。

对于义素,从不同角度可作不同的分类,周一民(1995:34-36)从不同角度将义素分为七组类型:显性义素和隐性义素、范畴义素和特征义素、中心义素和修饰义素、支配义素和从属义素、聚合义素和组合义素、同一义素和区别义素、固定义素和临时义素。张志毅、张庆云(2005)在基义内部义素层级结构中指出居于不同层级的义素具有显隐之分。而义素的显隐之分由Fillmore的框架理论提供理论支持。框架(frame)是与认知域(认知场景)相联系的一个概念,认为框架是联系着场景(即特定情境或背景知识)的,是知识的一种结构化范畴系统,框架为词语意义的理解提供了"内容"。可是,并非框架中的所有成分都能现实化为语言,人们往往都是从一个特殊的透视域(perspective)去考虑一个场景的,也就是说,只有经过透视域筛选的场景因素才能进入语言,与语义发生联系。"透视域"这一概念的基础就是认知心理学所说的注意(attention)。被人的认知所注意的成分才进入透视域,不被注意的成分就不能进入透视域,从而不能现实化为语言成分。而该框架落实到特定的意象图式上,随着注意力的凸显,意象图式中的元素得以显化,构成语言中的表达成分。这就是义素得以显化以语素义的形式出现。

焦浩(2021)在分析一篇定中结构的论文中将"义素从中心语的词义、语素义中析出并参与定中关系的建构"称为"义素析出"。并认为"义素的析出是以语法组合为前提的,语法与语义关系的不一致是激发义素析出的根本原因,析出义素是定语与中心语组合的语义基础"。这种方法是基于认知语言学背景中语义在意象图式解构下能分析到元素层面,而该元素在词汇语义学理论中表达为"义素"。而意象图式在不同认知域的投射,在语言理论中体现为隐喻或转喻,从而使义素潜隐入句法成分中。而在一些句法结构中,由于句法与主构成分的语义之间的关系不一致,迫使潜隐在主构成分中的义素在句法结构错配下通过不同方式析出,以陪义的形式成为句法成分错配的链接点,从而成为这些句法形式合理呈现的底层原因。

三、理论背景及采用语料

对"V走/跑＋N"非常规结构研究,我们基于的语言哲学基础是涉身哲学,理论背景为认知语言学相关理论、构式理论、词汇语义学理论、词汇化理论及语用理论。

(一)认知语言学相关理论

认知语言学理论与乔姆斯基(N. Chomsky)所依据的理论假说相反。乔姆斯基认为语言是离身的,是一种"形式系统",语法是独立于一般认知能力之外的存在。而认知语言学强调体验性。体验性不仅是认知语义学的一般哲学和心理学基础,而且还是隐喻、想象力和认知映现的具体来源(Johnson,1987;Lakoff,1987;Lakoff & Johnson,1999)。体验性强调非语言的身体经验与认知之间关系具有理据性和连续性特征,并试图寻求在人类神经生理学上的解释原则,它与认知神经科学的研究目标一致。认知语言学的体验性主要表现在四个方面:心智的体现性、认知的无意识性、思维的隐喻性和转喻性(Lakoff & Johnson,1999;王寅,2002;张辉、周平,2002)及体验性整合(embodied integration)(Fauconnier & Turner 2002)。

在认知语言学理论背景下,使用到的理论分别有意象图式理论、隐喻与转喻理论及原型理论等。

(二) 意象图式理论

认知语义学的中心原则之一,就是概念结构源自体验(embodiment),即体验的本质决定、限制了所呈现概念的范围和本质,而意象图式则是处于体验认知中心的一个理念(Evans & Green,2006:178)。

意象图式(image、imagery)包括两个方面,意象和图式。"意象"是一个心理学术语,是指人在某物不在场时但在心智中还能想象得出该物的形象,是没有外界具体实物刺激输入情况下,人在心智中依然能够获得其印象的一种认知能力(王寅,2007:173;参见 Langaker,1987:110)。心理学中的"图式"最早始源于 20 世纪 20—30 年代完型心理学对记忆的研究,英国心理学家 F. Bartlett 发现人的记忆能够把各种信息和经验组织成认知结构,形成常规图式,储存于记忆之中,新的经验可通过与其对比而被理解,而后皮亚杰提出"图式来源于动作"的观点(参见王寅,2007:172-173)。图式是人类关于客观事物的具有结构层次的认知单元,是一种固化思维模式,也是一种业已抽象化了的知识表征。意象图式是基于我们对世界的经验而形成的抽象认知模式,具有固定性和高度抽象概括性,通常是隐性地潜藏于大脑,并能够通过语言表现出来。它充分体现了认知语言学的体现主义哲学观(张莉莎,2011)。意象图式的"基本逻辑"源于其格式塔构造,即不仅是作为部分之聚合的结构整体,而是作为其格式塔构造的结果(George Lakoff,2007:281)。理解这种意象图式的方式是不能再化简的认知,运用的是研究语言学的形式逻辑的方式。在本研究中主要运用到的"位移—路径"意象图式,莱考夫(George Lakoff)对其构成原理阐述如下:

身体经验:我们的每次移动总有起点、终点,一系列连接起点和终点的相邻位置以及方向。当指称一个明确的空间终点为"目标"时,我们就使用"目的地"这一词语。

结构成分:包括源头(起点)、目的地(终点)、路径(一系列连接源头和目的地的相邻位置)和方向(朝向目的地)。

基本逻辑:如果你沿着一条路径从源头到目的地,那么你必须经过这条路径上的每个中间点。此外,你沿着这条路径走得越远,那么从开始算起,你经历的时间也就越长。

样本隐喻:各种目的是根据目的地来理解的,而达到一个目的则被理解为沿着一条路径从起点达到终点。一般说来,复杂事件总是根据源头—路径—目标图式而被理解的,它具有开始状态(源头)、一系列的中间阶段(路径),以及最终状态(目的地)(George Lakoff 2007:284)。

意象图式为下列论断提供了重要证据——抽象理性与两件事有关:一是理性以身体经验为基础;二是从具体领域到抽象领域的隐喻投射。其证据包括四个部分:第一,意象图式通过前概念方式建构了我们的经验。第二,存在与意象图式相对应的概念。第三,通过隐喻把意象图式映射入抽象领域,并同时保持其基本逻辑。第四,隐喻并不是任意的,而是由日常身体经验固有的各种结构激发出来的(George Lakoff 2007:284)。

(三) 隐喻与转喻理论

认知语言学认为,隐喻(metaphor)是词义引申的主要机制。与在各种虚化机制作用下词义渐变不同,隐喻机制可以在语义发展的任何一个时期使词义发生突然变化。隐喻一直被看作是修辞学范畴的一种特殊修辞手段,Lakoff & Johnson(1980)在 *Metaphors We Live By* 中首先提出概念隐喻(conceptual metaphor),从而把隐喻从修辞学范畴带入了认知语言学范畴。隐喻成为一种认知模式。从概念角度,人们通过具体形象、内部结构清晰的概念去理解相似的比较抽象且内部结构不清晰的概念。齐沪扬(2014:151)将隐喻区分为结构隐喻(structural metaphor)与本体隐喻(ontological metaphor)两种类型。结构隐喻是一种概念对另一种概念进行比拟阐述,即目标概念是通过源概念构成的。这种由源概念来理解或构成目标概念的隐喻即为结构隐喻。结构隐喻构成必须有两个条件:一是目标概念和源概念应当属于不同的认知域、有质的差异;另一个是两者之间又必须要有某种相似之点。这种隐喻正是通过抓住不同概念的相似之点,用源概念理解和认识目标概念。本体隐喻是日常生活中非物质性或超然的体验为实体。称其为本体隐喻是因为这种隐喻的源概念往往是人们日常生活中最熟悉的物体,通过这些物体,人们较容易实现识解目标概念的目的。

关于转喻理论,Langacker(1993)把转喻看成一个参照点现象,一个概念实体(或参照点,即喻体)为另一个概念实体的理解搭起了心理桥梁。邻近性(contiguity)是转喻产生的基础,也是转喻的重要特征(Ullmann,1962:218),这种邻近关系与词义之间意义邻近相一致。空间邻近性、时间邻近性和因果邻近性是转喻的基础。

在本研究中,将基于结构隐喻在语言上的表现形式归入类推机制。书稿中表述的隐喻皆指本体隐喻,与中国传统对隐喻的理解保持一致。而当基于方法论角度论述修辞、语法、词法打通时,将对修辞范畴的隐喻转喻与语法范畴的类推、重新分析等概念进行对比和厘清。

(四)原型范畴理论

原型范畴理论是相对经典范畴理论而言。源于维特根斯坦提出的家族相似性和模糊性观点。在"认知参照点"作用下,通过相似性或隐喻机制,形成原型范畴。原型范畴理论由 Rosch(1975)提出,其主要观点认为,人们不可能完全客观地认识外部世界,在同一范畴内的各成员之间,不存在共享所有特征的现象,无法用充分必要条件很好地说明它们,这些成员只具有家族相似性,其特征不是二分的,范畴的边界是模糊的,范畴内的成员地位是不相等的。

原型范畴理论中的"原型"指范畴内具体的典型样本,可称为原型样本(Prototypical Exemplar)、焦点样本(Focal Exemplar)等,是一个范畴的典型代表,是无标记的。人们掌握了原型样本后,可以以它为出发点,根据家族相似性原则进行类推建立一个范畴,从而了解范畴的整体情况。Ungerer & Schimid(1996:39)将原型看作一种"心智表征",可以作为一个认知的参照点,并认为这才是真正从认知角度作出的解释。

在本研究中,"走"是"行走"类动词的典型动词,以"走"为原型,可以建立一个"行走"类动词的原型范畴。而与"走"在现代汉语中具有承继关系的动词"跑",它与"走"之间具有最相近的家族性特点。"V走/跑+N"不同认知域投射的非常规结构,即"走+N"与"跑+N"之间,根据原型范畴理论,在非常规数量与结构句法分布特性上具有家族相似性。原型理论的应用,也为行走类动词的系统研究提供理论铺垫。

以上认知语言学理论前提,与文化有密切关系。Gibbs(1999:153)指出,当我们的身体与客观世界相互作用时,认知的产生和发展都以文化为基础(cuturally-based)。Quinn(1991)也指出,许多我们体验的经验都是根植于社会文化情境之中,像图式图像这样最基本的人的经验也不是简单地由身体所赋予的,而来自受文化制约的身体与客观世界。人类学家 Csordas(1994)证明,在许多文化中,当地的文化习俗塑造一些基本的体验经验,人们向身体的体验过程注入了文化意义。因此从某种程度上讲,心智的体验性产生于文化世界所界定的身体与客观世界相互作用。因此,本研究中的意象图式、隐喻转喻的建立与应用,在一定程度上受制于中国文化。

(五) 构式理论

自 20 世纪 80 年代,Fillmore & Kay 提出构式语法理论以来,构式理论一直在不断演变更新中。虽然 Fillmore 等学者是在生成理论的框架中提出构式语法,但正是在其提出该理论的过程中,对转化生成理论中语言天赋说、自治说、模块论、组合论进行了反思,从而影响了认知语言学家形成系统的构式语法理论。故将 Fillmore 提出的构式理论,也纳入认知语言学的总体理论框架下介绍。

从历时发展角度,构式理论主要包括 Fillmore & Kay、Lakoff 和 Goldberg 的构式语法理论、Langacker 认知语法构式思想、Croft 的激进构式语法模型以及新近涌现出的体验构式语法和流变构式语法。

以上六种构式语法理论中,Fillmore & Kay 详细论述了句法关系和句法传承性问题;Lakoff 和 Goldberg 提出了构式之间范畴化关系;Langacker 重点从语义范畴和语义关系的角度论述了构式;Croft 重点论述了六条激进观和类型共性;体验构式语法则是从理解语言目的出发,将人们的感觉运动系统模拟的概念表征语法化为一定的句法结构形式,将话语的概念理解看作是从内部对体验图式和心智模拟的激活;而流变构式语法是通过研究构式语法在语言着陆①中作用建立起来的一种计算形式化(computational formalism)模型。

这六种构式语法理论,在时间上有先后关系。在内容上,目前汉语理论学界,Lakoff 和 Goldberg、Langacker 的构式理论对汉语研究的影响特别大,被奉为经典。其与激进构式语法一致都认为语言知识不是天赋的,而是主要源于语言运用,应从语言运用角度来研究语言知识的形成和表征,这是对转换生成理论所倡导的天赋观、普遍观、自治观的反叛。在本研究中,例如在非常规结构形成过程中,非常规形义配对体在不同认知域投射时,是通过隐喻理论构成构式传承网络,以及动词与构式之间的互动,都是对两者经典理论的运用。同时,在研究结论中所涉及"走"作为人体最基本的行为动作之一,人体动作的肌动作用,则可以看作体验构式理论的一个语言印证。

---

① "语言着陆"或"符号着陆"(symbol grounding)主要研究人们通过感知(sensing)和范畴化将自然语言或符号与现实世界联系起来的方式。研究认为,不但符号可以根据现实世界基础的感知范畴系统性地同现实世界联系起来;人们自己也可以通过学习和相互协作建立概念范畴,实现范畴的象征化。该概念转引自牛保义《构式语法理论研究》,上海外语教育出版社 2011 年版,第 189 页。

（六）词汇语义学理论

对非常规结构的研究,在语言哲学背景下,选择认知语言学理论,是因为非常规结构属于非理想型语言,逻辑语言学、生成语言学将其视为例外。而在语言学系统中,任鹰(2016)认为,从某种意义上,有明确语义关系存在的句法结构体现的是信息价值与语义关系的耦合,这样的结构往往是功能附加值不高的结构。而语义关系不甚明确或者较为特异的结构体现的则是信息价值与语义关系的异动,这种结构则凸显附加功能。而现代汉语"V走/跑＋N"非常规结构恰恰就是这类较为特殊的结构。那么,在认知语言学理论基础上,需要一套术语来理清结构内组构成分之间的语义关系。在此,我们选用的是词汇语义学理论中的术语界定。语义学研究通常是在词汇和句子两个层面上进行的。在词汇层面上的语义学就是词汇语义学(lexical semantics)。结构语言学的首要部分就是词汇语义学。张志毅、张庆云(2005:9)用词汇语义学的观点研究词义,把词义看成一个系统,多角度加以研究分析。义素、基义、义位、陪义等概念能较好地指称非常规结构中组构成分中的语义情况,在结构中不甚明确的语义方面进行较为确切的分析及厘清。

在本研究中,主要涉及的语义单位为义素、基义、义位、义位变体、陪义等。这在(张志毅、张庆云,2005:13-56)有详细阐述。这些在本书采用的术语,与杰弗里·利奇(Geoffrey Leech)对"意义"的解释有重合交叉之处。杰弗里·利奇(Geoffrey Leech)将"意义"分为三大类,分别为"理性意义""联想意义""主题意义"。而词汇语义学中的基义与其"理性意义"一致;陪义与"联想意义"一致;而"主题意义",是组织信息的方法(语序、强调手段)所传递的意义。在词汇语义学中无特别对应阐述,但在本研究为保持论述的一致性,以动态方式进行阐述而不采用"主题意义"概念。

（七）词汇化理论

词汇化分历时和共时两个角度。历时角度指的是进入词库,成为词库中储存的规约性成分和整体性的单位(Blank,2001;Lehmann,2002);还可指某个特定的形式不再具有规则的语法性规律(Anttila,1989[1972]:151);共时角度,词汇化指"概念表征和句法之间存在某种联系,以及这种联系是如何被形式化的"(Brinton & Traugott,2005:18-20)。词汇化过程还可指语言成分从隐含义到编码、规约义。

Brinton & Traugott(2005:95-98)在前人定义基础上,对词汇化进行如下界定:词汇化是在特定的语言背景下,语言使用者用一种句法结构或构词作为一种新的实义形式,并且其形式和语义特征不能完全从结构的组成或构词类型派生、推导出来。这些形式经过一定时间的演变,已经词汇化的项目还可能进一步丧失内部的组构性,进一步词汇化。

词汇化理论在本研究中的运用体现在:论证诠释非常规结构中组构成分之间紧密结合,导致结构需要进行整体识解。

(八) 语用学理论

20 世纪 70 年代,"功能—类型"学派语言学家试图回答"'说话人'如何能'使用现成的'或'临时结构'(Bolinger 1976:1)来传递信息和致使事件完成"(Hopper,1988:155-173)。同样,由于把语言看成一种认知能力,这种方法优先将语言视为说话人与受话人之间的一种交际策略。关键的是这种假设认为意义与语言结构之间存在因果关系,并且外部因素可以形成语言结构。语言是一种社会活动,而不是一种静态能力附带现象(Lehmann,1993:320)。

这显示了在语法形成过程中,两种对立的观点:"一种观点认为语法是自足模块,该模块由一套具体语言和独立于语篇要素的绝对性(absolute universals)操作所引导;另一种观点认为语言是一套认知倾向,该倾向由语言外部因素强烈影响而成形"([英]劳蕾尔·J.布林顿[Laurel J. Brinton],[美]伊丽莎白·克洛斯·特劳戈特[Elizabeth Closs Traugott],2005,罗耀华等译,2013:12-13)。由此可见,外部语用对语法形成具有推动作用。因此,结合语用相关理论,更能够全面地研究语言现象。在本研究中,主要运用了语用理论中的合作原则。

Grice(1967、1975、1978)阐明了交际中需要遵循合作原则。在合作原则中,量的原则对本研究尤为重要。量的原则主要指的是"适量原则"(Grice,1975)。该原则包含两个方面,一是信息"足量",即传递的信息要充分,其对应的是 Zipf(2016)的"尽力原则"(the principle of sufficient effort)。这是从听话人角度,为对方尽力。尽量使语言复杂变化,包含信息足量充分,达到精细化表达效果。二是信息"不过量"原则,即传递的信息量不能过多。邢福义(1997)曾明确提出:"在汉语语法结构中,有一个十分值得注意的事实,这就是语义蕴含上的兼容性和形式选用上的趋简性,同样一个语法结构中,可以包容多种意义。"因此,这两条语用原则,在趋简性与包容性并存的汉语中,其语用功能得到充分显现,在句法中促使和影响到非常规结构的形成与应用。

采用语料

本研究所采用语料,来源主要为北京大学汉语语料库(CCL)及北京语言大学语料库(BCC),同时参考语料库在线。

北京大学 CCL 汉语语料库在 2014 年 8 月根据詹卫东发布的统计,总字符数为 787938687(token),其中现代汉语语料库总字符数为 592412339 (token)。

其语料比较规范,故本书对规范性语例引用以此为标准。

北京语言大学 BCC 汉语语料库,到目前为止,总字数约 150 亿字,包括:报刊(20 亿)、文学(30 亿)、微博(30 亿)、科技(30 亿)、综合(10 亿)和古汉语(20 亿)等多领域语料,是可以全面反映当今社会语言生活的大规模语料库。该语料库特点首先在于规模大,有利于语料定量分析;而其中"报刊"类亦为规范语料范本,"微博"类语料则较为接近生活语言,语料的区分度为语言发展演变研究提供依据。

"语料库在线"是国家语委现代汉语语料库,它是一个大规模的平衡语料库。全库约为 1 亿字符,其中 1997 年以前的语料约 7000 万字符;1997 年之后的语料约为 3000 万字符,手工录入和取自电子文本各半。标注语料库为国家语委现代汉语通用平衡语料库全库的子集,约 5000 万字符。标注是指分词和词类标注,已经经过 3 次人工校对,准确率大于 98%。"语料库在线"中的语料对出处及时间标注清晰,准确率高,能够对出自 CCL 或 BCC 的语料起到校准作用,能起到对历时语言发展的辨析作用。

以上三大语料库,为本书研究语料的主要来源。根据不同研究目的,适当选用各个语料库语料。在研究过程中,也适当将各个语料库语料进行比较甄别。而当语言结构向当代网络新词发展的研究中,语料则来自网络检索。另在描写对比中,会适当运用自省的确定语料。

第三节 "V_{走/跑}＋N"非常规结构研究现状

"V_{走/跑}＋N"非常规结构,首先属于动词与名词组配范畴。因此,动名组配关系研究是本研究的大背景。下面从动名组配关系背景研究入手,对动名关系研究、动名组配中非常规述宾关系研究、"走/跑"动词研究及"V_{走/跑}＋N"非常规结构几个方面对前人研究进行阐述。

一、动名关系研究

动词与名词的组配关系在句式中表现为述宾结构,而句法中述宾结构的本质是施事发出的动作使宾语的状态有所改变。但在汉语句法中,动名组配之间的关系复杂度超过述宾关系。

这种复杂度,学界研究主要从动词、名词及动词与名词之间的关系三个角度切入。

从动词角度,李临定(1990:170)用"系"的概念表述动词联系名词宾语语义类型的数量情况。在李临定的启发下,梁永红(2017)对当代汉语及物动词带名词宾语情况进行了考察,把李临定界定的"系"的概念从平面上动词能带多少类宾语的可能性,进行立体分层,上位指动词带宾语的语义类型,下位指某一类型下宾语的差异。而即使梁永红对当代汉语动词带名词宾语情况进行了进一步细化描述,但也承认这种划分方式还是不足以说明已经发生变化了的宾语情况。

从动词后名词的角度,李临定(1983)对宾语使用情况进行考察,对动词后的名词情况进行了详细描写。其中也囊括了一些难以界定为宾语的名词成分,以"习惯性搭配"归纳。

而当单独从动词出发或名词宾语类型界分难以找到同一途径解释彼此关系时,对动名之间的关系探讨成为一个新的视角。魏红(2009)探讨了宾语结构形式的规约性,指出动名之间的规约性受到句式、动词、宾语、韵律甚至语用各方面制约;朱军(2006、2007)在探讨句法结构时,从动词配价、论元隐现的角度逐渐向以论元结构的层次性和互动性来探讨句法成分之间制约关系(朱军,2009、2010),认为构式、论元、动词之间具有互动性。这个观点对动名组配中的复杂现象解释作出了有益的探索。

总而言之,动名关系的复杂性关键在于其在句式表现上除了常规典型的述宾结构外,还存在相对于常规形式之外的非常规结构。而以上对动名关系的多角度探讨,亦是寻求以统一的理论或方法来解释这些常规与非常规动名关系。这使单独对动名关系中的非常规结构的探究自然也成为学界关注的重点。

二、"V+N"非常规结构研究

动名非常规搭配研究学者关注已久。近十年来,研究者主要把视角集中在这样几个方面。

第一,从句式层面研究非常规搭配。谢晓明在其博士论文(2002)对"吃/喝"个案研究中,对动名非常规搭配有所关注,随后在此基础上的相关论文(谢晓明、王宇波,2005;王宇波,2007;谢晓明、王宇波,2009;王宇波,2010),讨论了句法层面对动名非常规搭配的约束。该研究以"小句中枢"为理论基础,以"句管控"为方法,讨论了对举、省略和移位、成分共现以及特殊句法格式等句法因素对述宾非常规搭配的管控作用。甘莅豪在博士论文《空间动因作用下的对举结构》(2008)中认为从句法对举的角度,能使不合法的动宾结构合法化,也是从句法角度对该研究的进一步推进。

第二,以生成词库为理论基础,从词汇角度对动名非常规搭配进行解释。主要有黄洁(2012)从动词和名词的词汇语义表征出发,以"吃+N"讨论动宾非常规搭配的工作机制;李强(2015b)同样从生成词库角度,讨论了"读+N"非常规结构;吉益民(2016)运用生成词库论语言意义"强组合性"思想解释了"V+目的宾语"结构。

第三,随着认知语言学理论的兴起,动名非常规搭配研究的理论基础逐渐向这个方向转型。谢晓明、王宇波(2007),黄洁(2009、2015),蔡意(2014),韩金广(2014),尹铂淳(2016)等,都分别从概念整合、隐喻转喻、认知语义等角度讨论了"吃+N""走+N""跑+N"等非常规结构。对句法成分的搭配从语义、主观性等角度进行了诠释。其关注点逐步转向对语义的关注,例如邹虹、王仰正(2010)对"吃"的原型语义构建,韩金广(2014),黄洁(2015)从认知角度对"吃"的语义诠释都具有较强的解释力。

其他从"潜及物动词"带宾语(徐杰,2001);不及物动词带宾语(芜菘,2002;刘晓林,2004;李杰,2004;孙天琦、潘海华,2012;卢英顺,2016);意合性作用下动词后论元共现(朱军,2009);构式语法(刘琦,2012;李艳芝,2018)等角度,对动词后带非常规宾语都进行了一定的探讨和解释。

在这些研究中,在语料选择方面,最集中是关于"吃喝"类动词的非常规结构。谢晓明、王宇波(2007、2010),刘琦(2012),韩金广(2014),黄洁(2012、2015)等几乎都是围绕"吃"展开。也有涉及"行走"类,例如谢晓明、王宇波(2005),蔡意(2014)等;其他涉及的便是"读"(李强,2015b);"晒、吹、淋"(刘琦,2012);"吃、睡"(李艳芝、吴义诚,2018);"追"(陈建萍,2018)等。

从动名非常规结构的研究来看,学者们关注的视角从形式逻辑句法角度解释该类搭配的合理性,逐步转向认知语言学的概念整合、转喻隐喻等理论的应用。在认知语言学及词库理论的两者结合中,学者们更加关注两者从语义角度结合的规律。

在国外新兴理论兴起的背景下,关注语义,是契合汉语言特点的方向。在非常规结构研究中,这应该是一种具有汉语特色的研究范式。本研究也拟从语义角度入手,同时考虑外部语境对该种结构成因的影响,以认知语言学理论为基础,希望在前人基础上能再推进一步。从认知底层意象图式出发,以在此形式上形成的语义中义位、陪义、义素等语义要素,从更本质的角度来探索"V_{走/跑}+N"非常规结构的形成规律与制约机制。

三、"走/跑"动词研究

"走"是"行走"类动词原型,"跑"与"走"语义在历时有承继关系。对于这两个词的研究,主要分两类:一类为"走/跑"个体研究,另一类为"走/跑"所构成的词汇。

第一类研究主要从三个视角展开。

第一个视角是从历时角度研究。例如杨克定(1994),杜翔(2004),张治三(2005),孟晓妍(2008),叶锦明(2019),赵芸(2022)都从历时角度谈了"走"的语义、语法功能等历时演变。陈念波(2009)对"跑"的历时语义进行了考证。

第二个视角为兼跨历时共时角度的研究,典型的例如白云(2007)、黄小娅(2012)通过共时历时比较,指出"走"语义演变的复杂性;另一突破口从方言角度展开,这是将共时平面的语义现象与历时演变挂钩,以空间换时间的角度进行论证。主要有王临惠(1998)、赵变亲(2015)分别从临猗方言、山西襄汾方言角度对"走"语法特点进行了描写解释。

第三个视角为从共时平面展开。例如何昌平(2006),唐婧、彭巧燕(2008),回江月(2010),陈妮妮、杨廷君(2014),尹铂淳(2016)在共时平面上对"跑"的语义进行了细致考察,并对"跑＋N"结构从题元特点、认知角度进行了研究。中外对比是对"走"进行研究的另一个共时平面视角。典型的有马秉义(2006)将"走"与"walk"语义进行比较研究;钟珊辉(2009),周领顺(2015)将"跑"与"run"进行了对比研究。

第二类是对"走/跑"构成的词汇研究。

从"走"类词出发,比较有代表性的是丁建川(2006a、2006b、2008)对"走"这一族词提出"类词缀"的看法。蒋协众、杨利丹(2007)对"走 X"的扩展研究。另个体词的研究,例如"走光"(陈海威,2006)、"暴走"(彭小琴、刘晓然,2007)、"走起"(莫梦娜、黎勇权,2015)、"走心"(程文文,2015;孔德超、杨琳,2016)、"跑路"(劳麟书,2012;谢坤,2013)等。这些"走 N""跑 N"类新词的研究,作者们普遍观察到了该结构在语言应用中的生命力,但其研究基本集中在分析词义的基础上,从社会心理求新求异的角度阐释其出现和流行的原因。对新词出现与传统结构之间的关系,其形成机制及进入日常使用的标准,都有待进一步研究。需要进一步从语言内部探索,挖掘其出现、流行的真正动因。

四、"V_{走/跑}＋N"非常规结构研究

"V_{走/跑}＋N"非常规结构虽然已经引起学者的注意,但是目前成系统的研究尚不多见。较具有代表性的为蔡意(2014)硕士论文,对"行走"类动词的非常规结构进行了梳理,其中包括"V_{走/跑}＋N"非常规结构的论述,运用认知语言学观点进行解释,这是研究"V_{走/跑}＋N"现象的初步尝试。谢晓明、王宇波(2007)在研究动宾超常搭配句法因素时,对"跑、走"非常规结构也有所关注。

以上综述可见,在历时动名关系研究中的各个角度探索,不乏对"V＋N"非常规结构的有益探索。从单独关注动词带名词宾语的能力及名词宾语的语义角色分类,逐步转向对两者之间搭配机制的探索,使句法研究从语言现象表层向内部机制深入。朱军(2009)在句法研究中提出论元中的核心细节义和非核心细节义在句式结构中的作用,对动名非常规结构研究的启发在于:动名关系之间也肯定存在这样类似的语义因素。以上研究从单纯的句法系统层面进行研究向句法与语义互动角度转化,也关注到了囊括其中的动名非常规结构。但有的只对该类现象进行了语言形式的描写,如李临定(1983);有的解释较为笼统,如邢福义以"代体宾语"总括(1991)。而为什么在常规述宾组合关系外,还会出现"V＋N"非常规结构? 是哪些语用、语言因素使之成立? 句法、语义在非常规结构中各自发挥了怎样的作用? 这些需要通过典型"V＋N"非常规结构研究进行印证、诠释。

另一方面,对常用动词构成的非常规"V＋N"结构,例如对"吃/喝"类动词的非常规结构的研究,谢晓明先生及其团队已作得较为透彻。而 $V_{走/跑}$ 后接名词也是常见的语言现象,例如"走天涯""走样""跑机关""跑肚"等,而"走 N""跑 N"(走人、走光、走心、走肾、跑路)等一系列新词的产生,更加凸显了"$V_{走/跑}$＋N"非常规结构的生命力,但这方面的研究尚未完全展开。

"$V_{走/跑}$＋N"非常规结构研究在系统研究"行走"类动词非常规结构的唯一一篇硕士论文中有所涉及,但存在界定失误、归类不明及解释不清等弊端。这给"$V_{走/跑}$＋N"非常规结构研究留下了空间。那么,是什么因素促使"$V_{走/跑}$"能与N先后并置在句法系统里成立?"$V_{走/跑}$＋N"非常规结构成立后产生了怎样的语义? 这些结构,哪些昙花一现消失在语言发展过程中,而哪些则常态进入语言系统? 能稳定进入语言系统的非常规结构中,其内部词汇构件语义是如何对结构产生影响的? 这些规律性的问题,都值得我们思考探讨,有待解决。

第四节 研 究 方 案

一、研究内容和拟解决的关键问题

(一) 研究内容

基于以上认识,本研究拟以"行走"类中原型动词"走"及与之具有历时承继关系的"跑"两个单音节动词构成的"$V_{走/跑}$＋N"这一类非常规结构为研究对象,运用认知语言学理论中运动意象图式、原型理论、隐喻转喻理论,词汇语义学理论,词汇化理论以及语用学中的合作原则,从历时和共时角度,对该类结构的句法、语义、语用特征进行描写,从语言内部和语用外部找出其形成规律,挖掘制约其结构成立的机制,探究其作为在既成语言规则中例外现象却在语言事实中存在的可能性和必然性。基于语言事实中探索出的规律,对语义与句法的关系进行思考,阐述语义与句法形式形成之间的互动关系,从方法论角度思考修辞、句法与词法的互通。

(二) 拟解决的问题

当将研究对象确定为"走"及其现代汉语承继动词"跑"所构成的"V$_{走/跑}$＋N"非常规结构后,将拟解决的问题分解为以下具体目标:第一,该类非常规结构在语言系统中存在理据。该类非常规结构在语言系统中呈现出哪些特殊的语义?该类结构若在语言系统中存在同义互训常规结构,那么两者之间的差别是什么?若该类非常规结构能还原成常规表达,两者形式与语义之间的差异又如何?第二,从语言内部探索非常规结构形成的途径、制约机制与形成动因。第三,语言底层传信目的中意义层面与语言表层的句法结构之间的互动和影响。非常规结构呈现的整体语义往往无法从其构成成分并置推导和预测,那整体语义识解的认知机制如何?第四,非常规结构如何迫使组构成分中的义素析出?而析出的义素又对非常规结构的形成起到怎样的作用?第五,从方法论角度,修辞、句法、词法之间是否存在可以贯通的研究范式?

二、拟采用研究方法和研究思路

(一) 研究角度和方法

本研究是建立在认知语言学理论基础上,同时运用语言演变及词汇化理论。研究的角度及采用的研究方法如下:

首先,从历时与共时相结合角度展开。从历时角度,语言结构在古代汉语与现代汉语中呈现常规向非常规演化的过程,"走、跑"语义在历时中的承继更替,影响到"V$_{走/跑}$＋N"非常规结构的历时演变。在共时平面上,"V$_{走/跑}$＋N"呈现出一些同构多义现象,多义性分别与该结构的常规性和非常规性相关。而惯用语"走后门、跑龙套、跑单帮"等结构的形成过程不仅涉及共时平面语言线性结构组合、转喻过程,同时在语域使用上,结构隐喻在历时变化过程中发生。而"V$_{走/跑}$＋N"非常规结构在共时平面上词汇现象是历时词汇化的结果。

其次,从静态与动态相结合角度。静态角度,以语料库语料为研究对象,静态描写"V$_{走/跑}$"的义素、义位、陪义等内容。描写"V$_{走/跑}$＋N"非常规结构不同类型；动态角度，通过意象图式变形、各认知域投射，外部语境对非常规结构形成的语用驱动，分析其形成途径、动因及机制。在此过程中，运用动态视角分析非常规结构"V$_{走/跑}$＋N"的主构成分"走/跑"的义素如何层级析出；语法与语义之间如何互动。同时，对非常规结构的进一步演变进程，进行动态预测。

再次，从句法与词汇统一的角度。功能语法认为，语法和词汇处于同一个连续统，"今天的词法曾是昨天的句法"(Givón, 1971)。在语言研究中，语音、词汇、语法是互相影响、不可分割的有机整体。在非常规结构中，有的类型停留在句法结构层面，有的类型在历时演变过程中，在语音、韵律、语义融合等影响下，逐步固化成词。因此，在本研究中 N 与 NP 不加区分，进行统一地研究和解释。

在具体研究方法上，第一，采用描写与解释相结合的方法。现代汉语研究，需要在对语言现象详尽描写的基础上，结合相关理论进行合理解释。本研究利用语料库语料对"V$_{走/跑}$＋N"非常规结构句法、语义、语用进行较为详尽的描写，对其类型进行分类梳理。在描写的基础上，归结出该类结构的句法、语用特点，找出句法类型与语义类型之间的相关性，从而归结出该类结构的形成途径。

第二，运用认知语言学分析方法。注重语言背后的文化心理因素，从认知语言学理论背景出发，认为语言的结构跟人们认识客观世界的方式有"象似关系"。通过前概念构建"走/跑"的意象图式，意象图式与句法结构之间通过语义接口映射。从言语者心理出发，从注意力、格式塔等心理因素，运用认知语言学、语用相关理论，多角度地对非常规结构制约机制、形成动因进行解释。

第三，运用类型梳理与个案研究相结合的方法。从系统角度，对"V$_{走/跑}$＋N"结构进行分类，梳理每个类型的各方面特征，注意各类之间的系统性特征。同时，在重点类别的非常规结构中，以个案形式进行研究。例如对"走眼、变样、走心、跑肚"等结构的研究。通过个案研究，对系统特征进行印证，寻找该类非常规结构中的共性规律与个性差异。在个案研究中，采用非常规结构与常规结构进行比较的方法。一类为常规与非常规句法变换比较。例如"从小路走"与"走小路"结构，采用的就是非常规结构与其恢复到近义的常规结构之间的比较进行论证；对于非常规结构不存在对应常规结构的类型，则通过非常规结构整体呈现语义与近义或同义常规结构进行比较，例如"走眼"与近义常规动补结构"看错"比较，探索非常规结构语义、语用及存在理据。在具体研究中,采用定量定性分析方法。定量和定性研究相结合是语言学研究的基本方法之一。我们在现代汉语范围内,将研究对象"走/跑"所能构成的"V_{走/跑}＋N"结构进行穷尽定量考察,这样的分析结果相对比较全面、可靠。同时,通过在定量基础上的定性分析,对考察对象性质等作深入研究。

第四,采用语义特征分析法。"语义特征"是指小类实词所特有的、能对其所在的句法格式起制约作用的、并足以区别于其他小类实词的"语义要素"(陆俭明,1991a)。实词的语义特征可以在具体的句法格式中概括得到,而非单纯从词义角度分析、概括得到。对"V_{走/跑}＋N"内部组构成分如何形成非常规结构分析,运用语义学中语义系统细分方法,运用义素、义位、陪义、义位变体、语域等术语,将 V_{走/跑} 与 N 的语义细致分析,找到两者得以并置的语义关联。

第五,运用语言演化的论证方法。通过历时的语言现象文献查找考证,论证非常规结构从常规到非常规的历时演变过程;从时间及语频角度对句法结构的重新分析,考察句法结构语义融合的词汇化过程。

通过以上具体方法运用,在总体方法论上打通修辞、句法、词法研究通道,进行多角度、多方法的综合交叉探索,对"V_{走/跑}＋N"非常规结构进行较为全面的探索研究。

(二) 研究思路

本研究总体思路为:以认知语言学为理论背景,以修辞、句法、词法贯通的动态视角,在语言事实穷尽性描写的指导思想下,从语料形式与语义出发,以语义中的义素为抓手,从语言事实描写到语言规律梳理,再到动因机制探究,最终思考其理论本质,从语言内容上,以由表及里逐层深入的方式进行。

主体上从内部语义和外部语用两个角度来探索"V_{走/跑}＋N"非常规结构形成的途径和制约机制。

第一,确立研究对象。从"行走"类动词原型角度确定典型研究对象为"走",并从"走"与"跑"具有古今语义承继关系的原因,将"跑"也纳入研究范围。并同时以比较方法排除"行"作为研究对象的可能性。

第二,建立"V_{走/跑}＋N"分类标准。以"V_{走/跑}"语义分析为基础,以"V_{走/跑}"与 N 的语义相关性为分类标准。因此,该分类标准需要通过前概念对"V_{走/跑}"进行意象图式构建,在意象图式基础上,分析出"走/跑"的义素,在与 N 并置关联时,浮现义位、陪义等,从而可进行"V_{走/跑}＋N"分类。

第三,将"V_{走/跑}＋N"分类逐一梳理研究。在每一类"V_{走/跑}＋N"内,描写其句法与语义特征,探究 N 进入该结构的条件,在非常规结构内部 V_{走/跑} 与

N之间的语义关联,从而探究其形成途径,预测其发展方向。同时以个案研究的形式加以辅助。

第四,从外部语用角度,从合作原则出发,观察进入"V_{走/跑}＋N"非常规结构中"N"与其他句法成分、上下文语境的关系。找出句法对进入宾语位置的"N"的制约条件。梳理出由于外部语用原因而形成非常规搭配的途径。

第五,在分类研究的基础上,系统归结出"V_{走/跑}＋N"形成途径、制约机制、形成动因。

第六,在个案与系统梳理研究的基础上,推导语义与句法的互动关系,提出非常规结构的句法形式与语义中的义素析出存在互为表里观点,义素析出对句法结构产生存在影响。关注修辞、句法、词法通道与三个平面理论之间的关系。

三、研究特色与创新之处

第一,在研究视角方面,与先贤对述宾非常规结构研究不同。

"V＋N"非常规结构历来是语言学界研究的重点。V与N组合及其在语言线性上的先后排列,使很多研究者对于这类非常规结构的研究,着眼于动词是否具有及物性及名词担任各种类型宾语的区分。而本研究根据汉语句法形态不显著的特点,跳出述宾句法关系,单纯从动词与名词并置入手,以"V_{走/跑}＋N"结构为典型案例,探索"V＋N"非常规结构得以成立的语言表层组合语义理据、形成途径及动因机制。在阐述中淡化"述宾"句法表达,以"V_{走/跑}＋N"形式表述呈现,从而更能从宏观的修辞、句法、词法上进行统一解释。

第二,在句法表层方面,"V_{走/跑}＋N"非常规结构的形成,是动词与名词并置过程中,非常规结构使V_{走/跑}的义素层级析出,表现为V_{走/跑}的义位变体及属性陪义与N之间的契合。V_{走/跑}其固定义素为[＋生命体][＋足部与陆地交互接触][＋水平位移],与这三义素相关联的N在语言线性排列中能进入V_{走/跑}前或V_{走/跑}后与之并置。而N能在V_{走/跑}后出现形成非常规结构,条件之一是V_{走/跑}作为自足动词,句法位置上其后具有空位;其二为汉语语法形态不发达,语序成为句法显化手段之一,在V_{走/跑}之后并置N,这是通过句法标记达到充分、精确表达语言的手段。

第三,V_{走/跑}在语义上能具备义位变体或特有属性陪义,与该动词前概念中所形成的"位移—路径"意象图式有关,这是非常规结构形成的途径。

V_{走/跑}前概念所建构的"位移—路径"意象图式,其元素表现为义素,映射到常规句法中,形成不同的义位。这些义位在不同认知域使用过程中产生义位变体。如"走"空间域"位移"义,在时间域表现为变体义位:"变化"义。至于这些动词具备的属性陪义,例如"跑"由于其快速、在动词内部蕴含"生命体受累"这一属性陪义,作为义素在 N 后置于"跑"的非常规组配中得以析出,如"跑腿"。

在空间域意象图式中,在注意力作用下,意象图式中起点、路径、终点等不同元素的凸显及元素变形、增加、减少、重叠,在 N 与 $V_{走/跑}$ 组配过程中,以后置于 $V_{走/跑}$ 的形式,形成空间域"$V_{走/跑}$＋N"非常规结构,例如"走人""走台""跑江湖"。空间域非常规结构在其他认知域的投射,例如"走社会主义道路""跑项目";或 $V_{走/跑}$ 首先从空间域投射到其他认知域,然后与该认知域的 N 组配,例如"走眼""跑肚"。这是"$V_{走/跑}$＋N"非常规结构形成的两条主要途径。

第四,"$V_{走/跑}$＋N"非常规结构形成机制。在语言内部为类推与重新分析在起作用,在语言外部受语用中的适量原则、足量原则及经济性原则的制约。其形成的动因与 $V_{走/跑}$ 是生命体发出的动作有关。

在空间域在"位移—路径"意象图式中,"走＋$N_{路径}$"为常规搭配,例如"走路"。在空间域通过类推,$N_{目的地}$、$N_{经过点}$ 进入"走＋N",如"走天涯""走第一步";在不同认知域类推,$N_{目的地}$ 在事件域类推为 $N_{目标}$,如"走上海";在性状域类推为 A,如"走红,走俏"。重新分析机制在 $V_{走/跑}$ 与 N 生命体并置结构中,即 V 先投射到不同认知域,然后与该认知域 N 并置过程中起作用,然后通过重新分析,使"$V_{走/跑}$＋N"结构词汇化。例如"走兽""跑肚"等。

语用中的适量与足量原则,体现在常规结构与非常规结构并存时,非常规结构在语言系统中存在的语用理据。例如"走眼"中的言语者的主观卸责就体现在"走"与"眼"的非常规并置过程中,通过认知识解使言说者的意图足量体现。而适量原则则是听话者通过非常规搭配形成的简省结构体现。

语用中的经济性原则体现在能够还原到常规句法形式的非常规结构中。例如"以一百米的形式跑"和"跑一百米"。两者之间语言形式的经济性通过"跑＋$N_{比赛域}$"非常规结构体现出来。

追究"$V_{走/跑}$＋N"非常规结构类型多少与形成途径的根本动因,在于"走/跑"是具有生命性的人发出的动作,而在语言表达中,言说者亦为具有生命性的人,言说者的主观性与动词的主动性之间的叠加,拓宽了语言组合的自由度,这是产生非常规结构的最终根源。人们能根据前概念构建的意象图式,在认知中,在言说者主观性作用下,使意象图式在空间域进行变化,在各认知域投射,从而产生各种类型的非常规结构。这些非常规结构组构成分之间在语言表层以义位变体或陪义这些弱关联得以并置。在语法与语义互动操作分析层面,体现为义素的析出。

义位能进行变体,是人们认知中对不同认知域的类推解读;陪义能够形成,是 $V_{走/跑}$ 作为生命体发出的动作后使生命体产生的情感、身体各方面的感受。义位变体与陪义是 $V_{走/跑}$ 语义中主观性成分的固化,这些成分的底层是义素在非常规结构迫使下的层级析出。通过对义位变体或陪义的识解而使非常规结构得以在语言系统中普遍使用。

第五,非常规与常规结构之间存在连续统,非常规结构之间具有等级度差异。

非常规结构的等级度与非常规结构形成的路径、其词汇化影响因素具有正相关性。如 N 在空间域意象图式中的位置及与 V 的语义相关度,以及在不同认知域投射时,认知域之间的认知识解距离远近等。非常规结构的层级度递增,与该类结构词汇化过程相互契合。非常规结构的词汇化其实是其非常规层级度递增的结果。非常规结构词汇化是属于句法和非句法词汇化之间的一种类型。由此,通过对非常规结构形成途径的梳理,不仅能对"$V_{走/跑}$＋N"非常规结构是否能词汇化进行判别,同时这些影响因素,在非常规结构语义识解上体现为透明度层级;在语义句法互动操作层面体现为义素析出的层级。

第六,最后,在研究结论基础上,提出激发理论假设:非常规结构的激发机制为言说者的主观意图与语言成分的主观性成分叠加激发形成非常规结构的形式。在语言表层表现为以组构成分的义位变体或陪义形成非常规结构;在语义与句法互动的影响的操作层面,体现非常规结构内部成分的义素的层级析出。

总而言之,常规与非常规之间是一个连续统。非常规结构是常规结构在各种因素制约下,通过人们对该结构在认知中拓展,逐步创造出来的。类推与重新分析是引发语言从常规向非常规演化的重要机制。$V_{走/跑}$ 的自身自足动词特性为非常规结构出现提供了可能性,而语用中的合作原则是促使非常规结构出现的外部动因。语义对语法规则的形成、变化具有影响作用,两者之间互相影响。

从句法结构方面而言,非常规与常规之间是滚动前行的方式;从语义与句法之间的关系而言,非常规结构迫使义素析出,而析出的义素也成为其结构得以进入人类认知识解的关键因素。从方法论而言,修辞、句法、词法贯通研究可以在三个平面理论推动下纳入统一方法体系之内。

第二章　研究对象 V$_{走/跑}$及非常规结构界定

第一节　V$_{走/跑}$研究对象确立

在动宾非常规结构中,我们选取了现代汉语中"走、跑"类动词构成的非常规结构作为研究对象。原因在于:"行走"动作的发出者为生命体,"行走"是生命体发出的最基础的动作之一,越基本的动词,其使用的范围越广。动作的目的为移动,而移动动词是"所有动词中最具有动作特征的动词",是"最纯和最原型的动词"(Miller & Johnson-Laird,1976:528)。邱广君认为"在汉语中,名词中最具有典型意义的是人称名词,动词中最具有典型意义的是移动动词、趋向动词和'来、去',它们与方向的关系特别密切"(马庆株、邱广君,2007:203)。而"行走"是位移动词中自移动词这一类。"走"是"行走"类动词中的原型动词,"跑"语义则在历时角度与"走"具有承继演变关系。研究的典型性促使本书将研究范围界定在"行走"类动词"走、跑"构成"V$_{走/跑}$＋N"非常规结构上。

一、"走"义素确定

本书的研究对象为"V$_{走/跑}$＋N"非常规结构。"走"为动词,语义为:"人或鸟兽的脚相互向前移动。"(《现代汉语词典(第7版)》,2018:1746①)。前人对"行走"类动词的界定,基本是根据义素分析法。义素分析法是较为精确地确定语义的方法,是通过对比不同义位,从而找出义位所包含的义素的方法。

在以往的研究中,蔡意(2014)将"走"的义素分析为:［＋人或鸟兽的脚］［＋交互向前］［＋陆地］［＋向前移动］［－双脚离开地面］;陈柳(2015)分析出"走"的义素为:动作源［＋生命性］、身体所处的状态［＋与某物接触］与自身

---

① 以下释义均来自《现代汉语词典(第7版)》,商务印书馆2018年版,为行文方便,后文均简称《现汉》。

的方向[＋水平向前]。

作为表达生命体"移动"动作的动词,其自带属性为速度和方向。而方向是需要有外界相对参照物才能有所确定。那么,在不考虑外界参照物的前提下,最典型且严格意义上的"移动"动词则是只带速度的位移动词。

根据汉字"六书"形义结合规律,"走"的形义根据为"从夭止。夭止者,屈也。"(《说文解字校订本(第二版)》,2012:41)。说明"走"与足部、腿部屈伸动作有关。"足部、腿部"是生命体的一部分;"屈伸动作"意味着与陆地的接触与否;在否定方向性的前提下,在前人"走"义素标准上,根据对生命体典型位移动作的解析,将"走"的义素修订为:动作源[＋生命性]、身体所处的状态[＋足部与陆地交互接触]与自身的运动状态[＋水平位移]。

[＋生命性]义素:"走"是由具有生命性的"人"或"动物"下肢发出的动作,因此必然具有生命性特征。

[＋足部与陆地交互接触]义素:与陆地接触特征,排除"游、飞"等与水面接触或不与陆地接触位于半空的动作词。足部特征排除了[＋身体与陆地接触]的"滚",排除[＋四肢与陆地接触]的"爬"。

[＋水平位移]义素:排除位移动词具有方向性的[＋水平向后]的"退";[＋水平向前]的"进";[＋向上]的"登";[＋向下]的"降"。

二、厘清"行"与"走"语义

根据以上义素界定,"行"同样符合"行走"类动词特征。从三个语料库收录语料的规范度而言,以CCL语料库相对最为规范。我们在CCL语料库进行语频考察。

表 2-1 "行""走"现代汉语语频对照表

例　字	语例数
行	1265997
走	325047

从语频考察,"行"在现代汉语中语频远高于"走"。因此,我们有必要对"行"的语义进行辨析,以确定"走"作为"行走"类动词原型的核心地位。

在"行走"类动词中,"行"是一个比较特殊的动词。我们从各个角度进行考察。

在《现汉》中,"行(xíng)"释义有13种,分别为:1.走;2.古代指行程;3.指旅行或跟旅行有关的;4.流动性的,临时性的;5.流通,推行;6.做、办;7.表示进行某项活动(多用在双音节动词前);8.[旧读(xìng)]行为;9.可以;10.能干(形容词);11.(书面语,副词)将要;12.吃了药以后使药性发散,发挥效力;13.姓(名词)(《现汉》:1465)。另"行(háng)"释义有 5 种,分别为:1.行列(名词);2.排行(动词);3.行业(名词);4.某些营业机构;5.用于成行的东西(量词)(《现汉》:516)。读音为"行(hàng)"的"树行子",语义为"排列行列的树木;小树林。"(《现汉》:1217)。读音为"行(héng)"的"道行",语义为"僧道修行功夫,比喻技能本领"(《现汉》:269)。

以上通过《现汉》,罗列"行"语义共 20 种,"走"为其中之一。而在"行走"类动词范围界定中,我们将"行"排除在外,基于以下几点理由:

第一,从历时角度,在一期①甲骨文中,"行"字最初写为"╫",很像是相互交叉的两条大路。罗振玉《增订殷虚书契考释》谓:"'╫',象四达之衢,人所行也。石鼓文或增文作╫,其义甚明。"(罗振玉,2006:398)。春秋铜器铭文中作"╫、╫",秦篆中则为"╫"(高明,1980:117)。"行"在春秋时期,多为"道路"义。《诗经·召南·行露》"厌浥行露"。毛传:"行,道也。"(阮元《十三经注疏》:288)。另"遵彼微行"(《诗经》:153)、"寘彼周行"(《诗经》:7)中的"行"也都是指道路。汉代许慎《说文解字》作:"人之步趋也。"(《说文解字校订本(第二版)》,2012:53)。从时间先后推断,"行"中的"走"义,应当是从"道路"引申而来。因为从字形角度,甲骨文中作"╫",由道路而及道路中的行人,再及行人的步姿而作"行走"义,如此一脉相承。而"走"的三个核心义素:动作源[+生命性]、身体所处的状态[+与陆地交互接触]与自身运动状态[+水平位移]均从该动词的前概念为生命体发出动作角度界定。而"行"的前概念(在文献角度表现为最初象形符号)并非生命体发出的动作,故其与"行走"类动词前概念所体现出来的核心义素并不相符,不属于"行走"类动词范畴。

第二,"行"从本义"道路"向各种语义引申过程中,是多义同时多向进行。娄雅楠(2016)考证"行"义历时语义演变过程,归结为:"纵观'行'走的历史,可以看出'行'本义是路口、道路,属于象形字。后来由一条条并列的道路,引申出队列、职业以及排行等意义。'行'还用为量词,例如'一行字、两行树'。因为道路是供人们行走的'行'作动词用还引申出行动、行为、发行、通行等诸多意义。用作修饰语,'行'可以指与出行有关的,引申为做、实行。又引申指'能、可以',再引申指有能力、有才能,还引申为流通。'行'转作名词时指人的行为。"而这些语义引申中,"行"作为"走"语义,只是其中一项。

---

① 甲骨文"一期"是指此篇卜辞的时代。按照董作宾的五期分法,可以说明它是商王武丁时代的字形。转引自朱家席的《"行"字浅析》,载《安徽农业大学学报》2013 年第 6 期。

第三,即使从"行"向"行走"义引申,我们认为,其引申语义为"行走"上位义,即"位移"义,而非具体动作义。这从汉代刘熙的《释名·释姿容》中:"行,两脚进曰行。行,抗也,抗足而前也。"①可知,而从行走动作而言,必须两足一前一后才能构成,人行走不可能双足同时向前,这个描述只能说明"行"的一种位移的上位概念。说明其是具体双足动作进行后的一个状态的描述。同时对于"行,抗也,抗足而前也"句,刘江涛(2017)从"抗、亢"声训角度,解释了"抗"属于"高抬足"的语义,认为"行走"需要抬足,故可如此注疏。而其在论证"抗"具有"高抬"语义过程中,论述到"伉"为"抗"的对等义,且古文中"伉、抗"同义,而在《古汉语常用字字典》②中,"伉"的第一义项为"配偶,常'伉俪'连用"(《古汉》:211)。而"俪"有"成对、成双""配偶"语义(《古汉》:233)。可见"伉俪"两字为连绵词义叠用,"伉"有:"对等,相称"义。而字典中"伉"释义为"通'亢',高"(《古汉》:211)为其第四义项。故对"行"的理解中,若"行进"需要"高抬"足,但是更有"'对等,相称'的'双足'进"的语义。因此,《释名·释姿容》中的"行"属于"行走"类语义的上位词。而"徐行曰步,疾行曰趋"(《说文解字段注》:66)中的"徐行""疾行"是对上位词"行"的进一步释义,"步、趋"则是"行"的下位概念,进入基本范畴层。"行"作为"行走"的上位概念,具体还体现在语例中,发出动作者,可以为非生命体,且"行"并非拟人手法。例如:

(1)随风而动的芦苇轻柔起舞,舟行其中,别有一番清幽雅致的意境。(《人民日报·清波吟唱 苇白荷香(探访〈小兵张嘎〉故事发生地)》2017-04-29)

(2)出天津市区一路向北,车行110公里,便入蓟州。公路两旁青山连绵,偶尔闪过一处灰色的岩石切面,提示人们这里曾是天津最大的采石场和建材基地。(《人民日报·一个乡村的供给侧改革》2017-11-24)

以上例(1)、例(2)中发出"行"动作的分别为"舟"与"车",均为非生命体。

第四,"行"作为"行走"语义,在现代汉语20类义项中用例数量并不占优势。在现代汉语对"行"语义研究的论文中,贺凯林(1993)认为"行"在现代汉语中有形容词和动词两种词性,形容词语义中表评价描述性的:"表能干,表不错,表状况差,表程度高"四种语义;反语"表不满"。动词语义中表"允许""答应""完成""制止"四种语义。在其研究中,均没涉及"双足接触地面向前

---

① 该注释转引自刘江涛《〈释名〉"行,抗也"疏证》,载于《现代语文》2017年第8期。
② 本书古代汉语词典基本依据《古汉语常用字字典(第4版)》,商务印书馆2005年版,以下在文中简称《古汉》。

位移"这一义项。可见"行"中的"行走"义,已经不是现代汉语的主要义项。

将"行"作为"走"的动作义项,在现代汉语 BCC 报刊语料库中,添补时体词"着、了、过"进行搜索。其语例数量分别为:

表 2-2　"行"与其"行走"义语义测试对照表

语　例	语例数
行	753508
"行着"/("行走"义)	61/8
"行过"/("行走"义)	90/7
"行了"/("行走"义)	3272/11

从表中"行"表示"行走"动作义与"行"的总语例数,及"行"表示动作义的其他语义对比可知,"行"在现代汉语中表示"走"动作义已不是主要义项。在现代汉语中,"行"若表示"行走"具体动作,需要双音节词"步行"表示。而"步行"一词中,其动作性是来自"步"的古义,为生命体发出匀速位移动作。

综上所述,首先,"行"的原始语义为"道路",其前概念蕴含义素与"行走"类动词不一致。其次,由其本义"道路"引申过程中,呈现多义辐射状,"行走"语义只是其中之一项引申。再次,即使当其引申为"行走"义时,在古代汉语语义界定中以"行走"的上位义形式出现。在现代汉语使用中,"行"作为"行走"类的动作义出现,在语例数量上很少,不具备进入"行走"类动词研究范畴的特质。"行"作为"行走"动作义在现代汉语中已由"走"取代。因此,"行"即使在总体使用频率上占据优势,从语义角度考量,在"位移"类语义中,它仅作为上位词存在,与"走"不存在原型竞争关系。

由上述可见,从语义及字频角度综合考虑,"走"作为"行走"类动词的核心动词的地位确立。而根据陈念波(2009)从音韵平仄角度的考证,认为"跑"(pǎo)"两只脚或四只脚迅速前进"(《现汉》:981)语义最早出现在元代,而在古代汉语(1949 年前)中文本中,"走"与"跑"在历时角度有语义继承转化关系。即古代汉语的"走"与现代汉语的"跑"基本同义。

在现代汉语中,"跑"依然居于高频使用态势。它在三个语料库古今使用频率如下:

表 2-3　"走""跑"古今使用频率趋势表

例　字	走(CCL/BCC/在线)	跑(CCL/BCC/在线)
古	66519/470871/23569	7575/27414/1495
今	325047/1345742/6594	63954/261299/1803

那么,将研究对象确定为"行走"类原型核心动词"走",从语言历时演变的角度,势必将"跑"纳入研究范围。

第二节 非常规结构界定

在传统语法分析中,通常使用"及物动词""不及物动词""主谓宾"等术语分析汉语句法结构,这固然能清晰地厘清汉语结构的基本状况。但在汉语中,存在"跑江湖、走极端"这一类结构,不符合两条传统语法规则:第一,不及物动词不带宾语;第二,宾语应该是谓词的对象或目标。"江湖、极端"位于不及物动词"走/跑"之后,但又不是"走"的对象或加以改变的目标。但这一类结构数量与使用频率之高,使汉语母语使用者并没有把该类现象当作特例来处理。这引发了学术界对这类现象的探究,主要集中在从句法角度出发对动词的及物性与不及物性的界分,以及宾语多样性争议。

一、动词及物与不及物性争议

关于动词的性质,较早可追溯到《马氏文通》。马建忠(1898/1983:25)在《马氏文通》中指出"凡动字之行仍存乎发者之内者,曰内动字;凡动字之行发而止乎外者,曰外动字。"马氏对动词的界定是从动词的语义出发,随其后黎锦熙(1924/2007:108)界定"动作影响,及于他物"为外动词(及物动词),"动作表现,内正自身"为内动词(不及物动词)。这是最初对动词的及物性与不及物性开始探索。邢福义(1993:258)在《现代汉语(修订版)》中提出:"表示以某种事物为对象的动作行为",就叫"行为他动词","表示不以某种事物为对象的动作行为",就叫"行为自动词"。芜菘(2002)对此进一步分析,认为及物与不及物是动词的词性静态特征。一个动词,若具有及物性,在具体使用中,可使用成为带宾语的形式,也可不带宾语。例如"吃"是一个具有及物性的动词,在"饭吃了就来"这句话中没有带宾语,但是依然具有及物性。一个动词,若不具有及物性,例如"睡",即使在带了宾语的"这沙发可以睡人"中,依然具有不及物性。因此,芜松认为:动词具有及物性不及物性是第一性的,带不带宾语是它的用法,是第二性的。这些看法基本是从动词语义角度来界定动词的及物性和不及物性的。

根据结构主义语言研究方式,从句法结构角度来界定动词的及物与不及物性是另一条更重要的标准。"动词后面必须带目的位者,我们把它叫作及物动词……动词后面可以不带目的位者,我们把它叫作不及物动词"(王力,

1943/2011:43);"一般地说,有宾语的动词,我们说它是及物的;没有宾语的,我们说它是不及物的"(吕叔湘,朱德熙 1952:13)。而李临定(1990:122)则指出:"我们认为,凡是不能带宾语的都是内动词,凡是能够带宾语的(不管哪一类宾语)都是外动词这是简便可行的办法,这样就不存在'不及物动词'带宾语的问题,因为它只要带了宾语,便是外动词,而不能再是内动词"。陆俭明(1991b)也持类似观点。这种划分方式从形式出发,似乎比较简单明了,但这种从形式角度划分的标准,无法涵盖汉语复杂的语言事实。吕叔湘与朱德熙老先生也补充说明:"但是及物动词不一定老跟着一个宾语……跟这个相反,平常不及物的动词有时候也能带宾语……"而后在认知语言学理论引入后,而在具体语言事实中,按照简单形式标准,在相应语境中,几乎所有的动词都有带宾语的可能。而动词也就没有区分及物和不及物的必要。"不及物动词带宾语"也就成了伪命题。因而,从意义和形式两个标准相互参考的角度来界定动词的及物和不及物性就成为一种折中方案。

意义与形式相互参考这条标准,使学者将研究目标转向宾语的特点。具体体现在对所带宾语语义角色和形式类型的不同界定上。吕叔湘(1980:31)、刘月华(2001:152-153)是从所带宾语是否具有受事性来区分,认为能带受事宾语的为及物动词,不能带宾语或不能带受事宾语的为不及物动词;胡裕树(1981:383)和张斌(2004:222)从所带宾语是否具有施事性的角度来区分,认为不能带宾语或带施事宾语的为不及物动词;赵元任与朱德熙则对宾语形式分析更为细致。赵元任(1979:292)认为:"我们区分及物动词和不及物动词不是按照能否带宾语来区分,而是按照能够带什么样种类的宾语。不及物动词只能带自身宾语,以及可以倒过来作倒装主语的宾语。反之,及物动词可以带任何宾语。""自身宾语'和'倒装主语'是指:表动量、时量的自身宾语;行动的目的地;行动的出发地;表存在的'倒装主语';表来到和出现的'倒装主语';表离开和消失的'倒装主语'。'倒装主语'大致相当于学界所说的'施事主语'";朱德熙(1982:58)则从准宾语和真宾语的角度来区分。这里的"准宾语"包括表时量、动量或程度的宾语,表示运动终点的处所宾语和表示存在、出现或消失的存现宾语。朱德熙认为不及物动词只能带准宾语,而及物动词除了带准宾语外还可以带真宾语。

这种形式与意义相结合的评判标准,从涵盖性角度来看,似乎比较合理。但从芜崧(2002)认为动词及物性非及物性为静态第一性的,而是否带宾语则是其使用的动态第二性。动词静态特征与动态使用的先后顺序这一面,与从动词带何种宾语另一面,两者互相纠缠,彼此处于循环论证的境况。

汉语复杂的语言事实与句法分析状况的不契合,使学术界开始另辟蹊

径,研讨角度转向考虑动词的及物性与不及物性是否可以相互转化(袁邦照,
2005),开展了不及物动词是否带宾语、带哪些宾语、怎么带的大讨论(沈阳,
1995;段晓平,1997;徐杰,1999、2001;温宾利、陈宗利,2001;王俊毅,2001;芜
菘,2002;陈昌来,2003;徐盛桓,2003;刘正光、刘润清,2003;张云秋、周建设,
2004;刘晓林,2004;王珍,2006)。

二、宾语角色的多样性

及物动词、不及物动词带宾语的复杂情况,也使学界对宾语角色有了重
新认识。

按照传统句法规则,宾语在句法形式上是居于及物动词谓语之后,句法
语义为及物动词谓语的对象或目标,一般由名词充当。但是在语言事实中,
情况却很复杂。主要分以下几类。第一,在及物动词之后出现的宾语成分,
不是及物动词的对象或目标。譬如"吃食堂""喝西北风"。第二,在不及物动
词后出现的成分,并非补充说明谓语,无法将其判断为补语。例如"写毛笔"
"走亲戚""跑江湖"中"写、走、跑"为不及物动词,不及物动词本按照句法常规
不带宾语,那么"毛笔""亲戚""江湖"算什么? 且它们并非补充说明"写、走、
跑"的情况,不能当作补语来处理,导致这些"毛笔""亲戚""江湖"句法身份不
明。这些语言现象,早就引起了语言学家的关注。他们所做的工作,一是上
文所提及的对动词及物不及物的讨论,这涉及该动词是否具有带宾语的能
力。二是对宾语身份的界定,这种界定,主要是确定其语义角色。

撇开及物动词带对象目标宾语这一常规现象。邢福义(1991)把及物动
词之后其他宾语成分,都界定为"代体宾语"。然后再对代体宾语的语义角色
进行界分。认为最具有规律性的代体宾语是其语义与动词谓语具有三角关
系。这些代体宾语的语义角色有:处所、方式、工具、目的、原因、施事等。而
为了鉴定这些宾语成分,储泽祥(2004),储泽祥、彭建平(2006),乔东蕊
(2008),谢晓明、谷亚丽(2009),谢晓明、乔东蕊(2009),杜美臻(2014),左双
菊、杜美臻(2015)分别就处所、工具、方式、原因、目的宾语的鉴定提出一套方
法。这套方法中使用提问、变换、辅助语义标准和句法形式移位等手段,具有
一定的可操作性。但是无法囊括和精确定位宾语成分。认为若要区分结果
性目的、受事性目的、原因性目的、处所性目的宾语,还得看具体句法环境。

而马庆株先生(1985、1992)则是从述宾结构整体所表现出的歧义现象
入手,从述宾结构的构成成分之间的关系,从而分化出宾语的小类;从动词带
时量宾语通过外部语境歧义分化从而反观动词的语义特征,由此区分出动词
的小类。这种从述宾构成成分内部之间的语义关系入手分析的思路,已经跳

出了动词与宾语静态视角,从动态角度对两者关系进行分析解读,对本研究是颇有启发的。

三、动名非常规结构界定

以上对动词及物不及物性的探讨,以及宾语语义角色的界分,是涵盖了所有的动宾关系。包括常规句法规则下的动宾结构以及非常规动宾结构。常规搭配的规则性,已以规则形式出现,以上如此大规模的动词有无及物性及宾语角色探讨,其实都是基于述宾之间具有非常规搭配的关系。这些越来越细致的研究,是在对动词性质及物不及物、宾语类型中目的、结果、工具、方式等界分过程中,由于底层概念界定尚存边界模糊,削弱了上层常规、非常规结构的研究意义。同时让我们产生疑惑的是:产生述宾之间非常规结构的本质原因在于何处? 句法表层的术语界分是否是寻找非常规结构动因的良策?

由此,我们试图跳出对谓词及物与不及物、宾语类型的琐碎划分,把述宾搭配关系,从谓语与宾语的对象关系是否具有规约性角度来界定。所谓规约,也就是是否具有约定俗成的社会共识。例如"吃"的对象是"食物",喝的对象是"液体",那么"吃饭""喝水"是常规述宾搭配,而"吃食堂""喝西北风"则是非常规搭配。这种规约性,在句法形式上可以通过变换和扩展测试区分:

例如:食物作为"吃"的对象,是常规搭配,那么"吃饭"可以进行变换自然成立:

移位:他吃饭。——他饭已经吃了。

通过插入测试扩展测试也同样成立。

扩展:他吃饭了。

他吃了一碗饭了。

他在饭店吃了饭回来。

我们以此为标准来界分"V_{走/跑}+N"结构的常规与非常规。譬如"走路""跑阳台"。这些结构通过移位和扩展测试,依然成立。

扩展:走路——走那条路——走小路——走水路——这那条水路。

移位:跑阳台——五楼阳台跑上了。

但是"V_{走/跑}+N"结构中,还有一些结构在动名语义结合上具有非规约性,在形式上,无法通过移位和扩展测试,例如"走眼""跑肚"。

扩展:走眼——＊走左眼——＊走那只眼

移位:他跑肚了。——＊他肚跑了。

通过扩展测试的方式,能变换句法位置及无限扩展的属于常规搭配,例如:"走路"。不能扩展的属于非常规搭配,如"走眼"。当然,还有一些结构只能进行有限扩展。例如:

扩展:走运——走桃花运——走了运——走过运——＊走着运

移位:＊运走

扩展:跑腿——跑个腿——跑趟腿——跑了腿——跑过腿——＊跑着腿——＊跑条腿

移位:＊腿跑

这种介于常规与非常规之间的结构,是两者之间的过渡形式。因为语言是动态存在的,常规与非常规之间本身没有一条明确的界限。由于这些结构在对外汉语教学中依然存在语义不透明现象,我们把属于中间状态的结构,也纳入本研究之中。

从以上测试可知,常规结构在句法关系上相对松散,可以进行扩展或移位变换;其结构义同字面义一致;同一句法位置可有多个成分自由替换;整个句法结构主观性不明显;属于规范的句法结构。非常规结构,与常规结构相对比,句法结构关系相对紧密,句法成分之间难以进行扩展;句法结构义同字面义不一致;同一句法位置往往只有一个成分;整个句法结构主观性较强;当非常规形式刚出现时,则表现为非规范结构。

非常规结构是基于对常规结构的认识。江蓝生(2016)中的使用"非常规结构"术语,指的是在句法成分在组配过程中,在语义羡余诱导下发生语法化的一类结构,这类结构在语法化的过程中,结构内部要素和结构本身发生了变化。而本界定中的"非常规结构"比江蓝生(2016)中的"非常规结构"囊括的范围更大,既包含了类似江先生的通过重新分析发生语法化过程的非常规结构,更重要的是涵盖了尚处于组配或搭配阶段,未发生语法化这一类异于常规的句法结构。我们不认为这种形式为"非基本结构""特殊结构""边缘结构""新结构""超常规结构"的原因在于:非常规结构的命名体现了结构的来源,其一出现就是不规范的。以此来命名研究对象,从语言发展角度,是体现了语言的动态性,可从历时与共时交织观察;从语言静态角度,打破了语法、修辞和词汇的界限,能从一种更宏观的视野对语言进行观察。

以常规结构的某一成分为观察的核心,观察与之组构的成分的变化,或者是观察成分之间的语序变化,在此基础上,分析这些变化所带来的深层语义变化,继而解释变化的动因和机制。非常规结构的"非常规"是创造性观察的结果。

根据搭配理论,词项与词项能并置(collocation)出现,彼此之间存在一种

"相关"或"或然"关系(伍谦光,2001:82-83;李在铭,2001)"常规结构"的内部的词项之间为搭配关系是规约化使然。而在非常规结构中,词项之间首先存在的是客观组配关系,"组配"是"搭配"的前提,"组配"结构可以合法或不合法。而本研究所关注的"非常规结构",则是已经在语言系统中常态使用,那么,笔者试图在组配的词项之间中发现彼此"相关"或"或然"的关系,使客观的组配关系进入语言范畴的"非常规搭配"得到合理的解释。

由此,我们不将该类结构界定为句法述宾关系,而是以动名组配的客观描述入手,对"V_{走/跑}＋N"非常规结构进行研究,试图探索出其形成途径、形成原因、语言内部与外部制约条件。从而在语言宏观层面,语义表达与语法结构互动的角度观察语言的形成和发展。

第三章 基于"走"语义分析的"走＋N"分类

第一节 V走/跑语义分析依据及方法

要对"V走/跑＋N"非常规结构进行系统深入的研究,结构形式分类梳理是研究的基础。确立"走＋N"作为样本模型建立分类标准,这是进行研究的前提和关键。而在"走＋N"结构中,N 为变量,将 N 进行形式分类是建立分类标准的目标。根据搭配理论,词项与词项能并置(collocation)出现,彼此之间存在一种"相关"或"或然"关系(伍谦光,2001:82-83;李在铭,2001)。因此,N分类标准的确立,是基于常量"走"的语义分析,从而观察 N 与 V 之间的"相关"或"或然"性。下面从"走"语义分析入手,建立"走＋N"分类标准。

一、理论依据

在词汇语义学理论中,义素、语素义(素义)、义位、义丛是词汇层面无数的意义单位简化后形成的少数几个基本义类。这些义类单位中,最基本、最核心的单位是义位。义位(sememe)最早由瑞典语言学家诺伦在 1908 年提出。布龙菲尔德把它作为结构语言学的一个意义单位:"一个最小的形式就是 morpheme,它的意义就是 sememe"。他常用 noeme 表示义素,用 glosseme表示义位。我们对词义的描写,其实就是对该词的义位的探索。"义位"是最基本的语义单位。从直观定义(ostensive definition)是相当于义项;从操作性(或功能性)定义是语义系统中自由的最小单位;从分析性角度而言,义位是义素的综合体;从系统性角度,义位则是语义系统中抽象的常体;从结构性角度,义位是由义值(基义和陪义)和义域组成的。基义是义位的基本义值、基本语义特征,是义位的核心(义核)、基础。陪义是义位的附属意义、附属语义特征、附属和补充义值,是"一个词的基本意义之外的含义"(《朗曼现代英语词典》);义域指的是义位的量,是义位的意义范围和使用范围,是人所认识的具有义位所表示特征的事物集或群(张志毅、张庆云,2005:13-56)。

　　而杰弗里·利奇(Geoffrey Leech)在对"意义"解释时,将"意义"阐述为七种类型,这七种类型分属三大类,分别为"理性意义""联想意义""主题意义"。"理性意义"是"关于逻辑、认知或外延内容的意义",该含义与词汇语义学中的"基义"一致。"联想意义"之下囊括"内涵意义""社会意义""情感意义""反映意义""搭配意义"五类。这些类型意义中,与字典定义中的"陪义""义域"有交叉重合之处。例如"内涵意义"与"属性陪义"基本一致;"社会意义"是"时代陪义"和"语域陪义"的概括;而"情感意义"与"情态陪义"相对应;"反映意义"与"搭配意义"则体现了义位变体或陪义显现的方法和途径。而"主题意义"是通过句法常规手段如移位、指称变换,焦点突出来体现,属于语篇范畴,在基础词义分析章节,该类意义不是我们关注的重点。

　　综合以上对意义不同角度的分析,可见不同分类既有区分又有重合交叉。根据研究需要,我们基本采用词汇语义学术语,将词义分为基义和陪义。而具体义位则由基义、陪义和义域三部分组成。基义是每个词都必有的成分,而陪义根据不同的词词义侧重则有不同。我们将利奇的搭配意义和反映意义,归属为陪义,而其手段"搭配、反映",则可作为分析陪义的方法和途径。

　　在语义分析中,当我们使用"基义、陪义"术语来表述语义,而这些语义的内部,则是由"有义无形"的义素构成。义素是结构主义语义学用来描述语义的最小的语义单位,是义位的组成成分,也叫区别性语义特征(张志毅、张庆云,2005:19)。义素在义位内部以不同层级的方式存在,从共性到个性、从基义到陪义,义位内部一般有"上位语法义素""语义·语法义素""上位语义义素""主要个性义素""次要个性义素""附属义素"等六个层级分别构成义位的共性义、个性义等基义,形象义和语体义等陪义(陪义同样属于个性义)。

　　动词语义分析的第二方面理论依据来自意象图式理论。意象图式产生于人体自身与外界物理世界的接触互动之中,将看似无关的活动贯穿连接,给抽象活动以具体的结构。它是一种特殊的概念:它们比 CAT 、TABLE 之类具体(specific)概念要抽象。由于它们与感知经验直接相似,具有自身意义及内在的结构,且可以相互转化(Evans & Green, 2006:177-185)。Johnson、Gibbs & Colston、Oakley 给意象图式下了定义。分别为:1.意象图式是感知互动及感觉运动活动中的不断再现的动态结构,这种结构给我们的经验以连贯和结构(An image schema is a recurring, dynamic pattern of our perceptual interactions and motor programs that gives coherence and structure to our experience. Johnson,1987:xiv);2.意象图式一般可以定义为空间关系和空间中运动的动态模拟表征(Image schemas can be generally defined as dynamic analog representations of spatial relations and movements in space. Gibbs &

Colston，1995:349）；3.简单说来,意象图式是为了把空间结构映射到概念结构而对感性经验进行的压缩性的再描写（Briefly，an image schema is a condensed redescription of perceptual experience for the purpose of mapping spatial structure onto conceptual structure. Oakley，2004）。

意象图式促使概念产生,而具体概念通过语言编码形成语义。在人类认知心理发展的历程中,意象图式比其他类型的概念产生得更早,因而是最基本的一种前概念（preconcept）（Mandler，1992，2005）,不仅是具体概念的基础,更是语义的基础。

意向图式中的元素从元认知角度中与义素具有契合性,义素构建意象图式,意象图式各元素对应义素。

二、操作方法

对于"走/跑"动词语义研究,主要是对其义位分析。而义位的获得,则通过该动词意象图式构建。意象图式形成基义,意向图式各元素与义素相互对应。在其意象图式各元素的认知模型中,通过动态注意力①凸显,组合形成不同的义位,在句式中得以体现。

(一) 第一步:意象图式构建

义位包括基义、陪义、义域三部分。对一个词基义的理解,首先,将其分解为基本义素构建而成的意义单位。"走/跑"动词作为自移动词,其共享基本义素为:动作源[＋生命性]、身体所处的状态[＋与陆地交互接触]与自身运动状态[＋水平位移]。这三个基本义素,是 $V_{走/跑}$ 前概念在意义范畴的形式体现。在此基础上,构建出共同的"行走"类动词共同的原型意象图式为"位移—路径"。

(生命体)(行走)

A————————▶B

图 3-1 "行走"类动词共性意象图式图

与原型意象图式相对应的是"行走"类范畴原型动词是"走"。而"跑"是在这个原型意象图式基础上,增加快速度量,成为"跑"的基本意象图式。意

---

① 注意力:注意力是认知语言学一个重要概念。主要分四部分内容:1)注意力强度（Strength of Attention）,分弱、强两个级别,包括"突出"（Salience）、"显著程度"（Prominence）、"背景化"（Backgrounding）、"前景化"（Forgrounding）等;2)注意力层次（Level of Attention）；3)注意力映射（Mapping of Attention）；4)注意力视窗（Window of Attention）。详见束定芳编著的《认知语义学》,上海外语教育出版社 2008 年版,第139-148 页。

象图式所反映的概念,是"走/跑"的常规语义,即基本义位。该概念属于词与客观物理世界的关联,是在词汇义形成过程中的超语言因素。其次,这些概念在语言层面使用过程中,词与其他语言成分在线性排列上的搭配关系(横向),以及与其他词在某种意义上的联系关系(纵向),是词汇义形成过程中的语言因素;线性排列中通过搭配而形成的意义,即杰弗里・利奇(Geoffrey Leech)提出的"搭配意义"(Collocative meaning),指的是"由一个词所获得的各种联想构成的,而这些联想产生于与这个词经常同时出现的一些词的意义"(Geoffrey Leech,1974,李瑞华等译,1987:24),这是义位中陪义产生的途径之一。再次,言语使用者的主观意识和社会心理,影响词汇义的形成,这是词汇义形成过程的社会心理因素(顾柏林,1987)。

　　"走/跑"基义来其与意象图式中概念与客观世界的对应,为"位移"义。而在"位移-路径"意象图式中,能自行移动的生命体及位移动作,是意象图式的前景,固定的路径是背景,认知中注意力将意向图式各个部分(生命体、动作、路径起点、经过点、终点)强化突出或隐退背景化,是形成动词不同义位的认知途径。从词义层面,义位表现为可独立自由运用的义项,能从常规句法中分析可得,在数量上具有客观性。而陪义是义位的附着意义,在具体语境中,能够通过分析句法成分义项,对它进行描写,剥离,但不能单独使用,陪义数量从理论上而言是开放的。

　　从认知心理根本点出发,建立"走/跑"动词意象图式,从其在句式中的映射,可描写出原始义位;通过原始义位在不同认知域的投射,能在相应语境中形成义位变体,同时可在具体句法分析中剥离出其相关陪义。具体操作过程可图示为:

图3-2　"走/跑"语义分析操作流程图

(二) 第二步:义位、陪义分析

　　弗雷格(Frege,G.)的整体论思想,认为词语的意义(言语意义)只有在语句中才能确定。索绪尔(Ferdinand de Saussure)也认为,语言系统的词义是受语言整体系统决定的。整体论思想还得到哈克、蒯因(Quine,W.V.O.)、戴维森(Davidson,D.)、心理学格式塔(Gestale)学派、哲学维也纳学派的支持。根据整体论思想,在"位移—路径"意象图式中,"走/跑"基本义位可从意象图式提炼出来,但这些义位的确立,需要运用意象图式映射到句法结构上的方式构建,以具体化的"小语境分析法"形式对义位进行印证解析,在形式操作上通过替换、添加、移位等手段比较辨析确定具体义位。

义位由不同层次的义素构成,由上到下共六层,分别为:概括整个词类的上位语法义素、概括一个词类中一部分词的语义-语法义、一个义场各义位的共性义素(类素 classeme:波蒂埃)、个性义素(核心义素)、次要个性义素(边缘义素)及陪义(参见倪波、顾柏林,1995:85-91)。在"行走"类动词中,义素层次体现为:第一层义素为"动作或行为、变化",第二层义素为"不及物(或及物)动词",第三层义素(类素)为:"移动""人或鸟兽的脚""与陆地接触",而第四、五、六层义素则是各具体动词需要通过"位移—路径"意象图式各元素在注意力作用下凸显,在具体语境中运用才能得以描述。以上义位与义素之间的层级关系可归结为下表。

表3-1 义位义素层级表①

1	上位语法义素:动作、事物、性质	共性义素	基义义素
2	语义-语法义素:心理、具体、形状		
3	上位义义素:动物、植物、人、移动等		
4	主要个性义素:"走、跑"的"速度"	个性义素	
5	次要个性义素:"走、跑"的"方式"		
6	附属义素:形象义、语体义		陪义义素

对陪义类型的概括,有三元(武占坤、王勤,1983;符淮青,1985)、四元(高名凯,1963;贾彦德,1992)、六元(武占坤,1983;詹人凤,1997)、七元(杨振兰,1996)、八元(刘叔新,1990)、九元(张志毅、张庆云,2005)说。而在具体句式的义位中,可以没有陪义,只有基义及义域。也可以有陪义,甚至不止一个陪义。针对具体个体词,陪义具有开放性,与具体语境有关。

义位在不同的语体、不同语域中使用,产生的语域义;与不同的状语、补语搭配,产生的搭配义;与相关语词并置,词语沾染而形成意义,分别有形象色彩、感情色彩、委婉色彩、评价色彩、情态色彩等,这些在义位中,以陪义的形式出现。

人们早已认识到义位中陪义的存在。在词法层面,人们将词应用到各种不同的场合,例如书面语与口语,就是应用了不同的语域陪义;句法层面,莱昂斯把句子的含义分作"句子意义"(sentence meaning)和"话语意义"(utterance meaning)②,也是因为陪义的存在。陪义很少有标化出现,发现陪

---

① 该表转引自张志毅、张庆云《词汇语义学》,商务印书馆 2005 年版,第 26 页。

② J. Lyons, *Semantics*,Vol.2, 1977, p.643.

义往往需要几个步骤:首先需要确定分析的语义场,然后找出某些义位使用上的特殊情况,分析某些义位在使用中出现特殊情况的原因,从而分析出陪义。有的陪义是语素义与语素义的组合唤起人们对某种形象的联想,例如"仙人掌"就是通过"仙""人""掌"三个语素的组合唤起人们对观赏植物形状的联想。陪义属于语言表达的内容,它不能直接被人感知。

而本研究中的对谓词陪义的分析,基于言语小语境及邻近状语、补语对动词进一步具象化特点,把它从谓词义位中剥离出来。状语和补语是否能凸显其修饰主体谓词的陪义,检测方式在于删除该状语或补语后,对句子表达的影响度。若状语或补语删除后,句法语义不成立,那么,该状语或补语不具有凸显陪义的功能;若删除后,原句依然成立,只是削弱了其修饰主体谓词的表现力,则说明这些状语或补语具有凸显谓词陪义的作用。例如:

(1)a 这像什么话? 深更半夜地跑来,——人家都睡了,他们来折腾! (翻译作品《母亲》)

(1)b ＊这像什么话? 跑来,——人家都睡了,他们来折腾!

(操作:删除时间状语"深更半夜")

(1)b句明显语义不清,句式不成立,这说明时间状语"深更半夜"是句式必有成分,且不具有凸显陪义的作用。但以下例句:

(2)a 金秀刚要骂她,金枝已像只快乐的小鹿似的跑回北屋去了。 (陈建功《皇城根》)

(2)b 金秀刚要骂她,金枝已跑回北屋去了。

(操作:删除"像只小鹿似的")

(2)b句式仍然成立,但动词"跑"的表现力削弱,说明状语"像只快乐的小鹿"在原句中具有凸显"跑"的形象陪义的功能。

下面,对"走"进行义位、陪义分析。

第二节　"走"语义分析

从义位中义素构成层次成分而言,"行走"类动词的上三层义素可归纳为:表示人或鸟兽的脚在陆地移动的及物或不及物动词(第一层:表示动作或行为变化已经纳入第三层描述中)。从"走"是由生命体发出的自足角度出发,为不及物动词。而义位的下三层义素,通过对 $V_{走/跑}$ 的意象图式分析进行描写。

一、空间域意象图式构成义位

"走"为"行走"类最早出现的动词之一。从历史沿革来看,根据《说文解字》《尔雅》《玉篇》等综合探查,在使用频率上,根据 CCL 语料库统计,"走"在现代汉语平面以 325047 次位于该范畴其他动词之首。在现代汉语平面上,"走"为"行走"类动词的原型。下面首先对"走"进行义位分析。

根据"走"前概念体现出来的"行走"类动词共享义素:动作源[＋生命性]、身体所处的状态[＋与陆地交互接触]与自身运动状态[＋水平位移]。构建出"走"的"位移-路径"意象图式为:

生命体(走)

A ⋯⋯⋯⋯⋯⋯ B

图 3-3 "走"的意象图式

在该意象图式中,A 为位移起点,B 为位移终点,中间部分为路径,虚线表示"走"的速度为匀速。"走"作为生命体发出的动作,双脚与陆地交互接触,水平位移的运动。用元语言表示为:

{走}＝[＋生命体][＋双脚与陆地交互接触][＋水平位移][＋匀速]

在意象图式具体化的小语境句式中,通过"从""过""到"等介词,可以把意象图式中路径上位移过程展现出来,将"走"的基本义位在句式中显化为"行走"义。

(3) 一名目击者看见鲁道夫当时从诊所走开。(《新华网·作恶多端劣迹斑斑——亚特兰大奥运爆炸案疑犯落网记》2003-06-04)

(4) 我漫无目的地在大街上行走。(史传《中国北漂艺人生存实录》)

(5) 而后,她就大摇大摆走出校门,到玩乐的地方去消磨时间。(老舍《四世同堂》)

(6) 郭荣堂走到二楼的楼梯口一抬头,看见李华正站在门口。(对话《女记者与大毒枭刘招华面对面》)

(7) 他快步走向客厅,徐太太急忙追过来:"伯贤!我没那意思……你吃完早点再走还不行啊?"(陈建功《皇城根》)

以上例句中,(3)中的"从"和"开"将"行走"起点"诊所"显化出来;(4)中"在大街上"是凸显"行走"中路径"大街";(5)中"校门"是"走"的路径上的经过点,用"出"显化;(6)中"二楼的楼梯口"是"走"的目的地,用"到"显化。(7)中的"向"表示趋向目的地"客厅"的方向。这是"走"的原型空间域意象图式形成的基本义位在具体句式中的投射。

由以上 5 个例句,体现了意象图式与句法结构的映射关系。注意力将"位移-路径"意象图式中的起点、路径、终点、方向前景化,在句法上表现为通过介词"从、上、到、向"等实现。而"走"基义"行走位移"以外的其他义位如何产生? 是人们在认知前概念中,将处于背景的"空间路径"一部分与位移动作"走"结合在一起共同前景化,这是注意力强弱在意象图式上不同作用而成,在句法形式上仍以"走"的形式体现,却形成了"走"的其他义位。以下论证其他义位产生过程。

第一,"离开"义位产生。

当"走"的行为动作与"路径"背景中的起点共同前景化时,"离开"义位形成。

生命体(走)

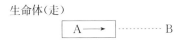

图 3-4　意象图式中"离开"义形成图

(8)a 阿敦无奈,只得让他走了。(李文澄《努尔哈赤》)

例句中没有出现"过""到""向"等凸显意象图式其他元素的介词,而"走"之后的"了"在句法上有表示起始义①,认知者的注意力集中在起点——"阿敦身边"及动作"走"。从起点开始"走",在句法表达中,"走"离开起点的语义产生。这可用"离开"代替"走"替换方式测试:

(8)b 阿敦无奈,只得让他离开了。

(8)a 与(8)b 句义相同。可见当句法形式不借助介词凸显意象图式其他元素时,人们利用注意力将与动作相关的意象图式元素凸显形成"走"的其他义位。在该句法中"走"所投射的意象图式中,注意力凸显的是位移起点,在句法中以"了"进行明示,由此"离开"义位产生。

第二,"趋向"义位产生。

当注意力将终点及方向要素显著化后,"走"的"趋向"义位产生。

生命体(走)

图 3-5　意象图式中"趋向"义形成示意图

---

① 　关于"了"的讨论,学界有不同界分。金立鑫根据时体特征将"了"分为 4 类,其中"了₂"表示"事件实现后的状态延续到某一参照时间"的体和时(tense)的混合标记,在中性语境下它表示"现在"的意义,我们在书稿中简称为"起始义"。详见金立鑫发于《语言教学与研究》1998 年第 1 期的《试论"了"的时体特征》一文。

在"位移—路径"意象图式中,终点为地点名词,由介词"向""往"引入。下例:

(9)a 这两个游客离开了二门,走往里院,下了甬路,向东一转,观看钟楼。(姚雪垠《李自成》)

例(9)中,意象图式中指向终点的方向由"往"显化,终点"里院"位于其后,"走"在此形成的是"趋向"义位。而在汉语语义中,"来""去"是两个最典型的表示趋向的动词,根据例句中言说者的视角,我们选择"去"这个趋向动词与"走"进行替换测试:

(9)b 这两个游客离开了二门,去往里院/往里院去,下了甬路,向东一转,观看钟楼。

替换后的例(9)b句义与原句一致,由此可见,"走"通过意象图式中注意力与终点共同前景化的方式,产生了第二个义位:去(趋向义)。

第三,"通过""来回"义位产生。当注意力将路径前景化后,则可以分两种情况,一是将路径中某一点显著化,这在句式中以"过"表达路径中经过点。

生命体(走)

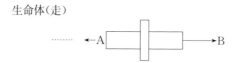

图3-6 意象图式中"通过"义形成示意图

例如:

(10)a 我们沿着人行道走过前门,从一边门进入大楼。(《塞莱斯廷预言》)

例(10)中"过"表示通过一个通道——前门,"门"类似一横截面。形成"走""穿过某一通道"的含义,用义位表达为:通过。用"通过"替换"走"测试:

(10)b 我们沿着人行道通过前门,从一边门进入大楼。

(10)b与原句句义一致,这是通过注意力显化意象图式中的路径,"走"的第三个义位"通过"产生。

其次,当意象图式中条状的路径向区域扩展,块状区域在认知上面积常规默认大于条状路径,"走"在路径中就可呈现反复运动的状态。形成"走"的"在区域中活动"的含义,用义位表达为:来回。

生命体(走)

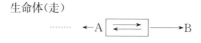

图3-7 意象图式中"来回移动"义形成示意图

(11)a 布哈也夫听了,在屋里走了一会儿,终于横下心来,说道:"那就按你说的办吧!"(李文澄《努尔哈赤》)

例(11)中"屋里"是路径强化后成为"走"活动的区域,在该区域中"走"的动作表现为"来回移动",义位可表达为"来回"。下面用"来回"替换"走"测试:

(11)b 布哈也夫听了,在屋里来回了一会儿,终于横下心来,说道:"那就按你说的办吧!"

替换后与原句义一致。可见当注意力将意象图式中路径前景化后,"走"的第四个义位产生。

二、其他认知域投射形成义位变体

当空间域"位移—路径"意象图式在事件域、时间域等认知域投射时,经历了主观化的过程。在 Langacker 的"认知语法"体系中,"主观化"被定义为:将实体与实体之间的关系从客观轴调整到主观轴。空间域的起点、终点、路径,在事件域中投射为事件发生的起点、发展过程及结果;在时间域中,投射为时间流的起点、过程与终点。不同认知域的投射,使"走"的空间域五个义位产生相应的变体。同时,在主观化的作用下,时间域、事件域中"走"的陪义相对多样。

"走"在事件域投射较为复杂。"事件"(event)在《现汉》中的释义为:"历史上或社会上发生的不平常的大事情"(《现汉》:1194)。在日常语言中,人们对"事件"的理解通常被概括为"五个 W 和一个 H",即一个事件的完整描述应包括这六个基本元素:时间(when)、地点(where)、谁(who)、对谁(whom)、做什么(what)、如何做(how)。从以上描述事件的六个基本要素中可见,事件兼具空间、时间两个因素。因此,事件域从本质而言,是空间域与时间域交错叠加的一个复合领域。

"走"的意象图式在事件域的相应概念是事件的发生、发展和结束流程。"走"在空间域的义位投射到事件域,形成事件域相应的义位变体。例如:

(12) 所以,从商对他来说,是换条路走,并不意味着对自己的期待降格以求。(对话《创业者对话创业者》)　　　　(义位变体:进行)

(13) 如此过细地做工作,使复员军人减少了顾虑,愉快地走上新的岗位。(史传《中华人民共和国军事史要》)　　　　(义位变体:起始)

(14) 我希望她将来不要靠走这样的捷径,而是通过自己的奋斗走向成功。(史传《从普通女孩到银行家》)　　　　(义位变体:趋向)

(15) 因此,"如果我们走独木桥,企业就没有前途。"(《科技文献》)
　　　　　　　　　　　　　　　　(义位变体:经过[路径通道点])

(16) 用酒和菊一压,腥味就走了。(1998 年《人民日报》)
　　　　　　　　　　　　　　　(义位变体:消失;陪义:形象)

例(12)中,在"经商"事件域中,"走"隐喻为"进行"语义;例(13)中"走上"喻指"新的工作的开始",是事件域的"开始进行"含义;例(14)中"走向"表示"向成功这个目标发展",是事件域的"趋向"义;例(15)中的"独木桥"已经不是指现实中的桥,而是指"艰难的通道",故"走过独木桥"喻指事件进行中通过艰难办事流程,是事件域中"通过"义;例(16)中"走"指的是"味道消失",这个"消失"也就是"味道"离开原来的物体。那么,该句中"走"是空间域"离开"义位,变体为事件域"消失"义位。

而"走"在时间域的投射,我们可以通过以下例句来分析。

(17)战后的法国经过第二次世界大战以后困难的经济恢复时期,开始逐步走上经济繁荣和发展阶段。(社会科学《当代世界文学名著鉴赏词典》)　　　　　　　　　　　　　　　　　(义位变体:开始)

(18)再到今天的雅典奥运会双料冠军,她走过了不少艰难和坎坷,也克服了许多伤病。(新华社新闻报道2004-08)　　(义位变体:经历过)

(19)你年轻时好时髦,虽然岁月催人老,你也不再意图用锻炼什么的控制身材走向。(BCC微博)　　　　　　　(义位变体:变化)

(20)从此以后的岁月,他的每一天,都是从生走向那个死……(对话《女记者与大毒枭刘招华面对面》)　　　　(义位变体:趋向义)

(21)我的时间不会多了,等我走了,恐怕你不一定办得成。(《读书》vol.174,1993)　　　　　　(义位变体:死;陪义:委婉)

以上5个例句分别是"走"在空间域"位移—路径"意象图式在时间域投射形成的义位变体。(17)中的"走上"表示一个时间阶段的开始;(18)中的"艰难坎坷"是"她"人生岁月中一个个经过点的显化描述;(19)中"岁月"是时间域的指称,而句中的"身材走向"中的"走",语义为身材"变化",是空间域"走"的位移过程义在时间域义位变体为"变化"义。例(20)中的"死"是生命终点,"走向"表示向这个方向趋向,而生命长短本质是由时间量化,故介词"向"显化了时间域趋向义,是空间域的趋向义在时间域的义位变体。(21)中"时间"是时间域的指称,"走"是作为"死"的委婉表达,其语义本质就是"死"的意思,表示离开这个世界。这是空间域"离开"义位在时间域义位变体为"死"。

在时间域的这些义位,是"走"的意象图式通过结构隐喻后而成,我们不单独进行分立,只是看作空间域"走"的义位变体。

"走"能够在时间域投射,与"走"的动作发出者为生命体有关联。生命体在时间中的经历,如同生命体在空间域的位移。而时间是生命长度的组建成分。因此,在时间域,位移终点往往被隐喻为生命终点——死亡。而时间流向的单向性,能使投射到时间域中"走"的语义,表现为状态不断地"变"。其投射关系可示意为：

$$\text{空间域：　起点——路径——终点}$$
$$\downarrow\qquad\downarrow\qquad\downarrow$$
$$\text{时间域：　出生——人生经历——死亡}$$

"走"在时间域形成的义位为："开始经历"（起始义）"正在经历"（过程变化义）及"死亡"（终点义）。在时间范畴里，"走"的"死亡"语义以委婉语方式——"离开"来表达，这在"走"义位上附有委婉的陪义。同时，"死"在常识中引发人们悲伤的情感。因此，时间域中"走"的"死"（离开义）义位变体中还附着消极性情感陪义。同时由于时间的单向流动性，"走"在空间域的"反复运动"义位无法投射到时间域中，该义位变体空缺。

由于空间域向事件域、时间域的投射关键点是彼此之间的隐喻关系。而隐喻关系的存在，使事件域、时间域表述内容从抽象概念呈现为空间可视感，这是"走"在这些认知域的各个变体义位上附着相应陪义的原因。

综上所述，"走"的义位、义位变体及陪义可归纳为下表。

表 3-2　"走"义位在各个认知域形成的义位变体列表

走	义　　位					陪　　义
	义位一	义位二	义位三	义位四	义位五	
空间域	行走动作	离开	去(趋向)	通过	反复来回运动	
时间域	变化	死	去(趋向)	经历过	*	贬降(义位一) 委婉、消极情感(义位二)
事件域	进行	消失	去(趋向)	经历过	*	形象(义位一、二、三)

第三节　"走＋N"句法形式成因

"走"是行为自足动词，在前概念所构成的意象图式中，没有对他物具有"力度"因素，因而在句法结构中，"走"可不带名词宾语自足成句。例如：

（22）我走了。

若"走"之后出现表述内容，一般两种类型：一为后接具有完句功能的"了"；另一种为补语成分，例如"走两趟""走了五年"等说明"走"的情况。那么，"走"之后若直接衔接 N，从句法结构上，"走＋N"属于非常规结构。"走＋N"非常规结构能得以成立的所需条件有二：第一，其语言形式上需具有成立的可能性；第二，"走"与 N 语义之间需要某种因素促和。

首先，我们来论证"走＋N"句法形式成立的原因，这可从历时和共时两个层面展开探究。

一、历时角度常规结构的必然性

"走"在现代汉语中常规不带宾语,但在古代汉语中,"走"之后带宾语为常规格式。例如:

(23) 与燕人战,大败,达子死,齐王走莒。(战国《吕氏春秋》)

"莒"作为地点名词,是"走"的目的地。"莒"直接出现在"走"之后。这种句法形式,在上古的周、春秋、战国时期的语言表达中为通行表达。在 CCL 语料库中,检索到"走""走+N""走+之/如/至+N"在周、春秋、战国时期的用例如下:

表 3-3　CCL 语料库中"走"后直接/间接衔接 N 产生时间先后表

时　代	走	走＋N	走＋之/如/至/入/于＋N
周	8	0	0
春秋 CCL	53	9	0
战国 CCL	196	19	10

从上表可见,在周代,"走"仅作为自足动词后不接名词成分;而到春秋战国后,出现后接名词现象。而就直接后接名词"走+N"与间接后接名词"走+之/如/至+N"形式出现先后而言,在春秋时仅出现"走+N"形式,而无"走+之/如/至+N"形式。可见,前者早于后者;战国时两者都有,但"走+N"形式频率高于"走+之/如/至+N"。由此可见,从语言结构出现先后及使用频率上,"走+N"在古代汉语为常规句法形式。这在"语料库在线"语料中得到同样的佐证。

表 3-4　语料库在线中"走"后直接/间接衔接 N 产生时间先后表

时代	走	走＋N	走＋之/如/至/入/于＋N
周	6	1	0
春秋战国	256	23	11

那么,"走+N"在古代汉语中作为常规句法形式的原因何在? 以句(23)为例,"莒"作为地点名词,是"走"的目的地。"莒"直接出现在"走"之后,原因在于:首先,在行为动作上,"走"动作发出在目的地"莒"之前,在语序上"走"在前,N目的地在后,符合汉语时间顺序原则[1]。这是句法临摹的结果,体现了

---

[1] 汉语语法时间顺序原则:(The principle of temporal sequence,简称 PTS)。PTS 指的是两个句法单位的相对次序决定它们所表示的概念领域里的状态的时间顺序。戴浩一、黄河先生在《时间顺序与汉语的语序》一文中有详细论述,载于《国外语言学》1988 年第 1 期。

语言编码中的象似性原则①。其次,古代"走"语义为"快速位移",空间路径在人们认知中因其位移迅速而压缩隐退,因而在"走"与 N目的地之间并无出现显示路径的句法成分。根据史文磊(2011)对相关语用参数的历时调查,认为古代汉语属于动词核心框架语言(V 型)②,上古汉语多综合性动词,往往兼容"路径"与其他语义要素(如方式、致使、背景、主体)。在上古汉语"走"中,路径被编码进了动词之内,这个结论与"走"古义中"快速"语义具有互为因果关系。由此可见,"走+N目的地"在古代汉语中属于常规组合。

二、共时平面非常规结构的可能性

在共时平面,语法是语义关系的形式化。所有语言的基本功能是叙述,叙述包含两个部分:叙述的对象和对对象的叙述。前者是主语,后者是谓语。而谓语内部包含表达行为或属性的动词及动作涉及的对象,就是我们普通句法成分中的动词和宾语,宾语是动作施加的对象,这些是语言表达中句式的主干部分。但当语言需要表达复杂语义时,若主干成分无法完成语义信息传递,此时其他句法成分就逐步被发展出来了,譬如定语、状语、补语等(金立鑫,2011)。复杂句子的产生可以描述为两个简单句的合并,一个简单句为"一个述谓结构",一个述谓结构内部只有一个主语和一个谓语。两个简单句为两个述谓结构。而两个简单句能合并,两者之间必然具备共有部分,重叠共有部分,才能在线性结构的语言中安排好彼此之间秩序③。

在下面一组最简格式中:

(24) 他走。

(25) 从小路走。

简单句(24)中,"走"是"他"的述谓;在简单句(25)中,"从小路"是"走"的述谓。那么两者合并后,形成两种结构形式:

(26) 他从小路走。

---

① 象似性原则:不仅指语言形式在一定程度上可反映客观外界的事物,主要是指语言形式反映了人们对世界的体验感知和认知方式,语言形式是基于人们的经验方式、认知规律、概念结构的,即语言具有理据性(motivation),而不像传统语言学家所认为的语言是任意性的自治的系统。详见王寅的《认知语言学》,上海外语教育出版社 2007 年版,第 505-544 页。

② V 型:verb-framed,动词构架,表示路径的语义要素由主要动词编码。S 型:satellite-framed,附加语构架,表示路径的语义要素由附加语编码。这是 Talmy(1985、1991、2000)将运动事件词化类型(typology of motion event integration)中的归类。

③ 这在金立鑫先生《从普通语言学和语言类型角度看汉语补语问题》一文中对语义与语法成分的关系及次要语法成分与主要语法成分的发生关系进行了详细的论述。载于《世界汉语教学》2011 年第 4 期。

(27) ＊他走从小路。

根据语义靠近原则,状语以靠近动词 V 为合理,"小路"作为"走"的方式状语靠近动词 V。从普通语言学的角度,状语前置和后置于动词"走"两个格式均成立。但在现实线性句法中,方式状语置于谓语动词之前的原因是"走"的方式先于"走"的动作在认知中产生,因此遵从时间顺序原则,"从小路"置于"走"之前为常规句法。但"走"作为自足动词,宾语位置天然空缺,状语需靠近动词及"走"作为自足动词宾语位置空缺,为现代汉语"走＋N"形式出现提供可能。

当历时平面,古代"走＋N"形式在现代汉语中遗留,及现代汉语线性句法排列中名词状语具有后置于"走"的可能性,"走＋N"结构在现代汉语中形式结构得以成立。但当 N 后置于"走"后,其对"走"的方式修饰与常规识解产生冲突,其结构的非常规性亦由此产生。

第四节 "走＋N"非常规结构分类

在现代汉语语言形式中,"走"与各类 N 组成"走＋N"结构。对"走＋N"分类操作,是以 BCC 报刊类语料库为对象,穷尽检索,获取语例。

选取 BCC 语料库报刊类为语例检索基地原因在于:在 BCC、CCL 及语料库在线三个参考语料库中,BCC 的库容量最大,选取其报刊类语料的原因是在 BCC 语料库多领域、文学报刊、微博、古汉语几种类型中,报刊类语料相对最为规范。

一、语例获得

在 BCC 语料库中,通过筛选,根据"例不过十,法不立"原则,删除 10 个用例以下的"走＋N"结构,得到语例有:

走资本主义发展的/回头/国家先建设,后治理的弯/发展工业的老/道/A①/路;走社会主义共同富裕的/和共产主义的/发展的/富裕/工业/A 道路/大道;走群众/专家/精品/低价路线;走人;走和平中立/民主/独立/与发展的道路(之路);走牛/熊(股市术语);走斑马线;走科技/勤劳和守法的致富/与生产力结合的/与经济有效结合的/强国的/兴业/兴农/兴厂/兴渔/兴港/兴瓷/兴牧/兴街/兴绿/兴蔗/兴院/兴茶/强军/强警之路;走极端;走人

---

① A 表示修饰"路"的修饰成分。

行/人行横道;走老路;走建设有中国特色社会主义道路;走正道;走四方;走山路;走台;走正路;走天涯;走刀(车床术语);走天下;走门路(子);走线(电工术语);走远/近路;走西口;走海外/海岛/海堤/海南岛/张家界;走光;走乡间/小路;走偏锋;走水路;走过场;走大路;走冤枉路;走高速公路;走棋/炮/马/车/兵/(下象棋术语);走货;走法律程序/途径;走绝路;走楼梯;走小巷;走邪路;走公路;走船(一种谋生方式);走红军路;走江湖;走第一步/第二步;走机动车道;走形式;走锚;走独木桥;走歪路;走音;走陆路;走私、走小步;走关系;走量;走眼;走迷宫;走全国;走铁路;走田埂;走上坡路;走海路;走脏腑(身体域投射);走国道;走人生(时间域投射);走班;走邪道;走猫步;走过程;走直线;走平衡木;走基层;走歪道;走鬼。

在语例中,将"走资本主义……的道路"这类"道路"之前多重定语修饰类型归于"走资本主义道路";同理"走社会主义……的道路"也归入"走社会主义道路"类;"走前人没有走过的路,走英雄成长的道路"这些语例与"走资本主义道路、走社会主义道路"为同一类型,故不在语例上显示。且由此可见"走＋N"结构数量上呈现开放性态势。

董秀芳(2002)认为从句法到词法是一个渐变的过程,短语与复合词之间是边界模糊的连续统(continuum)状态。大量的语言形式处于两者变化的过程中,既带有短语的某些特征,又带有词的某些属性。"今天的词法曾是昨天的句法"(Givón 1971),体现了根据词法与句法之间具有历时上的一致性,故将词典中"走＋N"结构与句法层面的短语纳入同一研究范畴。

从《现汉》"走"字词条下,"走＋N"结构的词汇有:

走板、走边、走笔、走镖、走道、走电、走调、走风、走钢丝、走狗、走火、走廊、走马、走内线、走偏、走禽、走色、走扇、走神、走绳、走时、走兽、走势、走水、走索、走题、走味、走向、走心[①]、走形、走穴、走样、走运、走账、走嘴。

对"走＋N"结构的研究,以对短语结构的描写与解释为主,兼顾其词汇化的发展走向。

二、分类及依据

从 BCC 报刊类检索到的语例可见,在"走＋N"结构中 N 语义复杂,属于各种领域。在"走＋N"结构中,"走"为常量,"N"为变量。其分类在形式上,必然以 N 的类别决定"走＋N"结构类别。根据前文伍谦光、李在铭的搭配理

---

① "走心"一词,在《现代汉语词典(第5版)》(2005)中没有收录,但在第7版(2018)中已经收录,故将该词也纳入研究范围。

论论述,"相关"或"或然"(probabilistic-lexicalrelations)是词与词之间能够并置(collocation)的根本条件。因此"走＋N"结构若能得以成立,其常量"走"与变量"N"之间需必然存在"相关"或"或然"关系。由此,"N"的形式分类,是基于"走"的语义与之契合度。因此,我们将"走＋N"结构分类操作程序为:

第一步:分析"走"的语义,得出最基本义素为:动作源[＋生命性]、身体所处的状态[＋与陆地交互接触]与自身运动状态[＋水平位移]。这三要素中,"生命体"为"走"的前提,"陆地"是"走"动作存在的空间要素,而"水平位移"为"走"自身运动的状态。

第二步:从与"走"这三类基本义素相契合的角度,我们将"N"分为三类:空间地域名词,与"陆地"有关;能发出"走"动作的生命体,与"生命性"有关;当无法找到与"走"语义相关的名词,则归入"或然"关系中,即其他类。由此,将"走＋N"结构分为三类,样例见下表。

表 3-5 "走＋N"结构分类表

"走＋N"	样 例
"走＋N处所"	走路、走小路、走西口、走街、走大道、走天涯、走穴、走台、走世界、走钢丝、走后门、走山路、走水路、走江湖、走独木桥
"走＋N生命体"	走人、走马、走兽、走狗
"走＋N其他"	走样、走题、走私、走货、走运、走亲戚、走正步、走形式、走内线、走班、走眼

在样例中,"走牛""走熊"中的"牛"与"熊"是股市"牛市""熊市"的简称,故不归入 N生命体 类别中。在以上分类中,"处所"指事件发生的场所、境况及经过的途径,与空间陆地有关。"钢丝"虽然是物品,但是在"走钢丝"中,钢丝是"走"动作发生的处所,故归入此类。"生命体"指能自主发出"走"动作的生命主体,不包括生命体的所属物——生命脏器等。

第五节 结 语

研究"V走/跑＋N"非常规结构的前提,是对其进行分类梳理。

本章从词汇语义学理论出发,构建 V走/跑 语义分析操作方法。在该方法基础上,对"走"进行语义分析。通过对"走"语义分析操作步骤,确立从前概念角度构建"走"的意象图式,从意象图式中注意力作用下的前景与背景凸显及隐退角度,分析其空间域的义位及陪义。同时,通过其在不同认知域的投射,确定其义位变体及陪义成分。

当对"走"的语义具备较为充分的认识后，利用 BCC 现代汉语报刊语料库穷尽检索"走＋N"结构，以搭配理论为依据，从"位移-路径"意象图式出发，确定以"走"核心义素为动作源［＋生命性］、身体所处的状态［＋与陆地交互接触］与自身运动状态［＋水平位移］为构成语义相关依据，以此为组配契合点，通过常量"走"与变量"N"之间的语义关联，对"走＋N"结构进行形式分类，为"走＋N"结构的进一步研究打下基础。

第四章　从常规到非常规

——空间域"走＋N$_{处所}$"结构群研究

第一节　引　　言

　　语言是动态的,在语言发展演变过程中,常规与非常规结构并非相互对立、截然区分的概念。语言的规则,是人们认知过程中对规约化的认同,形成常规句法规则。而在现实具体语境中,为了表达的需要,言说者有时会突破常规语法规则,例如"活泼的红领巾",这种结构在语境辅助下的临时组配,能被信息接收者正确识解,往往只是作为修辞的形式存在于语言系统中。但是,另一些语言形式,如"走极端""跑项目"等,从传统语法分析角度,句法形式、语义组合上不符合常规句法,在句法表层结构中,无法通过词与词的组合方式推测语义,其语义需要整体识解。而这一类结构已经日常高频普遍使用,它们既不属于修辞性临时结构,也不符合传统的语法规则,这是介于常规句法与修辞之间的一个动态过渡地带,我们将之界定为语法领域的非常规结构。

　　非常规结构的"非常规性"表现为:第一,不符合常规句法;第二,不符合语义搭配。而语言结构的最终目的是表达语义,故我们将兼具这两种情况或只符合第二种的结构,都归为非常规结构。

　　首先,从句法规则上看,V$_{走/跑}$为自足动词,一般不需衔接名词宾语即可自足成句。因此,从句法角度,"走、跑"若后接名词都有可能是非常规结构。

　　其次,从社会语义规约角度,"走路、跑步"这些均为常规结构,其形式测试为可插入其他成分句法结构成立。例如:

　　　　走路——走小路——走那条路

　　　　跑步——跑了很多天步——跑了一年的步

而另外一些中间无法插入其他句法成分或只能有限插入的"V$_{走/跑}$＋N"结构,如上章测试论述过的"走眼""走运""跑腿"等,"走"与"眼、运、腿"之间无法插入或有限插入语言成分,两者之间不具有常规句法成分自由搭配的特点,而其结构表达的语义并非词汇的组合义,而是需要进行整体识解。

第三章对"走+N"结构进行了分类。根据"N"与"走"义素相关与或然关系,在三类结构中,由于"走"从基义角度是空间域生命体发出的动作,因此属于空间域的"走+N$_{处所}$"是"走+N"结构群中最基本的一类。"走路"属于"走+N$_{处所}$"类,且以常规结构存在于现代汉语语言系统。因此,我们从"走路"开始分析,观察"走+N$_{处所}$"结构群如何从常规结构向非常规结构演化的过程。

第二节 "走+N$_{处所}$"结构分类

在"走+N"结构分类中,"走"作为空间域动词,与空间处所名词组合为其语言表达中最接近常规的形式。而处所名词,与自足动词"走"组配,从常规角度,在句法形式上可居于"走"之前以状语形式出现。而当空间处所名词居于"走"之后,从普通语言学角度,根据紧密度原则,依然具有常规句法的可能性。而从汉语传统句法常规角度,则并不符合规则。从语义搭配上,该类结构有的可作常规识解,有的却需要整体识解。因此,在空间域,"走+N$_{处所}$"这一类结构,若可以常规识解,有可能为常规结构;若需要整体识解,则可能已归为非常规结构。所以,"走+N$_{处所}$"作为所有"走+N"结构中最接近常规结构的一类,从句法与语义角度综合考虑,其处于常规与非常规结构的过渡状况,同一形式结构往往兼具常规与非常规两种识解。

N$_{处所}$的空间范围很大,根据"走""位移-路径"意象图式,N$_{处所}$的范围限制在平面陆地路径范围之内,包括起点、路径、路径经过点、终点等。而三维空间处所名词,如"高楼、房间、电梯"等不属于我们所研究的N$_{处所}$范畴。原因在于:从与"走"语义相关度出发,当行走动作一发出,必然接触到的是地面二维平面并非立体三维空间。而在其接触到的陆地二维平面中,最直接的即为"走"依托的物质平面——路径。因此,在"走"与路径中的"起点、路径、路径点、终点"等处所搭配时,形成各种义位。在"走+N$_{处所}$"这一类结构中,从"走"与N$_{处所}$语义相关度的角度,可分为以下几小类。

$$走+N_{处所}\begin{cases} 走+N_{路径}:走:基义:位移 \\ 走+N_{终点}:走:义位:去(趋向义) \\ 走+N_{经过点}:走:义位:通过 \\ *走+N_{起点}:走:义位:离开 \end{cases}$$

表 4-1 "走＋N处所"样例分类表

"走＋N处所"分类	示　　例
走＋N路径	走路、走小路、走水路、走山路、走人行道、走斑马线、走远路、走过场、走小路、走老路、走高速公路、走楼梯、走小巷、走公路、走陆路、走田埂、走铁路、走上坡路、走海路、走国道
走＋N终点	走海外、走海南岛、走张家界、走天涯、走海岛
走＋N经过点	走西口、走门子、走后门、走第一步/第二步
走＋N起点	＊

在观察中,前三类在语言事实中均存在,而最后一类在空间域没有实际用例。以下从前三类分别对"走＋N处所"非常规结构进行描写。

第三节　"走＋N路径"中常规与非常规同构异义

从搭配理论中两个语言成分并置出现彼此之间具有"相关"或"或然"关系。在"走"意象图式中,"走"的基本动作为位移,陆地路径是"走"动作的物质载体,是"走"动作关系最密切的事物。因此,"N路径"成为"走＋N"形式中语义规约化角度最容易识解的内容。从语义角度,这是"走"的基义与N路径的共显结果。

在平面陆地路径概念中,由于"走"的动作发出必须马上接触到地面,最典型的与"走"组配的便是路径概念名词"路"。"走路"在认知规约中成为常规。"走路"成为"走＋N处所"的原型。

下面以"走路"为例,对"走＋N处所"在共时平面常规与非常规同形共存现象进行描写,并从历时角度探究其形成过程。

一、"走路"共时多义与历时演变

根据现代汉语语料分析,"走路"在具体语境中具有多义性,共为三种语义。其中两种,可通过移位、插入证明其为常规结构;第三种结构在语境中无法拆分理解,为"走路"在现代汉语句法形式上的非常规结构。由此可见,在现代汉语"走路"结构分属常规组合和非常规结构两种状况,属于同构异义。"走路"这种情况与其结构历时演变有关。

(一)"走路"结构共时多义

在 CCL 语库中,"走路"用例达到 4269 例,在语料中"走路"语义存在三种类型如下:

(1)a 有一次我自己也不知道为什么就想要自己安静一下,然后就一直走路,走走走走累了,就拦了辆车……(电视访谈《鲁豫有约开心果》)

(2)a 就是平常出去走路,住楼上不坐电梯经常走路上去,世界上最好的运动是步行。(洪昭光《健康养生·怎样活到 100 岁》)

(3)a 但是,一向乐观、坚强的冰心并未屈服,她决心重新开始学走路,学写字。(《报刊精选》1994-06)

例(1)中,通过小句中"走走走走累了"的表述,可以推测前小句"走路"结构的含义是"走"的动作在"路"这个载体上进行,其整体语义可由"走"与"路"两个句法成分组合推测而成。其常规性可由在"走路"中插入其他成分、移位变换或省略次要部分后,语义依然成立测试证明:

(1)b 然后就一直在路上走。

(1)c 然后就一直走在路上。

(1)b(1)c 通过插入、移位,将"走路"变化为"在路上走"或"走在路上",结构可以拆分,"路"可移位。在拆分移位前,状语"一直"修饰动作"走","路"作为名词出现在"走"之后,在形式上属于非常规。但是在句子形态变换后,"路"可作为状语、补语等常规句法成分出现在"走"前后,故从语义规约角度,例(1)中的"走路"为常规结构。

例(2)中,"走路"结构的整体含义是行走的一种方式,与前文的"坐电梯"这种方式相对。在例(2)"走路"结构中,无法插入其他语言成分或移位变换。

＊(2)b 不坐电梯经常走这条路上去

＊(2)c 不坐电梯经常在路上走上去

从该例中"走路"结构已经固化,可以判定"走路"为非常规结构,其语义为"走路"的方式义。

例(3)中,"走路"的整体含义是"走"的一种能力,从句义可见这种能力失去过,现在重新学习。这里的"走"与名词宾语"路"没有关系,"路"的出现只是为了音节和谐。我们通过删除名词宾语"路"测试:

(3)b 她决心重新开始学走,学写字。

(3)b 与(3)a 意义一致。这说明"走路"在该例句中"走"的双音节化体现,属于词汇范畴。其词化标志为外部可添加表示能力的"能、会"等助动词,例如根据(3)句义,后续通过学习,可出现"她能走路了/她会走路了"小句,但例(3)无法受单独修饰"走"的状语修饰,如"一直"。

＊(3)c 她决心重新开始学一直走路,学写字。

以上为"走路"结构在现代汉语共时平面的三种语义状况。从结构角度,一种为常规结构,一种为非常规结构,一种为词化现象。

"走路"语义在现代汉语中呈现的三种情况,与其历时演变有关。

(二)"走路"结构历时演变

"走路"结构在战国时期已出现,但在古汉语单音节为主的语言体系中,"走"与"路"为两种句法成分形式并置,最早用例如下:

(4)a 城高难平,湮之以土,开之以走路,俄传器橹。(战国《逸周书》)

例(4)中,"开之以走路"的意思是:"开辟出来把它当作用来跑的路"。在"走""路"两个单音节并置中,"走"作为"路"的修饰成分,两者形成定中结构。

在后代使用中,由于"走"古代有"急速位移"义,从意象图式中可知,当"急速位移"与位移起点共同凸显为前景时,"快速离开"义位形成。"快速离开"用现代汉语词汇表达为"逃"义项。在《三国志》中,"走路"意为"用来逃跑的路",示例如下:

(5)孙权遣将潘璋逆断羽走路,羽至即斩。[《三国志》(裴松之注)]

例句中"断羽走路"意为"截断关羽逃跑的路"。其中"走"的义位改变,"走路"依然为定中结构。这种用法一直延续到北宋。在北宋语料中,"走""路"并置由定中结构逐渐词化,出现两种情况。例如:

(6)忽遇猛火,四方俱起,走路已绝,便至心礼诵观世音。(北宋《话本·太平广记》)

(7)通时,便作走路,所谓"遁辞"也。(北宋《语录·朱子语类》)

例(6)中,"走路"依然为定中结构,而在例(7)中,"走路"是"遁辞",即"走路"="逃"①。从(6)到(7)的过程中,是对"走路"这一结构进行了重新分析。"重新分析"是指词在句中经常处于某一特定的语法位置,使得人们对它与其他成分语法关系的理解发生了变化,从而使它的意义和作用发生了变化(李宗江,1999:14)。例(7)中"重新分析"历程是:当"走""路"两个句法成分并置出现,当其独立于句法环境之外,在两汉以后双音节化②影响下,由于动词和名词在物理常识中,动态比静态事物更显著,"走路"定中结构向以"走"为核

---

① 该语义在现代汉语以网络词汇"跑路"复活。网络新词"跑路"中的"逃"语义,为"走"与"跑"在历时平面语义承继替代后,其相关结构同样具有承继替代性的体现。后文"跑+N"研究中将详细论述与"走+N"结构承继替代特点,而"跑路"与"走路"之间承继替代与之同理。劳麟书(2012)谢坤(2013)对"跑路"语义从各个角度有较为详细的论述。

② 关于两汉以后双音节化问题,冯胜利(2009)在韵律语语复合词的历史渊源的论述中提到,在上古汉语中已有复合词,但直到两汉才急剧增加,这种飞速发展主要源于双音节音步的建立,而双音节音步的建立源于上古双韵素音步的消失。详见冯胜利《汉语的韵律、词法与句法》,北京大学出版社 2009 年版,第 22 页。

心语义的音步①发展,虚化了"路"概念,使"走路"词化,其词汇义为"逃",词性为动词。到了南宋、元代,"走路"定中结构与双音节词同时通用。只是"走"语义在由"急速位移"到"匀速位移"的过程中,定中结构中"用来逃跑的路"转变为"用来行走的路",句法词"走路"中"逃"的含义转变为"走"。例如:

> (8) 又有一座孤山,生在西湖中,先曾有林和靖先生在此山隐居,使人搬挑泥石,砌成一条走路,东接断桥,西接凄栖霞岭,因此唤作孤山路。(元《元代话本选集》)

> (9)a 婆娘哭哭啼啼,将孩子寄在邻家,只得随着众人走路。(南宋《话本选集》)

例(8)中,"走路"仍为定中结构,从定语"一条"中可以看出中心词为"路","走路"为名词性结构;例(9)中"走路"为句法词,词义为"走",为动词性结构,可通过删除"路"与原句句义一致测试:

> (9)b 婆娘哭哭啼啼,将孩子寄在邻家,只得随着众人走。

到此,现代汉语"走路"词汇化过程完成。在上文列举"走路"样例中可见在现代汉语中,除了其历时词汇化结果为词以外,另两种形式均为短语,分别为常规结构[例(1)]与非常规结构[例(2)]。而在非常规结构中,"走"与典型的处所名词"路"在"走+N"结构中形成的方式义,成为"走+N$_{处所}$"方式义的原型。

二、从"走路"到"走+N$_{路径}$"常规非常规同构

在语言事实中,在"走+N$_{路径}$"的原型"走路"基础上,"走+N$_{路径}$"具体语例有"走小路""走大路""走水路""走山路"等。这些结构在共时平面上与"走路"一致,均具有常规与非常规同构特点。以下以"走小路"为例进行分析。例如:

> (10)a 渐渐地,出现了带刺的灌木丛和没膝的蒿草,便有人心疼自己的好裤子,犹豫着迈不出步。再看看那些走小路的人,已经快到冈腰了。(权延赤《红墙内外》)

> (11)a 而到新区(南方)后,又确实遇到许多困难,如吃大米,走山路,走小路,蚊虫多,水土不服,语言不通,打山地战等等,都会影响到干部战士的情绪。(《邓小平文选》)

在例(10)中,"走小路"在句法形式上,"小路"置于不及物动词"走"之后,为非常规组配。但是从语义规约上,为常规搭配。可以通过移位及插入证明:

> (10)b 再看看那些走那条小路的人,已经快到冈腰了。

---

① 音步:人类语言中最小的能够自由运用的韵律单位。同上第1-3页。

(10)c 再看看那些从小路走的人,已经快到冈腰了。

在例(11)中,移位及插入后,则语句不成立。

＊(11)b 如吃大米,走山路,走这条/那条小路,蚊虫多,水土不服,语言不通,打山地战等等……

在"走小路"这个"走＋N处所"组配中,例(10)能自由移位插入语言成分,从"走"与"小路"的语义观察,"走"为叙实场景中实际位移动作,这由叙实性动词"看看"凸显。"小路"为定指,这可从其前可插入"这条"或"那条"指称标志可知。指称(reference)是实词固有的功能,词的指称功能我们可以通过奥格登和里查兹的"语义三角"来理解:

图 4-1　语义三角图

在这个语义三角图里,顶角的"思想或所指活动"(concept)指的是概念世界,左下角以实词指语言的世界,右下角"所指对象"(referent)属于真实世界。指称性是实词固有属性,而指称的实现,必须通过话语环境。即指称是发生在实际的话语(utterance)中,通过言域来实现实词的指称。"定指"指发话人使用某个名词性成分时,若预料听话人能够将所指对象与语境中某个特定的事物等同起来,能够把它与同一语境中可能存在的其他同类实体区分开来,该名词性成分为定指成分①。

例(11)中的"小路"并非具体某一条路,而是相对于"大路"而言较为狭窄的一类"路","小路"在此为类指②,前文的"山路"也同样是类指。该类指可从其前无法用"这条""那条"插入证明。而"小路"的类指,影响与之组配的"走"发生指称化③,其语义从空间位移动作成为"走"的概念指称义。"走小

---

① 由于资料限制,该概念转引自北京大学陈黎 2012 年的硕士论文《现代汉语中名词成分的定指性与句法位置关系的篇章考察》,同时在陈平先生的《语言学的一个核心概念"指称"问题研究》(2015)及王红旗的《"指称"的含义》(2011)中相互佐证。

② 类指:类指指的是名词所表示的是事物的某个类别,不是特定的个体。陈平先生在《语言学的一个核心概念"指称"问题研究》一文中从逻辑与哲学角度、语义学角度、语用学角度及话语分析角度对指称含义有详细论述,载于《当代修辞学》2015 年第 3 期。

③ 指称化:吴怀成将指称化定义为:我们把动词不用于陈述时的功能叫作它的指称功能,这种从陈述功能转为指称功能的过程就叫作动词的指称化。详见《关于现代汉语动转名的一点理论思考——指称化与不同层面的指称义》载于《外国语》2011 年第 2 期。

路"不是叙实语境中真实行为方式,而是"走"的一种方式类型义表述形式。其整体不可拆分,体现出非常规结构的特性。

这一类"走+N路径"中其他用例,如"走水路、走街、走山路、走人行道、走国道、走铁路、走陆路、走公路"等都与"走小路"具有同样的特点。即在同一结构形式下,在叙实语境与非叙实语境中具有常规搭配与非常规搭配的区分,当外部语境为叙实语境,N 为定指时,"走+N路径"为常规结构;当外部语境为非叙实性语境,N 为类指时,"走+N路径"整体形成"走"的类型方式义,为非常规结构。

(一)N路径的空间变异扩展

在空间域"走+N路径"结构中具有同构异义的特点,但当 N路径发生改变时,"走+N路径"的常规性逐渐消失,"走+N路径"其非常规结构形成"方式义"得到凸显。这主要体现在 N路径的空间扩展变异与隐喻变异上。

在"位移-路径"意象图式中,"路径"常规以条状出现,其句法特征为可由名量词"一条"修饰,其原型为"一条路"。而当 N路径在空间层面扩展变异,首先,N路径将具有条状的可以通行的陆地平面都纳入 N路径范围,例如"羊肠小道""斑马线""人行道""楼梯""田埂""小巷""钢丝""钢索"等。其次,在二维平面上,当 N路径向扁平块状扩展,譬如"舞台"这一空间处所名词,与"走"结合后形成"走台"结构。但若一旦路径形状发生改变,"走"的动作也发生变化,从单向直行向无方向位移转化。例如:

(12)a 我开始变得成熟起来,不再把模特这一行看作是单纯的走台,而是带有一种感情在里面,这样我便越来越热爱这个职业。(史传《中国北漂艺人生存实录》)

该例句中"走台"可变换为:

(12)b 我开始变得成熟起来,不再把模特这一行看作是单纯的在台上走来走去。

以上变换,可知"走台"作为常规结构的等值语义为"在台上走来走去"。二维平面上路径变异,影响"走"语义变化,而这种变化,又促使 N路径在三维空间扩展,"走世界""走江湖""走四方""走天下""走迷宫"等结构形成。其扩展认知上的秩序性为:

二维条状──→二维平面状──→三维空间状

由于在认知上扩展的序列性,该三维空间必定在二维平面无限伸展的基础上扩展而成,这种认知秩序制约了不是所有三维空间名词都能进入该结构的 N 语义特点。例如"世界、江湖、天下"等,其空间具有无限伸展性,而

"大楼、房间、宫殿"这一类有限三维空间就无法进入"走＋N路径"结构。其中"走迷宫"中的"迷宫",虽然从现实建筑空间而言其具有有限性,但由于"迷宫"语义中其空间的无限不可知性,其在认知上具有无限性,故"走迷宫"结构也能成立。

以上 N路径 在空间域的扩展,"走＋N路径"同一形式均具常规与非常规结构两种语义。在具体语境中,能将"走＋N路径"与"在 N 上走"或"走在 N 上"进行形式转换的为常规结构;不能进行该类变换的为"走"的一种类型方式义,需要整体识解,为非常规结构。

(二)N路径 的隐喻变异

在"走＋N路径"中,N路径 在空间域变异的同时,N路径 的特征使其具有发生隐喻的可能,这促使"走＋N路径"能投射到其他认知域。如"走钢丝""走独木桥""走老路""走绝路""走冤枉路""走回头路""走邪路/歪路/歪道""走正道/路""走上坡路/下坡路"等,它们不仅具有常规与非常规结构同构性,且当 N路径 隐喻后,其非常规性进一步加强。以下以"走独木桥"为例进行分析。

(13) 穿越第四道瀑布,涂晓东走独木桥时,右脚突然打滑,身子猛然向下倾斜,下面是滚滚激流。(《人民日报》1993-07)

(14) 表竹、东安、乌石等管理区处于表竹河两岸,几百年来这里的群众靠走独木桥过河,出入困难,农副产品运不出去,生产、生活资料运不进来。(《人民日报》1995-02)

(15) 中国男人当时惟一的飞黄腾达的道路就是科举,但是这是千军万马走独木桥,他能走通吗? 一个巨大的未知,放在这个作品里边。
(余秋雨《文学创作中的未知结构》)

例(13)中"走独木桥时"中的"时"界定了"独木桥"是涂晓东当时走的那座桥,为定指;例(14)介绍的是一个地区的情况,叙述的是客观惯常场景,为非叙实性表达,句中的"走独木桥"是类型方式义,"独木桥"是类指;而例(15)中在"中国男人当时惟一的飞黄腾达的道路就是科举"这一限制语境中,"走独木桥"中的"独木桥"的含义不再是:"用一根木头搭起的桥",而是指"科举"。那么,"科举"怎么跟"独木桥"形成隐喻的呢? 这是人们在根据"独木桥"基义"一根木头"抽取其"窄"的含义,"桥"中抽取出"渡水工具"含义,窄木渡水,形成其内涵义:难、危险。

而"危险"概念成为源域"独木桥"与靶域"科举"这种艰难的途径之间隐喻发生的链接点。在例(15)中,语义表达的是中国古代男人科举艰难的情况,为非叙实性语境。其"走独木桥"中的"独木桥"已经不是这一座或那一座或是某一类独木桥,而是指艰难的行为方式,"独木桥"在句中属于无指成分。"无指"概念的界定在学术界有所争议。李强(2015a)从语言哲学、语义、话语-语用、语法-语用四个角度对无指界定进行了梳理,指出前三者的视角认为无指具有非指称性,而"语法-语用"视角则对此看法分歧。本书从"语法-语用"角度,认同徐烈炯(1995)、王红旗(2011)两位学者的观点:"无指"是词语指称对象是任何可能的实体的指称。"走独木桥"中的"独木桥"其内涵义的隐喻,为无指状态。$N_{路径}$不再指称真实世界(语境)中的事物,而可以指称真实世界(语境)任何有可能的实体。因为危险,所以"走独木桥"就很难。具体语境中,以"独木桥"作为"科举"的隐喻,"走独木桥"说明当时读书人进行科举考试是如同走独木桥这样一种艰难危险的途径。这是"独木桥"在空间域与事件域的之间的隐喻,促使"走"的语义也相应从空间域的基义"位移"转变为事件域的"进行"义。两者结合"走独木桥"整体实现指称化。

以上,通过$N_{路径}$在空间域扩张,及$N_{路径}$的隐喻,使"走+$N_{路径}$"在其常规结构的基础上逐步非常规化,实现的手段是$N_{路径}$从定指到类指到无指的转换,其非常规性加强的机制之一为隐喻。可以图示为:

图 4-2　"路径"扩展示意图

在语例中,"走法律程序/途径""走形式""走过程"及电工领域术语"走线"等结构,则是在"走"以隐喻方式投射到事件域,从空间域"位移"义位实现为义位变体"进行"义,与表过程的 N 结合,构成的"走+N"形式纳入了空间域"走+$N_{路径}$"的结构。N 的过程性在该结构中体现为路径化,该结构整体上体现出空间域"走+$N_{路径}$"在事件域投射的结果。

以上可见,在空间域的"走+$N_{路径}$"通过 N 扩展、隐喻,从而产生"走+$N_{路径}$"整体融合义,其结构逐步从常规向非常规演化,其非常规结构的整体语义为方式义。而 N 隐喻后投射到事件域后,与事件域的"走"义位变体"进行"相组配,形成"走+$N_{路径}$"在事件域的非常规结构。不管是何种途径形成的"走+$N_{路径}$"非常规结构,其构式义均为方式义。

第四节 "走＋N目的地"中产生趋向义

在第三章中从历时与共时角度论述"走＋N"句法形式成因中,从历时角度,古代汉语"走＋N"为常规句法形式,其 N 即为位移终点目的地,笔者以"走"的语义与句法映射的象似性原则及类型学 V 型语言角度进行了解释。而在现代汉语句法形式中,由于"走"古今语义从快速位移向匀速位移转变,速度的放缓显示其在路径上停留时间相对变长,故在现代汉语"走"的空间域意象图式中,路径得到显化。这在句法表现上,"走"与目的地之间,以"到""向"等表示趋向的介词,置于"走"与"N目的地"之间得以体现。例如:

走　向　N目的地
走　到　N目的地

马云霞(2007:307)曾研究得出先秦汉语中方式动词表达位移,其后可直接带处所宾语,路径隐含在方式动词之内;而现代汉语中方式动词一般只表达位移方式,路径则由显性卫星成分显示,一般由介词"到、往、向"等充当。这些路径介词,由古代汉语路径动词①逐步演化而来(马云霞,2008:158-163;李瑶琴、于善志,2014)。不同介词插入,使"走"与"N目的地"之间的组合义发生变化。其中"到",表示动作已经完成;而"往""向"说明动作尚未完结,表示"走"动作的趋向。

但在语言发展过程,形式与语义发展并不同步,语义往往先于形式变化,而形式在时间轴具有滞留现象。在现代汉语中,"走＋向/到＋N目的地"结构为常规结构,且"走＋N目的地"形式也依然存在。但这种结构在现代汉语传统句法规则的形式上表现为非常规,需要整体识解语义,且语义与常规有所区分。

在现代汉语"走＋N目的地"结构中,根据"走"意象图式形成的义位识解,"走"由于在"位移—路径"意象图式中终点注意力显化相结合,呈现趋向义义位:"去"。而在该结构中,N目的地为具体地点名词,如"北京、上海、瑞士"等。两者结合后,在现代汉语共时平面,显化了"走＋N目的地"整体形成趋向义。

---

① 路径动词(Path verb)指的是动词同时表达位移本身和位移路径的一类动词。古汉语中有"如、之、适、造、往、进、退、归、返、到"等,现代汉语有"来、去、进、出、回"等。详见马云霞《汉语位移事件的表达变化——对先秦汉语与现代汉语位移事件的对比分析》一文,载于《多视角语法比较研究》,华中师范大学出版社2011年版。

一、"走＋N目的地"趋向义形成理据

Talmy(1985)在对运动事件分解中,认为"路径(Path)"是物体运动的方向与路线或存在的位置。在现代汉语平面,由于"走"的匀速语义,导致动作发生与完成(到达目的地)之间时间量增加,而该时间增量导致路径显化,这在现代汉语句法形式中表现为"走"与"N目的地"之间出现向、到等路径介词衔接。但在现代汉语"走＋N目的地"结构中,路径介词隐退,但动词"走"匀速语义并未改变,在现代人们认知中路径概念先存的前提下,当语言形式上"走"动作尚未有"了"标示完成的体标记,那么,"走"与"N目的地"之间势必存在趋向关系。"走＋N目的地"趋向义形成。例如:

(16)"钱和房你都留着吧,我用不着,一辆奥拓我走天涯、走天涯!"向南说着,把存折拿起来拍到杨晓芸那一边,然后点着头,微笑着看着杨晓芸。(石康《奋斗》)

在该例句中,从后句中"向南"的一连串动作,可见"向南"还没开始"走",也还没"走"到"天涯",那么,在"走天涯"句中表达的是趋向义。

二、"走＋N目的地"中N目的地的泛化

在"走＋N目的地"非常规结构中,N为具体地点名词,如"北京、上海、广州"等。而当N为非具体地点名词时,向处所名词泛化。N语义的多样性,在历时演变过程中,在N目的地的语义作用下,使"走＋N目的地"结构整体义也相应发生变化,在趋向义的基础上,整体附着其他陪义。若N目的地为单音节名词,那么"走＋N目的地"就具备双音节形式,更由于其结构义需要整体识解,该结构会向词汇化方向发展,在现代汉语以词的形式出现。下文以"走穴"为例进行说明。

"穴"的语义为:1.岩洞,泛指地面或建筑工地上的坑和孔。2.动物的窝。3.墓穴。4.医学上指可以进行针灸的部位,多为神经末梢密集或较粗的神经纤维经过的地方。也叫穴位、穴道。(《现汉》:1488)。"走穴"①语义为:演员为了捞外快而私自外出演出(《现汉》:1748)。而根据"走"的语义,与"穴"并置,以上"走穴"语义无法从"走"与"穴"组合推断而出,在现代汉语层面上,"走穴"已以词汇形式出现。

(一)"走穴"古今语义异同

从CCL古代汉语语料库检索中发现,"走穴"符合"走＋N目的地"结构形

---

① "走穴"本义中另有"循经走穴"为中医术语,该语义在本节中不作详细展开。在第六章"走＋N脏器"中进行论述。

式,其结构义亦为趋向义。"走穴"古代语例如下:

(17) 贼进取陕、虢,檄关戍曰:"吾道淮南,逐高骈如鼠走穴,尔无拒我!"(《二十五史·新唐书》)

(18) 跃马提戈,慕大业于高光,起义师于汾晋。匈奴运尽,魁首天亡,残孽遗妖,奔巢走穴,继平凶? 鬼,再造乾坤,尽复诸华,不失旧物。顾惟眇质,获荷宠灵怵惕于怀,忧勤在念。(北宋《册府元龟》)

在例(17)中,从主语为动物"鼠",可见"穴"为本义之一:"动物的窝";在例(18)中"奔巢"与"走穴"对举连用中,可见"走"与"奔"近义,为古"快速行进"义,"巢"与"穴"相对,同为"鸟兽、动物的窝"。在 BCC 古代汉语语料库中,检索"走穴"用例,主语多为"鼠""兔""蛏蛤螺蜂"等,可见"穴"语义为其窝。由此可见,在古代汉语语境中,"走穴"多为在外力驱使下,动物奔向自己的巢穴以求庇护。这说明在"走穴"结构形成之初,为古代汉语"走＋N目的地"常规结构形式。而在"走"古今语义变化及双音节词汇化过程中,"走穴"在现代汉语已经融合成词,且在"穴"的语义已经发生转喻,同时在"走＋N目的地"整体结构义转喻下,"走穴"指现代一些人的行为方式,而非具体的动作义。例如:

(19) 有一些我很崇拜的歌星、影星为了个人的利益而置观众的情绪于不顾,罢演、假唱、走穴……种种违背职业道德的事情屡屡发生,这些事让我伤心。(《人民日报》1996-06)

例(19)中的"走穴"表示演员私自外出表演挣钱的方式,而非具体的"走"向"穴"的动作义。

(二)"走穴"语义演化动因

在现代汉语中,"走穴"词典义为:"演员为了捞外快而私自外出演出"。但在 CCL 现代汉语多领域语料库语例中,"走穴"的施事者已经不限于"演员",出现"医生""学者""教练""运动员""体育明星"等。但不管哪类施事主语,其动作本质不变:第一,"走穴"目的是钱。第二,该钱并非十分光明正大。"穴"作为动物巢穴语义,在"走穴"结构中,成为其从组合义向整合词义转化的关键且附着相应陪义。

首先,在古代"走穴"组合结构中,"穴"为动物巢穴,为地点名词。在"穴"中,有动物所需的物质条件:食物、遮风避雨等。现代汉语中"走穴"中的"穴"依然为地点名词,指代的是施事主语去挣钱的各个地方,这些地方能为施事主语提供相应的物质条件。同为地域名词且两者具有功能相关性,这为"穴"的转喻提供了条件。

其次,古代"走穴"组合义中施事主语为动物,而现代汉语"走穴"中施事主语为人。而将"人"的行为与"动物"类比,从语言层面,是降低了生命度等级。虽然从句法层面,古今表达都为生命体发出"走穴"动作,但现代汉语中,人与动物相类比,其"走穴"语义中获取物质财富过程的"不光彩""不正当"等隐含义通过从人降格为动物的过程,能够推导而出。

在现代汉语"走穴"词典义中,"走穴"语义为什么指"演员捞外快"呢? 这与该词在现代汉语复活的时代有关。在CCL现代汉语语料检索中,1949年之前没有"走穴"一词。而在当代语料,从报刊年代而言,CCL语料库最早收录该词为1994年,BCC语料库最早收录该词为1998年。从"走穴"语例出处查阅,最早出现在当代汉语语料库中,以出自《中国北漂艺人生存实录》为多。从语料的时间段及数量来看,充分印证了"走穴"结构语义中,指的是当时的演员通过到处奔"走",在一个个地点流动活动获取额外的物质财富的含义。从语言事实反观当时的社会背景,中国在80年代改革开放之前,属于计划经济时代,人们所获得的物质资料基本为计划分配所得,"捞外快"属于违法行为。80年代改革开放以后,虽然个体户自营生意合法,但体制内的人兼第二职业,还是属于灰色地带。在当时人们的社会观念中,通过第二职业获取物质资料,是不太光彩的,不管是实施者本人还是别人对这种行为的看法,都带有微微鄙视的心态。在这种心态的主导下,当语言需要来表达这个时代的新生事物时,在礼貌原则的作用下,人们会借助比较隐晦的词语进行表述。而语言的产生是社会生活交际的需要,再反推到语言事实,表现为在该行为没有出现之前,相应语言表达方式不可能出现。这表现为在1949年至80年代之前无"走穴"语例。

另一个问题是:利用这种方式获取物质财富的人很多,为何该词义一开始特指"演员"呢? 因为"走穴"中"走"的行为方式符合当时演员从事副业演出,临时到各地赶场的动作性特点。而"走穴"一词形式本在古代汉语中存在而在现代汉语中复活,并在施事主语从"穴"规约对应的动物转变指演员的原因,这与中国传统文化定式中对演员这类职业的鄙视有关。演员在中国古代职业地位评价中很低,几乎与娼妓地位等同。这表现在语言中,古代演员的称谓"戏子",对"戏子"存在不少侮辱性表达,如:"婊子无情,戏子无义"。在文化定式作用下,在80年代演员捞外快的行为方式出现时,语言表达上用古代动物"走穴"的行为方式与当代演员在外地流动演出获取额外的物质财富相比拟,通过隐喻,使该词在情感上带有贬降陪义。

而随着商品经济的发展,各个行业在自己的本职工作以外,凭借自己能力到各地获取额外物质财富的现象逐渐普遍,因此"走穴"一词的施事主语,从"演员"逐渐泛化到"体育明星""教练""运动员""新闻记者",甚至"学者""专家"等。这种以自己的劳动力换取报酬的行为逐渐被普通民众所接受,其贬义情感在施事主语泛化的作用下，逐渐淡化。以下例句，从"走穴"实施者与他人对"走穴"行为方式的评价中，都说明其情感义逐渐中性化。

（20）是受传统教育长大的，思想上受了不少绝对平均主义的影响，因此对走穴有个认识过程。刚开始站到台上的时候，由于平时缺乏舞台表演的锻炼，比较紧张。而且觉得观众肯定会认为我是为赚钱来卖艺的，瞧不起我，内心有很大的屈辱感。后来在演出实践中，我越演越好，逐渐认识到走穴是件非常大的好事。（罗雪莹《从中国影后到文化界第一实业家潇洒快活刘晓庆》）

（21）"甭算啦！"司机笑眯眯地说，"你们走穴挣点儿钱不容易。我看也没人给您报销。"（陈建功《皇城根》）

例（20）是作为"走穴"演员刘晓庆对"走穴"的评价，她自己认为这是"很好的事"；例（21）为司机对演员行为的看法，从"挣点钱不容易"中，可看出司机对"走穴"行为的认同。

"走穴"为"走＋N$_{目的地}$"结构中，N 从具体名词泛化为处所的个案。以上通过其古今语义变化及社会因素等论述"走＋N$_{目的地}$"结构在 N 泛化基础上的词汇化历程。

第五节　"走＋N$_{经过点}$"非常规结构的隐喻性

在"走"与空间处所名词组配结构中，基于"走"的"位移—路径"意象图式，在位移过程中"走"在路径上会经过一些点。首先，这已经包括在 N$_{路径}$之中；其次，地点名词与"走"形成"走＋N$_{经过点}$"结构，在形式上与"走＋N$_{目的地}$"形式一致，难以区分。因此，在语料中"走＋N$_{经过点}$"形式相当少，只有"走后门""走第一步/第二步"等极少几例。而由于语言形式与"走＋N$_{路径}$""走＋N$_{目的地}$"之间的相似性，为了区分，"走＋N$_{经过点}$"的语言形式往往以已通过转喻后的语义在语言中使用，具体表现为惯用语形式，或脱离空间域范畴，通过隐喻投射到其他认知域。下面以"走＋N$_{经过点}$"典型结构"走后门"惯用语形成过程说明其结构特征。

一、"走后门"同形多义

惯用语是固定词语的一种，是从演变结果对词汇化的界定。当多词词汇群固化后，若形式结构上为三字格，一般称为"惯用语"。惯用语大多具有表层字面语义及转喻或隐喻后的深层引申义的双层性语义。它往往是一个民族按照本民族文化心理所创造的一种具有鲜明民族特色的语言模式。"走＋$N_{经过点}$"结构典型语例——"走后门"形式上为三字格，具有双重语义，在使用中具有多种语用能力，属于惯用语范畴。

（22）a 工作人员告诉吴仪："门口让香港记者堵住了，请部长走后门吧。"（1994 年《报刊精选》）

（22）b 这就得有一个合理的选人标准，应该杜绝走后门、拉关系。（1994 年《报刊精选》）

（22）a 句中从"门口"的表述，可见"后门"为空间概念中确实存在的房屋后面的门，与"前门"相对，句中的"走后门"的含义为"从后门走"，其结构语义为"走"与"后门"组合而成，我们将这种语义标示为"走后门₁"。（22）b 句中"走后门"则是：比喻用托人情、行贿等不正当手段，通过内部关系达到某种目的（《现汉》：1747）。我们把（22）b 句中"走后门"的语义标示为"走后门₂"。以上"走后门₁"是字面义，而"走后门₂"是惯用语语义。

二、"走后门₂"结构形成

以下我们从历时和共时两个角度来考察"走后门"结构形式的形成。

从历时平面看，明清以后，"走后门"这一结构的使用，慢慢脱离对举强制性要求，成为语言表达的常态。例如：

（23）闻报晋兵诈称韩焰诱开城门，杀近府前眊大惊，急引家属开走后门，逾墙逃奔始兴而去。（明《两晋秘史》）

（24）仪行父曰："前门围断，须走后门。"（清《东周列国志（中）》）

（25）却不投大门，不走后门，迳走西首一道小侧门。（清《八仙得道（下）》）

（26）贾蔷又道："如今要放你，我就担着不是。老太太那边的门早已关了，老爷正在厅上看南京的东西，那一条路定难过去，如今只好走后门。"（清《红楼梦（上）》）

（27）大家刚入了座，刘文叔猛地想起昨日的话来，酒也不吃，起身出席，走后门出去。（民国《汉代宫廷艳史》）

（28）叫了两声，不见答应，便跑到前门，将门锁好，同黄文汉走后门，仍过这边来。（民国《留东外史》）

在 CCL 古代汉语语料库中我们查找到的 6 例使用"走后门"的语料中，（23）—（25）句，仍残存对举格式，例（23）中"引家属开"与"走后门"形成连动结构，"引家属开"这个常规结构仍为"走后门"这个非常规结构形成对举，使"走后门"成为合理存在；在（24）中，"前门围断，须走后门"中，对举痕迹已经淡化,只存在四字对称及"前门"与"后门"这两个名词的对应。(25)句中前小句只出现"投大门",与后小句的"走后门"构成类似结构,而非对举,其对举痕迹比(24)更少。而在(26)(27)(28)中,只出现"走后门"结构,无其他语言结构与之形式或语义对举,可见"走后门"则已脱离对举制约,单独成为表示"走"的方式的固定结构。

对古代汉语语料按照时间顺序考察,我们或许可以得出这样的结论:在古代汉语中,"走后门"非常规搭配在对举句式管控下在句式中临时合法,而后在高频使用过程中,逐步脱离对举格式的制约,成为表示方式的固定结构。

但是,能够脱离对举制约,或许有外部语用高频使用的促使,但从CCL古代汉语语料库检索到"走后门"结构仅6例,BCC古代汉语语料库仅27例,说明语用高频不足成为关键性证据。那么"走后门"结构固化的关键原因是什么? 这需要从语言生成内部来考察。在共时平面中,"走+N"结构形成的理据,有力地支撑了"走后门"结构的形成,即状语需靠近动词及"走"与不及物动词宾语位置空缺,"后门"可前置或后置于动词"走":

> 从后门走
> 走后门

皆为合法句。以上从历时和共时角度,说明"走后门"作为"走+N$_{经过点}$"的典型,具有形成结构的可能性和必然性。

三、"走后门₂"语义形成

那么,"走后门"的惯用语语义是如何形成的呢? 我们认为:首先,在"走"与"后门"结合过程中,"走"在语义上淡化了强烈的动作性,代替以惯常性语义,指称的是一种行为方式。其次,这与"后门"的隐喻有关。

上文(22)a中的"走后门"的语义来自词汇组合,表示的一种动作行为方式,不具有褒贬义。而(22)b中当"杜绝走后门"与"合理的选人制度"前后小句出现,说明"走后门"中的"后门"的含义不再是"房子、院子后面的门"(《现汉》:545)这个概念,而是人们在根据其本义"后面的门"抽取其"隐蔽""方便"等含义。而通过走后面的门,往往可以做一些通融的、舞弊的、见不得人的事情。从而"后门"形成"通融的、舞弊的途径"(《现汉》:545)含义。

这里"隐蔽方便"概念成为源域"后门"与靶域"通融舞弊的途径"之间隐喻发生的链接点。因为隐蔽方便,所以"走后门"就可以在隐蔽的方式下,绕过客观标准,方便地办成一些事情。而具体语境中,"走后门"之中的"走"已经不是"人或鸟兽的脚相互向前移动"的本义,而是由于在办事情的过程中,必然有跑前跑后,反复到某一处所与某人协商会谈的抽象化动作。"走"与"办事情"之间的动作上具有关联性,而相关性是事物彼此可以发生转喻的基础。因此"走后门"中的"走"在"后门"惯用语语义中转喻为办事情的过程,淡化了"走"的动作性,"走"通过转喻逐渐使其指称为一种行为方式。

"后门"作为"不公正、不透明、不科学的标准"的隐喻,"走"作为整个办事过程的指称,导致"走"与"后门"结合后,整体隐喻成为托人情、行贿等不正当手段,通过内部关系达到某种目的含义。

另上文"走＋N$_{路径}$"中,一些具有特征性的路径名词,例如"内线""钢丝""江湖""独木桥"等,也在"走"的转喻及"N$_{路径}$"隐喻的基础上,两者结合整体隐喻而形成具有特定含义惯用语结构。这与"走后门"惯用语语义形成过程一致。

四、"走后门₂"语用理据

汉民族思维中的形象化特点促使"走后门"惯用语语义形成。语言交际中的礼貌原则希望对负面事物以委婉方式表达,这也是导致"走后门"结构能高频使用,成为惯用语的一个辅助原因。

在惯用语中,贬义或中性偏贬义在数量上占大多数,譬如"拍马屁""踢皮球""背黑锅""穿小鞋""磨洋工"等。这些惯用语的本义都是喻指一些贬义的行为。例如"拍马屁"指的是"向人谄媚奉承";"踢皮球"指的是"互相推诿,把应该解决的事情推给别人"。在交际过程中,话语双方为了避免将这些不登大雅之堂的行为详细具体描述出来,在礼貌原则的作用下,将这些方式、事物以委婉的方式加以表达。比喻作为一种委婉的手段,在这种情况下发挥作用。惯用语中"踢皮球"就是典型地使用了比喻手段。"走后门₂"有利用不正常手段来获取利益的含义,这种贬义直接表达在话语交际中与礼貌原则冲突,用比喻手法委婉表达,就比较合适。这说明外部语用规则对非常规结构形成也起到重要作用。

将"走前门"与"走后门₂"相比较,"走后门₂"凝固成惯用语,而"走前门"一直只停留在句法成分组配的组合义上,原因在于从前门去做的事情光明正大,无须隐晦;而从后门走做的事情就偷偷摸摸,需要遮掩。用"走后门"这种非常规形式赋予其整体比喻义,以指代不正当的方法,不合宜当面说出的情况,这也是"走后门"高频使用导致固化的一个原因。

而其他"走＋N$_{经过点}$"结构,例如"走第一步/第二步",虽然没有像"走后门"这样固化为惯用语,但在语例使用中,"第一步/第二步"这些本属于空间域的名词,与"走"结合后,均整体投射到其他认知域,不再在空间域出现。

例如：

（29）海南的发展目标分两步走：第一步到本世纪末，人均国内生产总值达五千八百二十九元。（《人民日报》1993-03）

（30）他说，要"尽快地走过第一步"，以"打下走第二步的基础"。（肖励锋　冯秉智　甘棠寿《简明科学社会主义史》）

例（29）中的"第一步"指的是海南发展过程中的经过点；例（30）中的"第一步""第二步"指的是社会发展过程中的经过点。也就是"走第一步/第二步"是"走＋N$_{经过点}$"整体投射到事件域中，隐喻为事件发展的经过步骤。该结构中的"走"具有顺序动作的陪义。

在理论上，"走＋N$_{经过点}$"结构可以在空间域使用，但在实际语例中，这种用例几乎不存在，而是倾向于通过隐喻投射到其他认知域。原因在于在认知中，空间域经过点被路径覆盖，"走＋N$_{经过点}$"中 N$_{经过点}$ 被包含在路径之中，"走＋N$_{经过点}$"与"走＋N$_{路径}$"均整体构成方式义，且形式上同为地点名词，两者重合。故在语言发展过程中，若"走"之后衔接经过点地点名词，该名词作为语言表达中需要突出的信息焦点，与"走"结合后，其语义要么融合成为惯用语，要么通过整体隐喻投射到其他认知域，以达到形式上与"走＋N$_{路径/目的地}$"相区分的目的。

第六节　结　语

"走"动作发生地点为空间域。"走＋N$_{处所}$"结构从形式角度来说为非常规结构，而从语义契合规约性角度，"走"与 N$_{处所}$ 最具有常规契合可能性。本章从具体语料出发，根据"走"属于"位移—路径"意象图式中路径必然具有起点、经过点、终点的要素的特点，将空间域的"走＋N$_{处所}$"结构再细分为"走＋N$_{路径}$""走＋N$_{经过点}$""走＋N$_{目的地}$"及"走＋N$_{起点}$"几类，从"走＋N$_{路径/经过点}$"常规与非常规同构异义角度，论证了"走＋N$_{处所}$"结构从常规向非常规结构演变的过程，说明常规结构与非常规结构为连续渐变系统。其间以"走路""走穴""走后门"等个案研究加以印证。

得出结论："走＋N$_{处所}$"结构的常规性从历时角度，有古代汉语形式遗留的影响；在共时平面，有语言线性排列中紧密度原则的作用。其非常规性与 N$_{处所}$ 的变形、隐喻、转喻，及"走＋N$_{处所}$"在其他认知域的整体投射有关。

在"走＋N$_{处所}$"分析中，我们发现"走穴""走后门"这些结构中具有贬降陪义。我们在"走穴"结构中发现："走"在古代汉语中为"快速移动"，发出"走"

动作的既可以是人也可以是动物,而当"走"之后为专指动物的居住地的名词"穴",两者结合,析出了"走"中的义素为动物快速移动义。而将使用在动物上的专有动词错位使用到人的领域,那么,通过此种消极修辞①的方式,使现代汉语"走穴"带有贬降陪义。同理,"走后门"中,虽然发出"走"动作的生命体是人,但是由于"后门"为非正常通行通道,在"走"与处所词"后门"的组合过程中,"走后门₂"在整体隐喻的基础上,析出[＋不正当]这一义素,凸显委婉贬降陪义,而这些委婉贬降陪义的形成与汉民族文化心理有关。

由此可见,"走＋N处所"从常规到非常规演变的过程中,语义层面的陪义成为非常规结构表层的成立因素,而通过非常规结构形式析出的义素,则是该结构得以成立的深层动因。

---

① 消极修辞:陈望道先生在《修辞学发凡文法简论》一书中将"修辞"归为"积极修辞"和"消极修辞"两大分野。其中"消极修辞"指的是"以明白精确为主的,对于语辞常以意义为主,力求所表现的意义不另含其他意义,又不为其他意义所淆乱"。陈望道《修辞学发凡文法简论·修辞和语辞使用的三境界》第17页。目前对消极修辞的研究已多与语言结构效能研究结合,"形式最小化"(Minimizing Forms)、"在线处理最大化"(Maximizing Online Processing)、"直接成分尽早识别原则"(Early Immediate Constituents)等解释消极修辞效果。(陆丙甫、于赛男《消极修辞对象的一般化及效果的数量化:从"的"的选用谈起》载于《当代修辞学》2018年第5期。)

第五章 语序异位致使词汇化

——"走＋N$_{生命体}$"结构研究

第一节 引 言

据第三章对"走＋N"非常规结构分类,第四章中对第一类"走＋N$_{处所}$"进行了较为详细的研究。本章就第二类"走＋N$_{生命体}$"展开研究。

从动词"走"语义,发出动作的生命体为该动作默认。在句法形式中,一般以主语形式居于谓词之前。若N$_{生命体}$出现在"走"之后,则不符合常规。根据CCL北大语料库及BCC北语语料库检索,在语言事实中,进入"走＋N$_{生命体}$"的N并不多,主要为"走人""走兽""走禽""走狗""走马"等几例。在现代汉语中,其使用频率如下:

表 5-1 现代汉语"走＋N$_{生命体}$"语例频率表

语例	走人	走狗	走马	走兽	走禽
CCL	572	452	1312	324	6
BCC	6508	6017	3671	302	39

以上"走＋N$_{生命体}$"结构,在现代语言使用中,"走兽""走禽""走狗"已经词汇化为名词,"走马"词汇化为动词,只有"走人"具有短语与词汇双重性质。在语言形式上,"走＋N$_{生命体}$"正逐步或已经从非常规结构固化为词汇。下面,我们将"走＋N$_{生命体}$"分类进行描写。

表 5-2 现代汉语"走＋N$_{生命体}$"分类表

类　　别		语　　例
词汇兼短语	短语结构	走人₁
	动词	走人₂
词汇	名词	走禽,走兽,走狗
	动词	走马

　　"走＋N_{生命体}"兼具短语结构与词汇两种类型,这两种类型在同一形式中各有何种特性? 彼此如何演化? "走＋N_{生命体}"作为词汇形式又是怎样从句法结构演化而成? 下面以兼具短语与词汇形式的"走人"为例详细分析。

第二节　"走人"非常规结构研究

　　在现代汉语中,"走人"语义从组合义向整合义发展,其非常规性逐步凸显。张瀛(1990)、史锡尧(1992)、尹明珠(2016)对"走人"的语义、形式分布及语用研究都有所涉及,但均没深究其结构与语义之间的关系,对语用效果有所体察,但在语用对非常规结构的影响作用方面则没有进一步探讨。

　　在现代汉语中,"走人"主要呈现两种语义:走人₁:"供人走";走人₂:(人)离开,走开(《现汉》:1747)。第一种结构中间能插入其他句法成分及移位变换,为常规组合义;第二种结构无法进行移位变换,只能插入有限语言成分,例如"个",为非常规整合义。下面分别将这两种情况进行剖析。

一、固定义素异位析出——"走人₁"句法结构成因

　　在古代汉语与现代汉语中"走人₁"语例如下,语义用法一致。

　　(1)a 皆因石杭县南门外头,有一座万缘桥,这座桥年深日久失修,全都坍了,不能走人。(《集藏小说·济公全传》)

　　(2)a 境内多为黄泥地,一下雨,有路也没法走人。(《中国农民调查》)

例(1)a、(2)a虽然分属古代与现代汉语,但其语义均为描述主语"桥""路",它们的功能为可以供"人"走。这从例(1)a句中"走人"之前的能愿动词"能"可以看出古今两者结构一致。

　　从形式角度,首先,在"走"与"人"之间可以插入其他语言成分,例如将(1)a中"走人"结构中插入程度副词、数量词:"很多""十来个"等:

　　(1)b 这座桥年深日久失修,全都坍了,不能走很多/十来个人。

　　其次,将"人"替换成其他可以在路、桥等处能运动的物体"车""轿子"等,句子依然成立。例如:

　　(1)c 这座桥年深日久失修,全都坍了,不能走车/轿子。

而且"人"的句法位置前后移动后句法依然成立:

　　(1)a 这座桥不能走人。——人不能走这座桥。

以上例子中,"走"与"人"之间可以进行插入、替换和移位测试。由此可见,

"走"与"人"之间只是常规组合关系。那么,这种在语义上为常规组合关系,为何在形式上呈现动名非常结构?

首先,观察例句(1)(2)可以发现,主语皆为"路""桥"等处所名词,而谓语"走人"是来说明主语的功能。"走人"是对"路"的功能的说明,对"路""桥"为交通路径功能的界定。在该"走人"结构中,"走"的动词性功能有所丧失,具体体现为不能插入体助词"着/了/过",不能带动量词、重叠、带副词性状语。例如:

　　*(1)d 这座桥年深日久失修,全都坍了,不能走(着/了/过)人。

　　*(1)e 这座桥年深日久失修,全都坍了,不能(赶快)走(趟/走)人。

其次,由于"人"从语义角度,属于路径中最常规出现的生命体,因此,"人"出现在"走"之后,只是从音节角度补足"走"的语义,增加"走"的描述性功能。这一特点我们可以通过删减"人",而句子依然成立证明:

　　(2)a 境内多为黄泥地,一下雨,有路也没法走人。(《中国农民调查》)

　　(2)b 境内多为黄泥地,一下雨,有路也没法走。

(2)a 与(2)b 等值。"走人"常规组合出现的句法环境为客观描述性场景,是对路径情况的说明,动词"走"在句中已失去动词性而体现为该动作的功能,被指称化①。而"人"能出现在"走"之后成为组合结构,从搭配角度,是"走"的义素之一"生命源"——"人",作为发出"走"动作的规约生命体,从"走"中析出作为后置成分进行搭配,与"走"之间具有最密切的语义关联。在句子表现上,在紧密度原则作用下,生命体只要紧密与"走"组配,可自由出现于其前后;而进一步从语言与客观物体世界象似性原则,生命体作为动作发出者,常规居于动词之前以主语形式出现。而"走＋N生命体"形式,N生命体居于动词后,与动词依然紧密相连,言语者遵从了语言普遍的紧密性原则,但是以违反象似性原则来表达与客观世界不一致的语言内容,即指称"走"动作而非客观描述,这同样是利用"人"作为生命体与"走"之间的紧密度原则,并与汉语双音节化的特点一致。"走＋N生命体"结构是将"走"析出常规义素之一"生命源"在句法组配上以非常规形式与相应句法成分组合,从而达到语用表达需求。

---

　　① 指称性是实词的固有属性。而指称的实现,是通过话语环境,指称是发生在实际的话语(utterance)中,通过言域表达来实现的实词的指称。"走"本为动作动词,但是在该语境中,表现为其能具有发出该动作的功能的指称。详见第四章对"指称""指称化"的描述。

二、施受逆对关系析出义素——"走人₂"词法结构成因

在现代汉语中,"走人₂"语例大幅度超过"走人₁",现代汉语两者语频比见下表。

表 5-3 "走人₁"与"走人₂"现代汉语语频比

走人	现代汉语 CCL	语料库在线(现代汉语)
走人₁	16	2
走人₂	559	3

例如:

(3) 在一些大牌咨询公司中,三年不升职就要走人了。(《职场——名家对话职场 7 方面》)

在例(3)中,"走"为行为动词,"人"为施事,"走人"在例句中的语义为动作行为"离开"。"走人"="人走"。但是既然有常规"人走"结构表示离开,那么"走人"这种语序倒置形式与常规结构之间有何语义与语用差别呢? 我们通过以下例句对比探究"走人"与"人走"之间的差别。

(4)a (不知道这究竟是什么东西,但是味道不好闻,也不知会不会对身体有害)。但没人管我们,爱拍不拍,不拍走人。(《中国北漂艺人生存实录》)

在例句(4)中,"人"复指前文提及的"我们",但是"爱拍不拍,不拍走人"这句话是导演的话。因此,从言语者角度,该例句可以转换为:"(你们)爱拍不拍,不拍走人"。

将该例句在"走人""人走"形式转换中比较:

(4)b (你们)爱拍不拍,不拍走人。

(4)c 爱拍不拍,不拍你们走。

虽然两者都表示要求对方离开,但是从语气上,(4)c的语气弱于(4)b;主语的被迫程度,也是(4)c<(4)b。由此可见,"人"置于"走"之后,具有"迫使"离开的语用附加义。那么,这个陪义来自何处?

通过语料观察,发现在"走人"作为"离开"义时,"人"与主语之间具有领属或复指关系,例如(3)中的"人"属于"咨询公司",具有领属关系。这里的"人"是泛指,可以是单个人,也可以是某几个人;例(4)中的"人"指"我们",为复指关系,人为复数;复指关系也可以为单数,"人"的复指对象可以是"我、你、她"。例如:

(5) 不是说公司给赔偿就能打发我走的,你们现在没有正当理由让

我走人！（李可《杜拉拉升职记》）

（6）市长助理、管委会主任房健有此立论：你办不好，说明你没能力，不称职，走人。（《报刊精选》1994-07）

（7）既然她不愿遵守这个规定，我们也非常失望，只好请她走人。
（新华社新闻报道 2002-04）

在例句中，不管"人"与主语处于何种关系，"人"都不是自己主动发出"走"的动作。在我们观察的语例中，"让""请""只好""必须""立马""赶紧"等使令动词及时间副词都提示"走"的被迫性与急切性。有的例句中，"走人"之前甚至以"一小时""九点钟"之类明确时间段与点名词来表明"走"的急迫。因此，"走人"从结构中显化的语法意义是"迫使"语义。那么，造成这种"迫使"语义原因来自何处？在语例中我们发现，发出动作"走"的"人"与外部语境之间具有对立关系。"走人"中的"走"，均在不利情况下被迫"走"，而非愉悦情况下"走"。这可从副词与"走"搭配中进行测试。例如：

走	高高兴兴地走	＊高高兴兴地走人
	慢吞吞地走	＊慢吞吞地走人
	不得不走	不得不走人
	只好走	只好走人
	立马走	立马走人
	赶紧走	赶紧走人

"走人"是由于生命体与环境的对立才离开，故离开中有急切的情状，表示时间急、短的时间副词能与"走人"和谐搭配。这种语义的表达，句法形式手段就是通过将在本身就具有"离开"义的"走"之后，放置一个虚设宾语，在形式上凸显施事主语与语境的逆对关系，从而显化被迫离开的语义，析出了结构中的［＋迫使］义素。

"逆对关系"指的是原型语义上施事与受事在语义上是逆对（adversative）的（Taylor，1989/1995:216），即受事构成对施事能力的挑战。在"走人"结构中，"走"本为自足动词，表示"离开"语义，后面不必有宾语而语义自足。而"走"之后的宾语"人"，如果与主语是领属关系，表现为"人"与其领主的冲突；如果宾语"人"是主语的复指，那么从宾语位置"人"的虚设，以施事受事同一概念分化的形式，表达对施事主语发出动作被迫性的加深。

从以上论述可见，句法结构的非常规性是表达主宾之间的逆对关系的手段，使"走"产生属性陪义"迫使（走）"，这属于属性陪义中较为特殊的理据陪义。也就是说，这种陪义的产生是有理据的。所谓理据，指的是语音理据、词汇间和语言间的关系理据、形态理据三个亚范畴(张志毅、张庆云,2006:37)。"迫使(走)"陪义是句法关系中虚设、后置具有生命度属性的宾语与主语产生施受逆对关系中产生的,构成该陪义的义素为[+迫使]。该义素的析出,与句法的非常规度加强有关。而从汉语无间隔语序表达的角度,也促使非常规句法结构向词汇化角度演化。

三、生命度与义素隐现——"走人₂"情感陪义层级凸显

运用原型主宾施受逆对关系理论,可解释了"走人₂"结构中,"人"作为虚设宾语的原理是在于通过非常规结构形式,突现动作施事的被迫程度。而根据语料观察,"走人₂"动作被迫程度与主语的生命度有关。例如:

(8)a 在现代公司,违规走人,用不着商量。(《报刊精选》1994-05)

(9)a 与经理发生直接冲突,还跑到大老板那里去告状。结果是,这个员工辞职走人了。有这种不服心理的员工挺多的。(《名家对话》)

(10)a (是铁打铅炼的金刚,他招不住你没黑没白的折腾!)我撑不住火,交车走人!(《报刊精选》1994-01)

(11)a 铁道兵团长命令:"你用大锤给我砸了! 如果不返工,马上打铺盖走人! 我要向全局宣布,你是干不好京九线溜号的!"(《人民日报》1995-11)

以上4个例句,"走人"的主语分别为:现代公司、员工、我、你。例(8)中是对规则的叙述,"现代公司"是无生命性物体,作为形式受事的"人"与其主语的逆对程度最低,在例(8)句中将"走人"替换为"人走",对句义产生影响不大:

(8)b 在现代公司,违规人走,用不着商量。

(8)b 发出"走"的动作的是"现代公司中的人",这个"人"在主语位置没有出现,而是以"现代公司"这个集合名词充当,表示发出动作的"人"乃是泛指。如果说施受双方逆对关系,但一方身份不明,则该逆对关系中的冲突度低,从而推导出"走人"结构中迫使义程度最低。(9)句中发出动作的"人"已经有明确称谓"员工",说明其已经具有生命度,但是"员工"还是一个泛指名词,因此"走人₂"中"员工"的复指"人",彼此的逆对冲突程度,有后文的"不服心理"来表达,"走人₂"中的迫使语义度程度逐步增强。(10)(11)句中,发出动作主语是"我""你"。"人"与主语"我""你"复指,彼此逆对关系最为强烈,宾语的"人"有明确的复指对象,对手明确,逆对性最强。在例句中,(10)句中"撑不住火";(11)句中"你用大锤给我砸",一个感受,一个动作,表达出"走人"中强烈的迫使情感义。在4个例句中,"走人"离开义中迫使情感度,随生命度增

加而增加。根据生命度等级理论(金立鑫 2011:190),

> 第一、二人称代词＞第三人称代词＞专有名词＞人类普通名词＞
> 非人类有生命普通名词＞无生命普通名词

序列可见,有生命的高于无生命的,人类高于其他动物。在生命度等级中,第一、二人称代词的生命度高于第三人称。由此可见,"走人₂"迫使情感义与生命度正相关。

其次,"走人₂"的"迫使"情感等级度增加,还与"走人₂"动作性强度正相关。在例(8)中,"走人₂"可以理解为对一种现象的描述,其动作性并不强,我们可以通过在"走人₂"中间插入"个、几个、些"等并不影响语义来测试:

> (8)c 在现代公司,违规走个/几个/些人,用不着商量。

(8)c与(8)a等值。由此可见"走人"在该句中表示一种规则,是惯常行为,为描述义。而例(9)原句中,"走人"之后有体助词"了",把该"了"插入"走人₂"之间,其语义也不变:

> (9)b 与经理发生直接冲突,还跑到大老板那里去告状。结果是,这个员工辞职走了人。

"走人₂"在句中表示事件结果,因此可以加体助词"了",其结果描述义大于动作义。但是(10)(11)句中,"走人"之间、"走人"之后,均不可插入"个""了"等词,其彼此之间紧密度最强,从而体现出强烈的动作义。

> *(10)b 我撑不住火,交车走(个/了)人!

> *(11)b 铁道兵团长命令:"你用大锤给我砸了! 如果不返工,马上打铺盖走(个/了)人!"

因为(10)(11)中,发出动作的生命度最高的"你""我"。其生命性最强,动作性也最强烈。"走人₂"结构中"迫使"情感度及动作性加强过程。可以归结为下表:

表 5-4 "走人₂"迫使情感、动作性与词汇化正相关表

主　　语	宾语	迫使情感等级度	动作性	"走人₂"词汇化
无生命:公司、部门	人	无	弱	弱
有生命泛称:员工、小组成员	人	低	渐强	渐强
有生命特指:你、我	人	高	强	强

从"走人₂"结构语义及形成原因分析,可以发现"走人₂"的"离开"义,由"走"产生;"走人₂"的"情感迫使"义,由与主语有领属关系或复指主语的"人"后置于"走",宾语与主语以形式上的施受逆对形成情感上的迫使关系产生。生命度越高,动作性越强,迫使情感度越高。而其形式上的不可拆分性,使具

有强烈迫使情感义的"走人₂"结构逐步词汇化。根据项梦冰(1997)对使动、意动和自感的区别,认为使动的着眼点是使受事具有某种结果,意动的着眼点是说话人主观认为某个事物具有某种属性,它们都不牵涉到说话人接受刺激之后的感受;而自感的着眼点则正是说话人自身的感受。从这个区分中,可见"走人₂"结构中,当其主语为无生命体时,"走人₂"表现为某种结果义,有一定的使动义色彩;而当主语为"你、我"等生命等级度高的人称代词,在其致使的动作下,通过宾语"人"的受事性与复指的施事性之间的逆对关系,突显出现强烈的自感情感——迫使义。

以上对"走人₂"从结构与词汇两个角度进行研究,剖析了其常规与非常规两种语义的形成原因。通过施受逆对理论,对"走人₂"结构中离开义与迫使情感陪义形成进行论证,并由此观察到"走人₂"的情感迫使陪义与动作义及词汇化之间具有正相关的关系。"走人₂"中的"离开"义与"情感迫使"陪义在语义上存在从表层到隐含的区分,其隐含的成分,以义素形式存在。而义素从隐含到析出的过程形成"情感迫使"陪义的梯度,则与句法结构从常规到非常规的转化,及句法结构词汇化正相关。

第三节　"走＋N_生命体"词汇化

根据索绪尔的观点,词汇化是"粘合"的过程。他在《普通语言学》中认为在语言新单位的产生中除类比以外,还有一个因素,那就是粘合。"粘合"指的是"指两个或者几个原来分开的但常在句子内部的句段里相遇的要素互相熔合成为一个绝对的或者难以分析的单位,这就是粘合的过程。"(Saussure 1959:176)。并指出"我们说的是过程,而不是程序,因为后者含有意志、意图的意思,而没有意志的参与正是粘合的一个主要特征"。董秀芳对词汇化下的定义是:"词汇化,即短语等非词单位逐渐凝固或变得紧凑而形成单词的过程","这个过程基本是在语言使用者无意识的状态下进行的","当构成一个句法单位或者虽不构成一个句法单位但在线性顺序上邻接的两个词由于某种原因经常在一起出现时,语言使用者就有可能把它们看作一体来加以整体处理,而不再对其内部结构作分析,这样就使得二者之间原有的语法距离缩短或消失,最终导致双音词从旧有的句法结构中脱胎出来"(董秀芳,2002:35、40-47)。而词汇化分为"非句法结构的词汇化"与"句法结构的词汇化"两类。在"走＋N_生命体"结构中,"走＋N_生命体"词汇化,属于不典型的"句法结构词汇化"过程。

因为在古代汉语中,"走"与"N生命体"作为单独的句法成分,彼此存在句法关系,但是 N生命体 后置于"走"这种句法关系又不符合常规句法规则。这种非常规组合的方式,促使两种句法成分进行重新分析,从而结合成词。在"走＋N生命体"结构中,"走人"尚处在短语与词汇化过程中,而其他"走兽""走禽""走狗""走马"均已经词汇化。只是在现代汉语中,"走兽""走禽""走狗"词汇化为名词,"走马"词汇化为动词。两者词汇化结果的不同,基于演化过程中的不同的影响因素。下面先来分析"走马"词义及其词汇化过程。

一、"走＋N生命体"中的驱使义

"走马"与"走狗"在组合层面,都经历了动词词汇化过程,同时具有向名词词汇化发展的痕迹和趋势。在语言演变过程中,"走狗"在"狗"的文化隐喻作用下,成功名词化。而"走马"则在动词与名词的竞争过程中,在现代汉语中只保留了动词的用法。

(一)"走马"驱使义形成

"走马"作为动词进入《现汉》,词义为"骑着马跑"(《现汉》:1747)。古代汉语"走马"第一个语例为:

> (12) 古公亶父,来朝走马。(周《诗经》)

现代汉语中"走马"语例为:

> (13)a 走马连绵群山,驻足山村田舍,眼前的一切告诉我们:如今的广东山区确实已经旧貌不再,新颜初展。(《报刊精选》1994-09)

古代汉语与现代汉语中,"马"作为生命体,均处于"走"之后,在句法形式上形成"走马"动名结构。

例(12)中,主语为"亶父",他"骑着马跑"。在句中,发出"走"的动作的是"马",但促使这个动作发出的则是"亶父"。"亶父"作为施事,居于主语位置为句法常规。"马"居于宾语位置,在形式上属于非常规。但我们认为,这种形式的出现,与该句法结构中主宾语与谓词"走"的特殊关系有关。

我们判断"走马"为非常规结构,基于两条理由:一是从句法表层,发出动作生命体一般不应该居于谓词之后;二是基于"走"为自足动词,其后一般不衔接宾语。但是,动宾结构的本质关系为:主语发出动作使宾语的状态发生改变。而"走马"结构中,其语义是:在施事"人"的驱使下,让"马"从静态到动态(走)的过程。且一旦"走",则是人骑在马上,也就是这个"走"的动作是施事主语与宾语共同伴随进行的。由于"走"语义为生命体能够发出的一种动作,且施事主语与宾语的特殊性——均为生命体,均具有发出"走"的能力。且从生命度等级而言,人的等级高于动物。因此,当"走"动作同时进行时,人作为驱使动物的主动发出动作者,占据了主语位置。而主宾语的同为生命体且等级度的差异,使"走"本为自足动词却具备了带宾语的功能,其句法功能是:使宾语发出"走"的动作。

在这种句法形式中,由于宾语为动物,驱使宾语发出动作的主语常规为其生命度更高的"人"而可默认省略。因此,在例(13)中,"走马连绵群山"之前,即使不出现"人",在语义识解中也不存在缺陷。当然,句首默认缺省的主语可以补出,可以在上下文中识别。如该句后文"眼前一切告诉我们",说明"走马"的是"我们"。

(13)b 我们走马连绵群山,驻足山村田舍,眼前的一切告诉我们:如今的广东山区确实已经旧貌不再,新颜初展。

(13)b 补出主语"我们",句子依然通顺等值。

在主宾语特殊关系的作用下,导致"走马"非常规结构中"走"具有"驱使"义,这与常规搭配形成的"致使"义还是具有一定的语义差别。典型的"致使"义可以"让""使"等致使动词凸显。我们来比较以下例句:

(14)a 炎炎夏日,骄阳似火,笔者走马畜牧大县——山东省临朐县。(《科技文献》)

(14)b 炎炎夏日,骄阳似火,笔者让马走在畜牧大县——山东省临朐县。

在(14)a 中,"笔者"与"马"一起行动,"笔者"对马是驱使行为。而(14)b 中,致使行为"让马走"中,发出"走"的动作是"马",而"笔者"不一定是跟随"马"一起行动。由此可见,当句法结构中施事主语为生命体,且生命度低于施事主语的生命体置于自足动词"走"之后,类似"走马"结构,是使"走"获得及物驱使义,而非"致使"义。

在古代汉语中,"走马"可理解为"走"与"马"的组合结构,表示施事主语对宾语的驱使语义,当在现代汉语中"走马"已经固化为动词。例(13)(14)中,

走马连绵群山

走马畜牧大县

上例中的"马"为泛指。董秀芳(2002)认为,充当宾语成分的名词都不具备个体性(individuality),是一种无指(nonreferential)成分,是其与动词一体化的一个前提。所谓"无指",即不代表某个特定的实体而只着眼于某类实体的抽象属性(参看陈平1987),如"看书"中的"书"。宾语的无指不是述宾结构成词的充分条件,但却是述宾结构成词的必要条件。同时,在"走马"后面,均出现地点名词作为"走马"的宾语,说明"走马"结构已经词汇化为典型动词。在理解

过程中,人们不会先分析"走"与"马"之间的关系,而是直接抄近路把"走马"作为"骑着马跑"义进行识解,这种识解方式产生标志"走马"完成了词汇化过程。

当"走＋N"结构中,N具有生命度时,"走＋N$_{生命体}$"在语义上呈现驱使义,随着"N"的生命度降低,"走＋N"结构呈现出致使义。

(二)"走＋N$_{生命体}$"驱使义衍推"走＋N$_{非生命体}$"致使义

在现代汉语中,在动词"走马"中"走"呈现出来的是驱使义,在动词"走笔""走货""走私"等结构中,"走"呈现出来的是致使义。例如:

(15)"不写作,算什么专业作家?"夜阑走笔,见缝插针。[《读者(合订本)》]

(16)让货主明白在这里装卸的总费用要比别的地方都省,加上装卸质量的保证,不愁货主不从这里走货。(新华社新闻报道2001-10)

(17)其实,蒋介石下令处决林世良,也并非全是因为林帮助孔家走私。(《宋氏家族全传》)

在例(15)"走笔"、例(16)"走货"、例(17)"走私"中,"走笔"结构表达的是"使笔走"语义。"笔"作为工具,只能用来"写",而"走"由古代遗留下来的"快速"义,使"走笔"词汇化后的语义为:"很快地写"(《现汉》:1746)。同理,"走货"的语义是"让货走","走私"的语义是"让私货走"。"走＋N$_{非生命体}$"致使义产生的原因是"N"不具有生命性,按照常识不具有发出动作的能力,"走＋N$_{非生命体}$"中的有所行动的原因,是施事主语致使而成。可见"走＋N$_{非生命体}$"结构在完整句中,主语必须是具有生命性的施事主语,"走"的动作虽然是N在运动,但是其动作性由施事主语发出,由N$_{非生命体}$被动完成。

我们认为"走笔""走货""走私"类动词中的致使义形成,是承继了"走马"中的驱使语义。在施事主语具有生命性的句法环境中,"走＋N$_{生命体}$"形成的动词,当N具有生命性,则句法结构使"走"获得的是"驱使"义;而当N的生命度为零,那么"走＋N"动词由驱使义转为致使义,例如"走笔""走货"均已词汇化。在语言事实中,可由"走＋N"结构后是否可接宾语或整体修饰名词判断。例如:"走私毒品、走货渠道"。

在"走私毒品"中,"毒品"作为名词宾语衔接于"走私"之后,说明"走私"已经成为典型动词;"走货渠道"中可插入"的",成为"走货的渠道",在该结构中,"走货"作为定语整体修饰名词"渠道",也可说明其已词汇化。

在检索到的语料中,一些术语类结构,例如"走棋(车、兵、马、炮)"(下棋领域)、"走刀"(工程领域)、"走锚"(航海领域)、"走船"(职业领域)中"N"属于与"私""货"同一类型,在"走＋N$_{非生命体}$"致使义类推下进入该格式。

二、"走＋N生命体"定中与动宾结构的竞争

在"走＋N生命体"中,"走马"词汇化为动词,而"走狗""走兽""走禽"词汇化为名词。但是"走狗"名词化与"走兽""走禽"名词化途径并不一致。其不一致在于:"走＋N生命体"在句法层面可分析动宾和定中两种结构,这两种结构导致其词汇化途径不一致。以下逐一分析。

(一)"走狗"兼类动/名词

"走狗"在现代汉语中的语义为:"本指猎狗,今比喻受人豢养帮助作恶的人"(《现汉》:1747)。为名词。例如:

(18)"都是桂长林,屠夜壶,两个人拍老板的马屁! 我们罢工! 明天罢工! 打这两条走狗!"(茅盾《子夜》)

例(18)中量词"两条"修饰"走狗",在CCL语料库中,"走狗"之前量词修饰语还有:

(19)a 一伙走狗

b 两个走狗

c 一只走狗

在CCL语料库中,"走狗"之前还可以出现领有成分和形容词成分如:

(20)a 帝国主义/蒋介石/资本家/国民党的走狗

b 大/小/邪恶的走狗

"走狗"之前的量词及领有及形容词成分,说明"走狗"已是一个典型名词。在现代汉语中,"走狗"名词语义为"比喻受人豢养帮助作恶的人",从例(20)组领属关系语义中可以推得。而其本义为"猎犬",存在于古代汉语中。例如:

(21)自齐遗大夫种书曰:"飞鸟尽,良弓藏;狡兔死,走狗烹。"(《二十五史·史记》)

例(21)中"走狗"与前小句"狡兔"对应,语义为"猎犬"。在该句中,"走狗"是真实的一条狗,而且是一条跑得飞快替主人出力捕猎的猎犬。猎犬的这种特性,与人类社会中一类"受人豢养帮人做事"的人相类似,动物认知域与人类认知域之间发生投射,"走狗"隐喻义获得。而隐喻义中"帮人做事"被附着上贬义,成为"帮人作恶"语义,这与隐喻过程中,受到中国文化中"狗"的形象陪义影响有关。"狗"在中国文化意象中与西方"狗"的形象截然不同。在西方文化中,"狗"往往是忠诚的代表,是家庭组成成员之一,是人类的朋友,与人类具有平等性。而在中国文化中,"狗"听人使唤、供人驱迁,不辨善恶,具有贬义色彩。与西方的"忠诚"褒义形象陪义属于两个极端。因此,"走狗"在由动物认知"猎狗"向人类认知域隐喻过程中,受到中国文化心理影响,附上

了贬义形象义,形成"比喻受人豢养帮助作恶的人"语义。

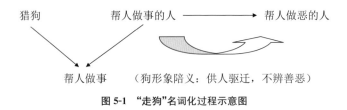

图 5-1 "走狗"名词化过程示意图

在古代汉语中,"走狗"不仅具有"猎犬"名词义,还具有动词义。例如:

(22) 吾闻此兒有宫婢二千人,乐官千人,放鹰走狗,嗜酒好色,任用不肖,不惜人民,此其所以败也。(二十五史《新五代史》)

例(22)中,"放鹰"与"走狗"属于同结构并置,"放鹰"为典型的动宾结构,因此"走狗"同样属于动宾结构。其语义为"驱使狗走",这里指的是当时一种驱使狗赛跑的娱乐性游戏。由此可见,在"走狗"词汇化后,既具有动词义,又具有名词义,我们通过对"走兽""走禽"名词化演化路径,并结合"走马"动词化演化路径,来说明"走狗"在词汇化过程中的动名两属性。

(二)"走兽"的名词化

在现代汉语中,"走兽"为名词。例如:

(23) 山林中既有岩鸡、飞虎、岩鹰等飞禽,又有青猴、黄猴、九尾狐等走兽。(《中国儿童百科全书》)

例(23)中,"走兽"为名词,是各种兽类的泛称。"走兽"的名词化的途径是怎样的呢? 观察古代汉语中"走兽"语例:

(24) 集于羽鸟,与为飞扬;集于走兽,与为流行。(战国《吕氏春秋》)

例(24)中,"走兽"与"羽鸟"为对应结构。"羽鸟"是长着羽毛的鸟,与之对应的"走兽"为"奔跑得很快的野兽"。由此可见,"走兽"这一结构是与"羽鸟"同构的定中结构。而"走"作为动作词,为何可与"兽"并置构成定中结构? 在古代汉语中,"奔跑得很快"是"走"的特征语义。在人类语言"行、知、言"三域中,"走"在行域中,常规搭配为"兽在走"。例如:

(25) 鹿为善走之兽,以喻遄者。(台湾语典《史藏·志存记录》)

例(25)中,主语为兽类"鹿","善走之兽"指的"会奔跑的野兽"。"走"从语义层面,是其原型典型的动作义非范畴化的结果。当语言系统中没有现存方式表达概念中的新内容时,人们往往依赖已有的语言形式和结构来表达这些新概念(刘正光、刘润清,2005)。"走"在"善走之兽"结构中,不具备动作性,而是将"走"的动作抽象化,作为生物体的一种固有功能出现,在句法上处于定语位置,向形容词性转移,这种已经失去了动词原型动作性的特征的过程称为"非范畴化"。从语用层面,例(25)整个句式为判断句,说明"走"这一特性从动物动作的行域进入了人类认知的"知域"。人们了解兽类具有"跑得很快"这一特性。"走"与"兽"在古代汉语中能并置出现,把"走"作为"兽"的本质属性修饰"兽"。

例(24)中,"走""兽"并置出现后,其结构为定中结构,"走兽"为"走的兽"。在语义上,"兽"在例句中并不特指某一野兽,而是泛指,这是"走兽"能词汇化的前提。而"走"与"兽"并置使用过程中,在特定语言环境可理解为"走的兽"定中结构,也可理解为"走兽"名词。例如:

（26）飞鸟铩翼,走兽废脚。（西汉《淮南子》）

例(26)中,"走兽"可理解为"奔跑的野兽"定中结构,也可理解为"走兽"名词作主语。这种两属理解,是其词汇化的重要一环。

而当"走兽"定中结构高频使用,其语言形式为双音节结构。汉语的双音节形式,符合汉语音步特征。这种形式也促使"走兽"定中结构在句法使用过程中逐步词汇化。"兽"在该定中结构中处于中心语地位,其名词性得到保留。故"走兽"词汇化后呈现名词性,前可用量词修饰,在句子中出现在主语位置或充当及物动词宾语。例如:

（27）本定连叫几声,哪里有个走兽出桶子?（清《东度记(上)》）

（28）狴犴本是传说中的一种走兽,古代常把它的形象画在牢狱的门上。（《倒序现汉词典》）

（29）故虽有强国劲兵,陛下逐走兽,射蜚鸟,弘游燕之囿,淫纵恣之观,极驰骋之乐,自若也。（东汉《全汉文》）

例(27)中,"走兽"之前有量词"个",其后动词"出","走兽"在该例句中充当主语。例(28)中"一种"将"走兽"量化;例(29)中,"走兽"置于及物动词"逐"之后,充当宾语;由此可见,"走兽"从定中结构已固化为名词。

在这个途径中,"走马""走狗"也有相应的名词词汇化过程。例如:

（30）火困而气热,血毒盛,故食走马之肝杀人,气困为热也。（东汉王充《论衡》）

例(30)中,"食"为动词,动作对象为"肝"。"之"表示"走马"与"肝"之间为领属关系。"肝"属于动物"走马"。由此可见"走马"已经整体词汇化为名词。而"肝"属于"马"为人们的认知常识,因而"走马"为定中结构,"走"是"马"自带属性,为修饰成分,语义为"跑得很快","走马"整体语义为"跑得很快的马"。在古代汉语中,"走马"名词化后,整体语义理解为"战马"。

而"走狗"中,"狗"也自带"走"(奔跑得快)的属性,在这条词汇化途径中,"走狗"也具备名词化条件。

另"走禽"作为名词,其为"飞禽"细分而形成。例如:

(31)5月7日首批运到这里的有走禽、游禽、涉禽、攀禽、鸣禽等70多种。(《人民日报》1998年)

"走禽"指的是一类鸟,这类鸟翅膀短小,脚大而有力,只能在地面行走而不能飞行,如鸵鸟,鸸鹋等(《现汉》:1747)。在例(31)中与"游禽""涉禽""攀禽""鸣禽"相区分,而这些都统属于"飞禽"类。"飞禽"名词词汇化过程与"走兽"一致,在此不再赘述。而"走禽"结构形成是通过类推方式,"走"与"游、涉、攀、鸣"均属于禽类能发出的动作动词,将"走"类推进"X禽"结构,其结构形式依然为定中结构,词汇化后依然为名词。

三、"走+N$_{生命体}$"不同途径词汇化动因

依照"走兽"词汇化路径,"走马"可词汇化为名词;而依照句法环境中施受生命度差异,该结构还能词汇化为动词。在以上论述中,"走狗"也同样具有名词化和动词化两种途径。在"走+N$_{生命体}$"词汇化过程中,为何"走狗""走马"会具有名词与动词两个属性?

我们认为,"走马"与"走狗"的动名两属性,与"马""狗"既自带"走"的特性并同时已经被人类驯化有关。即"走+N$_{生命体}$"结构中,居于宾语位置的生命体在人类认知中的是否可控有关。

首先,"兽""禽"等动物,在人类社会生活中,属于不可控生物,他们自带"走"的属性,因此在"走+N$_{生命体}$"结构中,"走"与"N$_{生命体}$"并置,"走"语义的非范畴化,人们识解中,直接从定中结构词汇化为名词。而"马"与"狗"也自带"走"的属性,"走马""走狗""走兽""走禽"在自带"走"的属性的基础上,均可词汇化为名词。

其次,在人类认知中,"马""狗"都是可以被人类驯化掌控的动物,那么,这种被驯化的动物所发出的"走"的动作,就可以被人类掌控驱使。当在句法环境中,施事主语为高于"马、狗"的生命体,在认知识解中,"走马""走狗"中的"走"能识解出驱使义。而"禽、兽"一直没被人类驯化,属于人类不可控生命体,故即使它们在句法位置上居于"走"之后,人们也无法在"走"中识解出"驱使"义。可见,"走禽、走兽"的[一可控]是其单一名词化途径的原因。

"走马""走狗"具有名动两种词性,与"马""狗"兼具"走"的属性,同时又被人类驯化,故可同时词汇化为名词或动词。这是在人类是否掌控生物的前提下,定中结构与动宾结构分化。不能被人类掌控的,向名词化路径发展;能

被人类掌控的,由于生命体自带"走"的属性,能名词化或动词化。由此,[±可控]是"走马/狗"名动两属性原因。但在具体句法环境中,施事主语是否为高生命度生命体,制约其在语句中表现上为动词或名词。

既然"走马"与"走狗"具有动词名词两种词性,那么,为何在现代汉语中,"走马"作为动词定型下来而"走狗"作为名词定型下来?

以具有动名两属性的"走狗"为例。

首先,第一例"走狗"用例为动名组合结构。例如:

(32) 田猎驰骋,弋射走狗,贤者非不为也,为之而智日得焉,不肖主为之而智日惑焉。(战国《吕氏春秋》)

例(32)为CCL语料库中古代汉语"走狗"第一例语料。在该语例中,发出动作的生命体为"贤者",而"田猎驰骋、弋射走狗"是贤者发出的一连串动作,从"走狗"与"田猎、驰骋、弋射"并置,可见"走狗"具有动词性特征,是在打猎过程中驱使狗奔跑的动作。而由于"走狗"这一结构在打猎语境中高频出现,"走"是"狗"的自带属性,在定中与动宾结构两解过程中,"走狗"具有名词化为"猎狗"的可能性。而"猎狗"语义中"受人驱迁"义即为其动名组合结构的语义遗留,也成为"猎狗"隐喻为"帮人作恶的人"的契合点。在语言发展过程中,"走狗"作为动名结构结合而成的动词形式,一直存在直至民国时期。例如:

(33) 乡人见他斗鸡走狗,行同无赖,相率鄙夷。(民国小说《后汉演义》)

其次,从数量角度而言,在CCL语料库中从古代到民国到现代汉语的发展历程中,"走狗"动词性与名词性用法数量呈现以下变化:

表5-5　"走狗"名/动词历时语例比

语例(走狗)		清代以前(不包括清)	清代民国	现代汉语
动词性		18	17	17
名词性	猎狗	11	13	14
	帮凶	2	91	424

从以上语例数量统计可见,在清代以前,"走狗"名词与动词用法数量上区别度不大,动词性用法略高于名词性用法,用法受到句法环境的制约。若主语为生命度比"狗"高的生物,在语句中,"走狗"易表现为动词;当"走狗"之前出现及物动词,或充当主语,则"走狗"表现为名词。例如:

(34) 景公欲以人礼葬走狗。(战国《晏子春秋》)

(35) "狡兔死,走狗烹;敌国破,谋臣亡。"(清小说《东周列国志(下)》)

例(34)中,"走狗"前有及物动词"葬","走狗"整体充当其宾语,"走狗"为名词。例(35)中"走狗烹"中,"走狗"居于句首,且与"狡兔"对举,可见其为名词。但从第一例"走狗"结构为动宾结构,及语例数量上动词用法稍强于名词,我们有理由认为,"走狗"在动宾结构动词化与定中结构动词化中,动宾结构使其动词化略显优势。动宾结构识解度高于定中结构原因在于:"走"的原型语义为动词,在"走＋N~生命体~"定中结构中,"走"的语义非范畴化。在人们识解中,具有原型典型特征的比缺失原型特征的语义更具有显性识别度。因此"走＋N~生命体~"若可动宾与定中两属识别,若无外部语境限制,动宾结构的"走＋N~生命体~"识别度优于定中结构。故当"走 N"单独呈现出整体词汇语义,凸显出较强的独立性后,同形"走 N"动词与名词在语言使用竞争中,动词"走 N"胜出。这就是"走马""走狗"在词汇化过程中,分别向动词及名词两个方向演变,但是成词后,动词性胜出的原因。因此在现代汉语中,"走马"仅为动词一种情况。

而从上表数量而言,从现代汉语语例可见,在 455 例"走狗"用例中,作为名词占 438 例,而作动词用的仅 17 例,且也基本为现代汉语引用古文遗留。这种名词强于动词的用法,又是何种原因造成的?

通过语料检索发现,现代汉语 438 例名词"走狗"用法中,424 例为隐喻义用法,而该隐喻义用法,在清之前只有 2 例,在清与民国之时,其用法大幅攀升。在此期间,作为动词用法的"走狗"与作为本义名词"走狗"用例几乎相当(17/13),但是比喻义名词"走狗"却已经达到 91 例。由此可见,现代汉语中"走狗"能作为名词固化下来,原因在于名词"走狗"进行了隐喻,隐喻手段打破了"走狗"结构动名两属的平衡,使其在现代汉语中以名词形式固化下来。因此,"走狗"在现代汉语中的名词用法,其名词化途径是在"走＋N~生命体~"定中结构与动宾结构共同作用下,并在"狗"文化隐喻下加以固化而成。

第四节　结　　语

短语与复合词是两个边界模糊的范畴;从句法到词法是一个渐变的过程,因而,在研究方法上,我们也可以将句法与词法互通进行。

"走＋N~生命体~"的不同语例,属于这两个复合模糊集(fuzzy set)成员,有些成员已彻底词汇化,例如"走兽、走禽",不再具有短语特性,这是最典型的成员;而有的处于变化过程中,具有短语与词两属特性,如"走人"。在现代汉语共时平面上,"走人"具有同形异义两种短语形式,其中"走人~2~"(表离开义)短语又处在短语与词汇化过程中,其词汇化程度与该结构在句中主语与宾语的生命度等级对比差异有关。可见,外部句法与该结构的关系,影响到词汇化的进程。

在已经词汇化了的"走马""走狗""走兽""走禽"等词汇中,在共时平面上呈现动词与名词两种形式,其词汇化的途径也不一致。可进行以下图示:

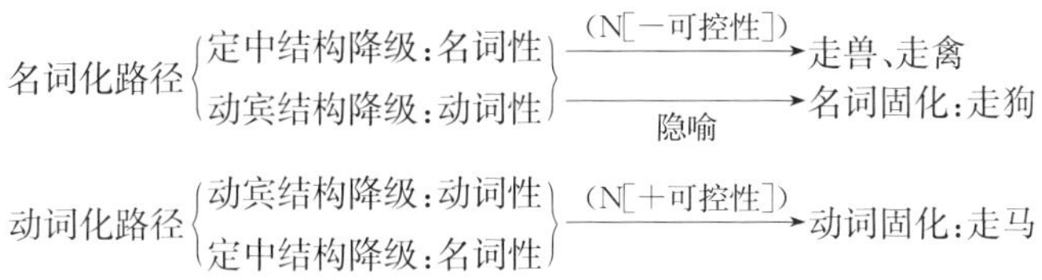

名词化路径 $\begin{cases} \text{定中结构降级:名词性} \\ \text{动宾结构降级:动词性} \end{cases}$ $\begin{matrix} \xrightarrow{\text{(N[-可控性])}} \text{走兽、走禽} \\ \xrightarrow{\text{隐喻}} \text{名词固化:走狗} \end{matrix}$

动词化路径 $\begin{cases} \text{动宾结构降级:动词性} \\ \text{定中结构降级:名词性} \end{cases}$ $\xrightarrow{\text{(N[+可控性])}} \text{动词固化:走马}$

图 5-2 "走＋N$_{生命体}$"词汇化途径示意图

在以上词汇化路径中,我们发现,N$_{生命体}$固有的属性,及人们对它们的认知,成为其词汇化不同路径的根本原因。而在使用过程中,句法结构中主语与其构成的不同关系,也影响到其词汇化的方向。

从许多语法结构的差异来说,语用解释原则同时也就是一种语法结构规则,或者说许多语法结构规则实际上也就是语句用法最终定型的结果,即一些特定用法意义在约定俗称后就"凝固"成了语法结构规则。(陆俭明、沈阳,2016:286)

以上两条"走＋N$_{生命体}$"词汇化途径,从独立语素并置,高频使用导致定中结构形成名词的词汇化路径,"走"作为独立语素出现,该结构不属于非常规结构,而是"走"的语义非范畴化的体现,这可以用语用凝固成语法规则来解释。而另一条从动宾结构产生驱使义向致使义转化过程形成动词词汇化路径,从意象图式前概念的角度,其本质是 N 参与到了"走"的意象图式中,在"走"原型意象图式背景、前景、主要核心元素不变的情况下,添加了又一生命动体或非生命体。两个生命体之间的等级度关系,投射到句法形式上,在句法位置上映射为主宾位置,在语义上反映为驱使或致使语义,在动态上表现为义素析出。

在句法层面,张国宪(1989a)认为现代汉语中单音节动作动词不具备光杆充当定语的功能,单音节动作动词要想充当定语,必须要后附结构助词"的",以非光杆的形式出现。而且单音节动作动词后面的助词"的"不可删略,否则,将会变成动宾关系。但"走＋N$_{生命体}$"结构在句法层面上的结果就是一种定中关系,因此,这恰恰说明"走＋N$_{生命体}$"是一种非常规结构,在整体语法功能上打破了常规句法规则。

　　以上是从非常规结构演化的角度总结阐述。而从语义识解角度,从非常规结构"走＋N$_{生命体}$"中,探索出"走"各种陪义(属性陪义、情感陪义等),该结构中析出的[＋迫使]义素构成"走"情感陪义,该义素对 N$_{生命体}$ 生命等级递降过程中,驱使义向致使义转化起到关键作用。而从"走马"的动词词汇化过程中,还遗留动宾非常规句法结构的影响,而"走狗"词汇化的过程中,则"狗"的隐喻促使其整体名词化。这些都说明"走"在"走＋N$_{生命体}$"的非常规结构中,由于其结构的非常规性的不断加强,使其不同层级的义素([＋驱使][＋致使][＋离开])从隐性向显性迫出。"走"的陪义义素与"走＋N$_{生命体}$"非常规结构之间存在相互影响。

第六章 特殊空间域之身体域"走＋N$_{脏器}$"网络新义演变机制

第一节 引　言

　　根据"走"的义素与搭配理论,在第三章对"走＋N"进行分类后,第四章、第五章分别对"走"与[＋生命性][＋双脚与陆地接触]两义素搭配的非常规结构进行了详尽论述。而在语义上只保留了与"位移"义素相关的结构,"走"与N的组配中,脱离了与生命体、空间处所共现制约,在语言示例中如"走题、走味、走心、走神、走眼、走账"等。在这些结构中,"走"语义已经不是"双足位移行进"。这说明"走"在空间域的"位移"语义,无法成为其从空间域意象图式直接映射到句法结构的接口。"走"的语义在不同认知域呈现为变体义位。义位变体过程,已在第三章详细论述。

　　"人体动作词＋人体肢体或器官"的"V＋O"常规结构,如"抬头、眨眼、转身"等,王楠(2013)已经就其语义衍生方式及语义类型进行了较为充分的考察。但是,"走心、走眼"与该类结构不同的是:"走"作为其后不常规衔接宾语的自足动词,后接人体肢体或器官名词的结构,这类研究却未见文献。

　　在该类非常规结构中,"走"脱离了空间域具象动作词语义特征,在向不同认知域进行投射的过程中,除了"位移"这一核心概念得到保留外,其他语义语用特征,随认知域不同而相应变化。

　　下面根据"走"在不同认知域的投射,将只保留"位移"概念的"走＋N"结构进行分类。

表6-1　仅与"走"中"位移"义素关联的"走＋N"结构分类

认知域	语　　　例	"走"中"位移"义素在各认知域投射而成义位变体
身体域	走心、走肾、走穴(走胃、走肺、走肝、走脾)	行进

认知域	语 例	"走"中"位移"义素在各认知域 投射而成义位变体
时间域	走题、走样、走扇、走音、走味、走油	变化
意念域	走眼、走嘴、走神	偏离
性状域	走红、走强、走俏、走高、走衰、走低、走软①	趋向

在以上分类中,"身体域""时间域""意念域""性状域"各认知域在认知上与"走"原型义所在的空间域的认知距离是不同的。首先,"身体域"是一个特殊的空间域,是把空间局囿在人体内部。而从两者同属于空间角度而言,其与"走"原型义所在的空间域最为接近;而"时间域"与"空间域"分属两个物理维度,与"空间域"距离在认知中远于"身体域";而时间与空间属于客观物理存在,意念则属于主观意识形态,因此,"意念域"在认知上与"空间域"距离更远。以上"走"的核心义素"位移"在各个认知域投射距离可表示为:

空间域＜身体域＜时间域＜意念域……性状域

这种各个认知域之间的距离关系,也反映了"走"的核心义素"位移"在各个认知域投射后产生的语域陪义与原义素之间的认知距离。以此作为"走＋N"非常规结构除"走＋N$_{处所}$、走＋N$_{生命体}$"外这一大类章节安排研究顺序。

以下,首先讨论"走＋N"在特殊空间域——身体域投射形成的非常规结构状况。

第二节 网络新词"走＋N$_{脏器}$"语频语义

"脏器"指人体内部器官,例如心、脾、肺、肾、肝等。"走＋N$_{脏器}$"指的是"走心、走肾、走胃"等结构。

在现代网络中,这一类结构呈现逐渐高频使用的状况。以下是笔者在百度查找"走心""走肾""走胃"出现频率约数。

---

① 归于性状域的"走红、走强、走高"这一类结构,从形式上为"走＋A"结构,并不属于本研究"走＋N"非常规结构范围。但是,在研究过程中,我们发现该结构与"走＋N$_{目的地}$"结构具有构式承继演变关系。从研究系统性完备的角度,将其纳入研究范围。

表6-2　"走心""走肾""走胃"网络出现时间及数量约数表

时间段	"走心"	"走肾"	"走胃"
2000.01.01—2001.01.01	1	0	0
2001.01.01—2002.01.01	12	0	0
2002.01.01—2003.01.01	21	3	0
2003.01.01—2004.01.01	15	7	0
2010.01.01—2011.01.01	192	52	0
2015.01.01—2016.01.01	3220000	568000	49300
2016.01.01—2017.01.01	5900000	881000	53100

通过百度检索,我们发现"走心""走肾""走胃"网络新义出现时间以"走心"最早,"走胃"最迟,其使用频率上三者也以"走心"最高,"走胃"最低。例如:

(1)他学过表演没有?根本就没走心嘛,不会走心,压根就不是干表演的料!(电影《中国式离婚》)

(2)现在也只有台湾能为华语片奉献这种真正"走心"的片子了!(BCC微博)

(3)世间女孩分三种,一种走心,一种走肾,一种走流量。(环球佳丽2015-01-06)

(4)年底,最走胃的广告!(bao123li 2016-03-02)

以上例(1)中"走心"语义为:用心;例(2)中"走心"语义为:令人感动;例(3)"走肾"语义为:性爱;例(4)"走胃"语义为:美味。"走心"第一例"用心"语义在网络出现是2000年;"走肾"第一例"性爱"语义出现于2002年;"走胃"第一例"美味"语义出现于2013年。这三个网络用词,以"走心"使用频率最高,引起学者注意。程文文(2015),孔德超、杨淋(2016)分别对"走心"语义类型、来源、为何能流行提出了自己的见解。而"走肾、走胃"尚未见论述。在以上学者的论述中,对流行语外部影响因素分析较为到位,而在新词语义获得、成因等方面,笔者认为还存在值得商榷和探索的空间。如认为"走心"语义中"用心"与"不用心"语义属于反义互训(孔德超、杨淋,2016)等。而前人研究某些观点也启发了笔者,例如"走心"在中医中的用例。

那么,"走＋N_{脏器}"这一系列新词的源头在哪里?其网络新义又是通过何种途径获得?从常规词义到网络新义之间的链接点在何处?本书试图通过对"走＋N_{脏器}"类新词语义获得途径探索,从语言内部探求其网络新义的形成演变规律。

第三节 "走心"语义的古今演变

从"走＋N$_{脏器}$"词出现时间先后及使用频率高低,"走心"为该类新词中的典型。那么,我们以此作为"走＋N$_{脏器}$"类典型案例研究。

一、"走心"语义分析

对网络新词"走心"语义分析,通过现代网络共时平面及历时演变两个层面展开。

(一) 共时平面"走心"语义分析

北京语言大学 BCC 语料库中设有"微博"栏,其语料时效性较强,我们从该语料库观察"走心"语义。例:

(5) 学生上课不走心,老师急家长更急,但能怎么办,人就是不走心。(BCC 微博)

(6) 现在也只有台湾能为华语片奉献这种真正"走心"的片子了!(BCC 微博)

以上"走心"语例中,从其语义指向①而言,为指向人与物两类。例(5)中"走心"语义指向人,指学生是否肯在学习上花心思,有"用心"义;该"走心"用法为动词用法。例(6)指向物,作为定语语义指向中心语"片子",说明物(片子)是否令人感动。例(6)"走心"语义为:"令人感动",为形容词用法。

在现代汉语平面上,"走心"还存在其他语义。在北大 CCL 与北语 BCC 语料库中,除"走心"网络新义外,"走心"另有三种语义为:

(7) 且黄芪味入脾而气走肺,枣仁味入肝而色走心;故借用不悖。(《历代古方验案按》)

(8) 是故亲疏皆危,外内咸怨,离散逋逃,人有走心。(东汉《全汉文》)

(9) 说着说着说错啦! 怎么回事? 走心啦!(《中国传统相声大全》)

例(7)"走心"词义为:"(药性)进入心脏";例(8)为"逃跑的心思";例(9)为"心

---

① 语义指向指的是结构中相同位置的成分可能跟其他不同位置的多个成分中的一个相联系的现象。详见陆俭明、沈阳著《汉语和汉语研究十五讲(第二版)》,北京大学出版社 2016 年版,第 191 页。

不在焉";这三例虽然是从 CCL 与 BCC 现代汉语语料库查得,但从其出处可见,例(7)(8)属于古代汉语范畴,只有例(9)属于现代汉语。而"走心"现代汉语"心不在焉"与网络新义"用心,令人感动"语义截然相反。那么,"走心"的网络新义来自何处? 与以上语义是否具有演变关系?

　　"走心"一词在《现汉(第5版)》《新华新词语词典(2003年版)》均没有收录。在《汉语大词典》(罗竹风,1985:1068)中收录"走心"两义项分别为:1.离心,变心;2.心不在焉。这两义均与"走心"网络新义相反。在《现汉(第7版)》中收录两义项为:1.走神、分心;2.用心、上心(《现汉》,2018:1748)。其中第二个义项与网络义一致,从第5版《现汉》(2005)没有收录"走心"网络义到第7版(2018)收录,可见"走心"的网络新义已经进入现代汉语系统。另收录网络新义有关的义项,主要在方言词典中。在《汉语方言大词典》中"走心"两义项分别为:1.肯用脑(北京方言,冀鲁方言);2.变心(官话)。程文文(2015)认为"走心"网络新义来自方言词典中"北京官话"及"冀鲁方言"中"肯用脑"一义。若说这些方言区可作为汉语普通话母体,尤其是"北京官话",与普通话血缘更为亲近,导致"走心"流行。那么,"走心"方言中另一义项"变心",亦为官话,按理也易进入普通话,但该义项却没因此而走热,这是为何? 那么,"走心"网络新义来自何处? 这值得我们作进一步探寻。

(二) 历时平面"走心"语义演变

　　在现代汉语平面上,"走心"几种语义是彼此引申还是各自形成? 为何三种语义在使用过程中,常规语义均逐渐消失,却出现了"用心、令人感动"的网络新义? 现代汉语与古代汉语一脉相承,笔者试图从古代汉语出发,从认知角度,对"走心"网络新义从语言内部作出梳理解释。

　　从上文论述可知:"走心"古义有二:一为中医语境"药性进入心脏",二为"逃跑的心思"。

　　笔者检索北大 CCL 与北语 BCC 古代汉语语料库,发现"走心"的"药性进入心脏"语义频率超过其他"逃跑的心思""心不在焉(不用心)"两语义用例。

表6-3　古代"走心"各语义数量比较表

"走心"语例 语义	语例总数	经过或 进入心脏	逃跑、离开 的心思	心不在焉 (不用心)	用心
CCL(古汉)	9	6	2	1	0
BCC(古汉)	301	251	39	1	1

统计以上语例,BCC 语料库数量对比明显,"走心"表示在人体内部"经过或进入心脏"的共 251 例,占总数的 83%。而从语例时间先后角度,第一例"走心"语例出现在成书大致为战国时期的《黄帝内经》:

(10) 此为三合也手太阳之正;指地,别于肩解,入腋走心,系小肠也。(诸子百家《医家·黄帝内经灵枢》)

另在统计过程中,"走肾、走脾、走胆、走肝、走胃、走(心/心包/脾/胃/肝/肺/胆)经"等其他"走+N_脏器"结构在中医药书中大量使用。

而第一例表示"逃跑、离开的心思",出现时间为东汉时期:

(11) 是故亲疏皆危,外内咸怨,离散逋逃,人有走心。(东汉《全汉文》)

从语例出现先后及使用频率,我们都有理由认为:在"走心"各义项中,作为人体内部"(药性)进入心脏"这一语义为古代汉语中优势语义。

古代汉语"走心"两义,其形成途径并不一致。首先,"走心"中"(药性)进入心脏"义为空间域的"走"在人体域投射而成。

"走"在空间域的意象图式中,发出动作生命体、位移动作、路径为其三要素,这三要素在前景中不同组合凸显,构成不同类型的"走+N"结构,其中在空间域构成的是"走+N_处所"结构,如"走鲁、走梁"等。在中国人对客观世界的认知中,人体与外界具有对应性。客观世界大宇宙,人体内部小宇宙。客观世界中有路径通道,人体内部各器官之间有经脉贯通。《灵枢·经脉》中载:"经脉十二者,伏行分肉之间,深而不见;……诸脉之浮而常见者,皆经脉也。"[1]在中医理论中,人体内有奇经八脉,五脏六腑,其中五脏为"心、脾、肝、胆、肾"。这些脏器,如同外界路径中的处所,可由气血沟通。在中国人的认知意识中,人体内部分布与外界空间分布的相似性,使人体内部环境与物理世界客观路径之间能建立投射关系。因而,当物质进入人体内部,其经过人体内部各个器官的过程,在认知中,人们将之与人在外界物理空间行走相关联。使"走"的意象图式,从客观世界"走+N_处所"隐射为"走+N_脏器"结构,表达中药/食物在人体内部行进的方式或趋向。意象图式与句法结构的语义接口为"进入"语义。如图 6-1 所示:

"走"从空间域到身体域的意象图式投射,形成了"走心、走肺、走胃、走肝、走肾、走胆、走(心/心包/脾/胃/肝/肺/胆)经"一系列"走+N_脏器"结构。这些结构,在古代汉语中,除"走心"外,全部应用于中医语境。

---

① 该论述转引自傅维康、吴鸿洲著《国学大讲堂·黄帝内经导读》中国国际广播出版社 2008 年版,第 73 页。

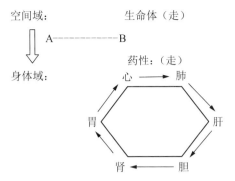

图 6-1　"走＋N处所"空间域与身体域投射示意图

其次,"走心"另一个没有用于中医语境的少量语例义为"逃跑的心思",其语义来自"走"与"心"两语素并置形成定中结构。"走"在古义为"快速行进",当其"快速行进"参照物为起点时,则语义为"快速离开",从而形成"逃跑"义(《古汉》:520)。而中国古人认为"心"是人思考的器官。"心之官则思"《孟子·告子上》。在朱熹的集注本中,训"官"为司,司职功能之义,因此"心"的功能为"思考","心"语义在功能关联下,转喻为"心思"。"走心"语义二"逃跑的心思"由此而来。

二、"走心"语义获得途径

新词的出现有很多不确定因素,但是一些与传统结构或词汇具有相同或相似形态的新词,其语义用法必定与原型有脱不开的干系。那么,古代"走心"二义,哪一个与现代"走心"网络新义相关? 孔德超、杨淋(2016)对"走心"释义中,提及在中医理论中有"走心"用法,对笔者有所启发。

从以上古代汉语"走心"两义来源分析,"走心"本义为中医语境中"(药性)进入心脏"在古代汉语高频使用成为优势语义,优势语义在人们脑海中的固化,对新义的产生具有促发作用。"走心"在古代中医药领域的含义与网络新义的关系,我们从网络新义的获得路径来进行观察。

上文我们论证了"走"的意象图式,在中国人世界观与人体观的基础上,从空间域向身体域的投射,从而形成一系列"走＋N脏器"的结构。而该结构中的 N,与空间域的处所相类似,为事物(药性/食物)等进入或经过的处所。"心"作为人体五脏,同样为其中之一。但是,"心"作为人体器官的特殊性,使"走心"语义,能从其中医具象表达向抽象转喻,认为"心"具有思考功能,使具象的"心"向抽象的"心思、思考"转喻。而"走心"语义中,"事物(药性/食物)等进入心脏",转喻为"把外界事物放入内心思考",即"用心思、用心";而"经过"一义,是"走"的语义在古代快速行进逐步变慢,路径在"走"的意象图式中凸显而形成。在空间域"走＋N处所"中,N处所不再限于目的地,那么,"走"匀速行为在人体内部投射后,产生的相应语义变化便使五脏成为一个事物中间停留的处所,可以进,可以出。尤其在"心"因其思考功能而抽象为:"心思","走心"中"事物(药性/食物)等经过心脏"中的"出"意象,在抽象转喻为"心不在焉,不用心"。

由此,我们归结"走心"语义演变途径为:

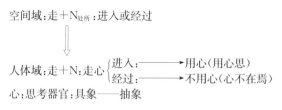

图6-2 "走＋N脏器"语义演变示意图

在BCC古代汉语语料库中,"心"从具象到抽象的转喻过程已经发生,具体语例有:

（12）一众员外说:"李小宝,年纪轻轻说话不走心里所发,信嘴乱塌,人家总说高三尺到哪来高六尺过?"(靖江宝卷《集藏·宝卷》)

例(12)中,说话,属于人思考后的言语表达,那么该句中的"心"则为思考的器官,已经从具象的心脏向抽象功能转化。

那么,如果说,"走心"从人体域投射角度,并通过"心"从具象物体到抽象功能的转化,解释了"走心"语义中"用心"与"不用心"两种相反语义获得的途径。而"不用心"语义如何在语言发展过程中被淘汰,这可从语言内部词汇分工与语用心理中的乐观主义原则来解释。

在古代汉语语例中,"走心"用法高频为"心"作为具象名词,"走心"用于中医学领域。"心"作为抽象名词"心思",表示"用心"及"不用心"均只有一例。例如:

用心思:(12)一众员外说:"李小宝,年纪轻轻说话不走心里所发,信嘴乱塌,人家总说高三尺到哪来高六尺过?"(靖江宝卷《集藏·宝卷》)

心思不在了:(13)走心散意但念六欲。(《大藏经·第04卷》)

两者在语例上不存在数量可比性。当"走心"抽象转喻为"用心"和"不用心"之后,同样形式相反语义识别,势必借助外部语境,这给人们识解造成困惑。而较为简便的方式,便是由另一词加以形式区分。这种造词方式同样依赖于人们对外界事物的认知水平。

随着社会科学的发展,民国以后,西方科学知识进入中国,人们逐渐意识到,人体思考的器官其实不是"心",而是"脑"。虽然语言表现与社会变化之间具有滞后性,但在 CCL 语料库中,在民国时期,还是出现了第一例表示"心思不在了"的另一个词汇——"走神",例如:

(14) 法禅僧往喊声处一回头,稍一走神,北侠的手腕就这么一颤……(民国小说《雍正剑侠图(中)》)

从"神"作为"心思,思考"的转喻,可见人们已经认为人脑是思考的器官。而自"走神"出现,表示"注意力不集中、心不在焉"语义的"走神"大量使用,在现代汉语 BCC 语料库中,共有语例 1492 例,已经成为现代汉语通用词汇,取代了"走心"(表示心不在焉,心思不在)。当然,在现代汉语中,语言滞后性地表现在语言表达中,还留有"心神"通用语例。例如:

(15) 粗鲁刀子稍微走了心神。(夏娃《小婢寅月》)

另"分心走神"分词并举形式,在 BCC 现代汉语语料库出现 36 例。由此可见,虽然"走神"取代了"走心"中"心不在焉"语义,但是在语言中还留有彼此共现的痕迹。

在现代汉语"走心"两语义中,"用心"高频胜出的另一理由在于语用中的"乐观原则"。Boucher & Osgood(1969)通过心理实验证明一条规律:人总是看重和追求好的一面,摒弃坏的一面。这条规则称为"乐观假说"(Pollyanna Hypothesis)。这一假说可以解释语言词汇中褒义词的使用频率总是高于贬义词。Leech(1983)把这一假说运用到语言上,提出语用上的"乐观原则",主要用来说明语言中的委婉表达法。而在"走心"同形反义词的使用过程中,同样可以运用乐观原则来解释:在无语境支撑时,人们更乐意使用"走心"中的褒义,导致"走心"中的"用心"褒义替代了其贬义"心不在焉"义。

在词汇语义分工与乐观主义原则作用下,"走心"从人体域具象语义抽象转喻后的双重语义中,"用心"这一语义逐步成为"走心"的主导语义。

三、"用心"动词性语义获得

在中医语境中"走心"为动名非常规结构,"走"从空间域投射到人体域,由空间位移投射为在人体内部各部位的移动,"心"为具体的身体器官。而当"心"由其功能"思考"为链接点,"走心"脱离中医语境进入其他话语环境,其依然保持的动名非常规结构用法。例如:

(16) 果断信一次吧,我总是想看看热闹,然后笑笑,接着骂骂大街,最后忘了。但是这次我是真的走了心了。(BCC 微博)

(17) 卢比的大长嘴人人都爱,就是现在太放浪形骸,睡姿太奔放着实不雅三十年,没走过心。(BCC 微博)

从形式上,例(16)(17)中"走心"之间可插入"了""过"表示时体的助词,说明两者之间结合得还不是很紧密。在语义上,"走心"中"用心"的语义需要通过对结构分析推导而出。具体如例(16)中,作者本来把"转发图片保佑父母健康"这件事,本来是从来不当回事,在语境中用"然后笑笑,接着骂骂大街,最后完了"来表达。而后面的小句用"但"转折衔接"我"现在的行为是:"走了心",也就是把"转发图片保佑父母健康"这件事,当作一件事来考虑,放在了心上。

中医语境:走心:药性/食物　进入　心脏
　　　　　　　　　↓　　　　↓　　　↓
网络语境:走心:把一件事　放进　心里

在"心"的功能转喻下,"放进心里"意味着"花心思思考","走心"中"用心"语义由此推导而出。

　　而当"走心"结构表示"花心思"的语义时,在结构形式上,出现了"走心思"结构。例如:

　　　　(18)真希望自己不是遇强则更强,为了事业与前途每天不停走心思做计划去施行。(BCC微博)

例(18)中,与"做计划"相对应,可见"走心思"语义为"花心思",其前副词"不停"修饰的是"走心思"而不是"走",可见其为整体动性结构。"走心思"结构,在语义上已经融合为"用心",但在形式上还没有进入汉语双音节词汇化形式。为"走心"结构与词汇的过渡形式。"走心"在高频使用过程中,在句法形式上逐步出现两种情况。

　　　　(19)成熟的心理医生是不牵动自己,水木丁不是,她走心。(BCC微博)

例(19)中,从形式上,"她走心"可分析为"她/走心"主谓结构与"她/走/心"主谓宾结构,区别便是一将"走心"分析为动词,一将"走心"分析为动名结构。从语义角度,从动名结构角度理解,可由前小句"不牵动自己"与"走心"相对,把"走心"理解成为"牵动了心"即把看病这件事放在心里,花了心思;从动词角度理解,"走心"即为"花心思,用心"。

　　而当"走心"之前出现"很""太"等程度副词修饰时,"走心"动词词汇化过程基本完成,其词义为"用心"。例如:

　　　　(20)还记得我看了一个多月,一个个字看得很走心。(BCC微博)

　　　　(21)为了呈现得更好,却是这般的耗费我的心血,我体质真的超差的,凡事不能太走心。要不然心脏会挂掉……(BCC微博)

例(20)中,在外部句法环境中,看的时间"一个多月",看的方式"一个个字地看",两者辅助表达能够明白"我"看得多"用心"了。例(21)中,前小句中"耗费我的心血",就能明确"走心"语义是"花心思,用心"。"走心"完成动词词汇化后,它成为生命体发出的动作,在句法环境中充当谓语。

从以上"走心"动词词汇化过程,我们可以发现其语义融合的路径是:

形式过程:走/心——走心思——走心

语义融合过程:放在心上——花心思——用心

四、"令人感动"形容词性语义获得

当"走心"完成动词词汇化后,其高频使用过程中,语义有所引申。而这种引申,导致"走心"向形容词方向发展,并在语言形式上得到体现。

(22)我已经告诉自己很多次不能太走心了,可是还是控制不住,下周快本啊,文字版都看一遍哭一遍。(BCC 微博)

在例(22)中,主语是"我","我"发出的动作是"走心",语义是"用心"。这个"用心"是主语"我"在看作品时很认真,而认真的结果,是自己被作品所感动,所以作者表达为"文字版看一遍哭一遍",这是一种被感动的状态。由此可见,由于施事主语"走心",导致施事主语"感动"。而这个导致施事主语感动的物品是"作品",由此,"作品"被附着上了"令人感动"的语义。那么当语言表达者希望把这个复杂的语义推导过程简单地用一个词来表达时,"走心"便发展出其形容词语义"令人感动"。

(23)新专辑目前听到的几首歌,歌词都很走心,会流泪起床上班,我真的没睡醒。(BCC 微博)

在例(23)中,"我"会"流泪起床上班",可见"我"很感动,原因在于"歌词"进入了"我"的心里,让"我"心里很感动。而从句法形式上,主语"歌词"不再是生命体发出的动作,而是一种物品,只是这个物品自身具有令人感动的特质,"歌词"走心与"我"走心契合。

从以上(22)(23)可见"走心"中"令人感动"语义演变轨迹为:

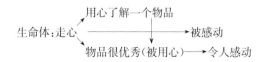

图 6-3　"令人感动"语义获得路径示意图

在"走心"从"生命体被感动"移情到"物品令人感动",其形容词词汇化完成。在句法形式上,其可充当定语修饰名词,可用"最""很"修饰。

(24)不得不说,你主演的话剧昨晚在舞台的感觉是最到位,也是最

走心的一场。(BCC微博)

在例(24)中,"走心"之前可用副词"最"修饰,"走心"可修饰名词前置量词"一场",其语义为"令人感动",其形容词词汇化完成。

第四节 "走肾"网络新义形成

随着"走心"在网络高频使用,与"心"同属于人体器官的"肾",与"走心"具有同类构型的"走肾"一词,也在网络出现。"走肾"原本亦用于中医语域的词汇,但在现代网络上,其语义也脱离了古代汉语中医语境,表达的是"性爱"一义。下面我们对"走肾"新词进行考察。

一、"走肾"古今语义承继

从语言事实中可见,N作为身体内部器官名词,"走肾"一词目前在网络中亦大量使用。下面我们考察该词在网络上出现的时间,并与"走心"在网络上出现的时间进行对比。

表6-4 "走肾"网络出现时间先后语例数量比

时间段	"走心"百度约数	"走肾"百度约数
2000.01.01—2001.01.01	1	0
2001.01.01—2002.01.01	12	0
2002.01.01—2003.01.01	21	3
2003.01.01—2004.01.01	15	7
2010.01.01—2011.01.01	192	52
2015.01.01—2016.01.01	3220000	568000
2016.01.01—2017.01.01	5900000	881000

以上统计只是约数,但是能明显反映出"走肾"一词在网络上的流行情况:第一,其出现晚于"走心";第二,其使用频率也随时间日益增加。那么,"走肾"一词流行,其网络新义是什么? 从何而来? 是否与"走心"有关?

在2000年,"走心"与"走肾"网络使用数量分别为1例与0例。可见,即使这些词汇曾在古代汉语中医语境中高频出现,在现代社会中也已不再使用。在现代汉语中,"走肾"一共存在三种语义。在北语BCC微博语料库中,"走肾"三种语义分别如下:

（25）男女对待异性的区别：女人看到帅哥的时候走心，男人看到美女的时候走肾。（BCC微博）

（26）我先说喝茶有点老气横秋，又说喝咖啡显得绅士，最后承认茶水使我走肾，夜里睡不踏实。（王朔《浮出海面》）

（27）豆是一种有效的补肾品。据中医理论，豆乃肾之谷，黑色属水，水走肾，所以肾虚的人食用黑豆是有益处的。（BCC微博）

例（25）句中"走肾"语义为"性爱"；例（26）句"走肾"语义为："排泄很快"；例（27）句中"走肾"语义为"进入肾脏"。古代汉语"走肾"只用于中医语境，例：

（28）五味各走其所喜，谷味酸，先走肝，谷味苦，先走心，谷味甘，先走脾，谷味辛，先走肺，谷味咸，先走肾。（诸子百家《医家·黄帝内经·灵枢》）

在北大CCL及北语BCC古代汉语语料库中，"走肾"各为1例与129例，其使用语域全为中医语境，语义为"（药性）进入肾脏"。我们有理由认为该语义为"走肾"本义。在网络新义"性爱"与古代汉语本义"（药性）进入肾脏"之间，"走肾"具有另一过渡语义"排泄得快"。从词义演变的角度，我们认为三者具有一脉相承的关系。

二、"走肾"新义获得理据

"走肾"一词古已有之，在当前能形成网络新义，我们认为理据有三：一为该复合词语义演变；二为"走心"一词网络新义的影响；三为人们在语用上委婉心理的促使。

"走肾"语义演变，属于"走＋N_脏器"平行演化。平行演化指的是语义相同或相关的语言形式经历相同的语义演变或语法化过程[①]。在"走＋N_脏器"结构形成机制中可见，"走"在空间域语义在历时演变中从快速到匀速，路径的释放，使人们相应地投射到人体域的"走＋N_脏器"中的N，也从单纯的中药药性归入处，可多层次理解成为："归入处或经停处"。同理，"走肾"结构，从本义"药性归入肾脏"，逐步扩大到"液体经过肾脏"语义。"走肾"结构中"排泄得快"的语义由此产生。同时，"肾"的功能与"性"有关，在"肾"由具象到抽象的转喻过程中，其功能作为相关连接点。"走肾"表达与"性"有关的转喻成为

---

① Bybee等（1994：14-15）在讨论语法化理论的假说时称之为"普遍路径"（universal paths）。Lyle Campbell（1999：270，*Historical Linguistics：An Introduction*，Cambridge，Massachusetts：MIT Press）在总结语义演变的可能和方向时称之为"平行的语义转变"（parallel semantic shifts）。

可能。

而"走肾"作为"性爱"语义出现,与"走心"新义出现密切相关。首先,在网络新义出现时间先后上,"走心"早于"走肾"2年;其次,在网络语言使用过程中,这两词几乎同语境对举出现指代两个领域。例如:

(29)男人都走肾不走心吗?(豆瓣小组 2014-06-25)

(30)世间女孩分三种,一种走心,一种走肾,一种走流量。(环球佳丽 2015-01-06)

(31)恋爱先走肾后走心的星座男。(星座 www.xzw.com 2016-09-18)

在网络新义中,"走心"有"用心、令人感动"二义,皆属精神层面。"走心"与"走肾"对举出现,使"走肾"新义囿定在肉体层面。而"肾"作为人体脏器,与性功能有关,由此,"走肾"在"走心"对举促使下,形成"性爱"语义。通过以上分析,从"走肾"自身词义演变及外部"走心"促使两个途径图示其网络新义形成。

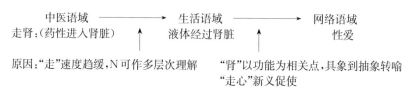

图 6-4 "走肾"语义演变示意图

第三,"走肾"在"走心"促使下出现"性爱"新义后,为何能固化流行?这与中国人对"性爱"的避讳有关。在中国人心目中,"性"与隐私、不洁、肮脏有关,是个不可谈论的话题。因此,在汉语语言系统中,关于其行为,均用其他言辞代替以示避讳。而"走肾"一词恰恰契合了人们这种语用心理。而随着社会的开放,"性"话题逐渐褪去其不洁、肮脏的附加色彩,允许社会公众谈论。尤其在网络虚拟空间,人们的心理自由度大于现实空间,谈论"性爱"频度增加,从而对指称该事物的语言有使用需求。在中国人传统避讳心理与社会开放度的双重影响下,"走肾"新义"性爱"逐步流行。

第五节 "走＋N$_{脏器}$"类网络新义重获预测

以上以"走心""走肾"为个案,对"走＋N$_{脏器}$"网络新词语义用法研究表明,该结构属于古代中医语域"走＋N$_{脏器}$"类结构的复活及语义衍生。而在古代中医语域,N$_{脏器}$的范畴更广。例如"走心、走心包经、走心窍、走脾胃二经、走肝、走肾、走胃经、走穴①"等。以下为从 CCL、BCC 古代及现代语料库检索该类结构数量表。

表 6-5 古今中医语域"走＋N脏器"语例数量比

语例\数量	走心	走肾	走(心/心包/脾/胃/肝/肺/胆)经	走肺	走肝	走穴	走胃	走脾	走胆
CCL(古汉)	6	1	2	3	1	0	1	1	0
CCL(现汉)	10	8	3	5	2	1	0	0	0
BCC(古汉)	265	129	67	150	116	7	35	51	4
BCC(现汉)	211	38	11	3	3	6	5	1	0

从上表中可见,CCL 古今语例比相差不大,但现代汉语"走＋N脏器"语例,几乎全为古代中医语境遗留,而 BCC 古今语例数量下降明显,可见中医语域的"走＋N脏器"随着中医在现代趋于没落,其语域的句法结构使用也逐步趋向低频。那么,上表中"走肺、走胃、走胆……"等结构,也属于由空间域"走＋N处所"投射到身体域形成的"走＋N脏器"结构,它们是否能够在当代网络语境中复活? 我们认为取决于以下几个条件。

首先,根据"走心"与"走肾"的新义产生过程,"心、肾"从具体身体脏器转喻为抽象语义,其转喻的关键点在于这些脏器功能关联。"走"表示身体内部物质的移动,"走＋N脏器"是否能以物质在脏器间移动而产生抽象转喻,是该结构能够形成新义的关键。譬如"胃"有承受食物、消化食物的功能,"肺"有呼吸功能等。而这些功能被人们作为百科常识普遍熟知,固化在认知意识中,对新词新义的产生具有一定的影响。

其次,"走＋N脏器"是否在网络语境中偶发使用,基本受"走心"的促使,而其固化,还受到语用心理的影响。通过网络搜索,发现"走胃、走胆、走肺"均有使用,其中以"走胃"较为高频,可见,"走＋N脏器"在网络环境下,有逐渐复活的趋势。例如:

(32)撒的网有点多,多捕了几条鱼儿,哎……还是那句老话,走胃不走心吧。(BCC 微博)

(33)不走心不走肾,走胃,男女都行,快一点来约啊。(文恋吧 2014-12-18)

(34)原标题:走胃也走心(微饭 App 凤凰资讯 2015-12-30)

(35)年底,最走胃的广告! (bao123li 2016-03-02)

---

① 该处"走穴"中的"穴"指的"医学上指人体上可以进行针灸的部位,多为神经末梢密集或较粗的神经纤维经过的地方,也叫作穴位、穴道"。(《现汉》:1487)

（36）今天打算走心，不走胃。（搜狐 2017-01-21）

其中例(32)已经收入 BCC 语料库，其他语例来自网络，从 2014 年到 2017 年均有出现。其语义为"吃"或"美味好吃"。其出现语境，均与"走心"或"走肾"连用。"走胃"通过"胃"的功能转喻，也是在"走心""走肾"平行演化机制作用下形成。在"走＋N$_{脏器}$"类词汇中，"走"的语义相同，而"心、肾、胃"等语义相关同属于身体内部器官。"走＋N$_{脏器}$"其他词汇是否能在该机制作用下获得网络新义，再度流行，还需要时间证明。

第六节　结　　语

本章通过"走心""走肾"词语研究，探索出在句法形式上，"走＋N$_{脏器}$"属于"走＋N$_{处所}$"空间域向身体域投射而形成的非常规结构；而现代汉语中这些新词并非共时平面新创，而是古代汉语中医语域词汇形式的遗留，在语义上，在现代社会生活中，"走＋N$_{脏器}$"通过 N$_{脏器}$ 的功能关联点，其语义得到新的延伸，从而在现代汉语重新复活。并根据从"走心、走肾"中探索所得的语言规律及动因，对古代汉语中医领域其他"走＋N$_{脏器}$"结构是否能在现代汉语中复活进行了预测。由此可见，语言本身的生命力，使该类结构在现代网络语境中重新获得相关语义和新的用法。

具体而言，从句法结构与语义互动的角度，"走＋N$_{脏器}$"作为空间域"走＋N$_{处所}$"在特定空间——身体域的投射，身体域作为特定的空间域，"走"在"走＋N$_{脏器}$"结构中析出的陪义依然是与"位移"相关的"行进"义位变体，但当"走心""走肾"等从句法结构词汇化以后，"走"的"行进"义位变体进一步转化为"用心思"语义，该义位变体是"行进"义位附加[＋身体域]义素后形成，义位变体的主观义逐步加强。由此可见，词汇化过程，也是使"走＋N"非常规结构中"走"的义素逐步析出的一种手段，同时该义素与后置成分结合，成为词汇的整体语义。

社会的发展，新事物的出现，新的概念及事物对语言形式提出新的要求，而在经济性原则的指导下，人们倾向于将旧的语言形式在其相关性作用下，用来表达新的概念事物。身体域"走＋N$_{脏器}$"类非常规结构的旧词复活就是这一类形式的典型，其本义在中医领域的沉寂恰好给新概念提供了相关的语言模式，而我们一旦找到网络新词与传统语言结构之间的传承演变关系，其中的制约因素就能预测该类网络新词是否会更加流行或昙花一现。另一方面，以古代汉语与现代汉语形式与语义上的一脉相承性，考察现代网络新词的语义用法，是从语言内部考察新词新语的一条路径。

第七章 时间域"走＋N$_{变化体}$"与近义常规结构异同

第一节 "走＋N$_{变化体}$"中N的特征

一、问题的提出

在"走＋N"第三类中，N除了身体域脏器名词之外，"走"还可以与"样、形、音、调、味、题、扇"等名词组配，形成"走样、走形、走音、走调、走味、走题、走扇"类结构。这一类结构中，是"走"语义从空间域"位移行走"义到时间域形成的义位变体："变化"。"走＋N"结构在向不同认知域投射的过程中，随着认知域与空间域日益远离，其内部结构紧密度日益增强。当其投射到时间域时，"走＋N"结构基本以词汇形式出现。例如"走样""走音""走味""走题"等。这说明现代汉语中的常规和非常规结构，不仅存在于句法层面，也存在于词法层面。

在时间域中，存在与"走＋N"相似语义的常规结构，以"走样、走形"非常规结构为例，存在"变样、变形"近义常规结构。有时两者之间可以自由替换。例如：

(1) 改革过程中最大的风险是由于各种原因导致改革措施的走形变样。(《人民日报》1996-10)

(2) 美丽的衣服不穿它，多搁几年，身材变形走样，再美丽也是枉然。(《读者》合订本)

上面例句中的"走形变样"和"变形走样"可以自由替换，丝毫不影响原句义。

为什么常规和非常规结构可以共存有"同义"现象？我们认为，这种"同义"是由两种结构在演化过程中形成的交叉点。而由于二者演进路径不同，使用的环境和范围也不同，二者之间在句法语义方面存有很多相异之处。辨析此类近义词语，不仅对汉语本体研究有一定的价值，对于汉语作为外语教学也有一定的参考性。在以下对"走＋N"时间域投射的非常规结构分析中,我们通过其与时间域常规结构比较的方法进行。

二、"走＋N$_{变化体}$"中 N 特征梳理

在时间域,"走＋N"中的 N,例如"样、音、调、味、题、扇"等名词受何种规则制约才能进入"走＋N"结构,而"走＋N"整体结构在语句中又具有何种与常规结构不同的句法语义语用特点? 我们通过语料观察进行分析。

"走＋N$_{变化体}$"结构中,为何能将"N"界定为"变化体"?

行为动作"走"与空间起点默认一起构成"离开"义位。但一旦"走"投射到时间域,"走"的时间域"变化"义位需要将"(起点)原体"凸显,因此,在空间域与"走"一起默认的起点在时间域在"走"的义位"变化"的促使下,显化成为 N$_{变化体}$,N 在一定的时间范围内能够变化。即在空间域不存在的"走＋N$_{起点}$"语言样式中[1],在时间域的制约下以"走＋N$_{变化体}$"形式呈现。

"N"的变化性体现在什么地方? 它是否与其他句法成分共现? 受何种句法成分制约? 在下面一组句子中观察"N$_{变化体}$"的特点:

(3)a 所以说,如果你一边在使劲地节食、另一方面却在拼命锻炼,这必然会加速身体能量的消耗,让你身材走样得越快。(南丘阳《从头到脚要美丽》)

(4)a 杨韵乐教我拉一首小夜曲,我一向走音,那天心情又差劲,走音更厉害。(张小娴《面包树上的女人》)

(5)a 食用油,最好吃新鲜油,油放久了会走味、变质,甚至使人产生慢性中毒现象,引起恶心、食欲减退、头昏脑涨等症状。(温长路《民谣谚语话养生》)

(6)a 这时她注意到刘凯瑞开始看表,忙收回思绪抓紧时间说正事。"说走题了,说走题了! 陈蓝的研讨会,刘总一定要支持哦!"(电视电影《新结婚时代》)

把这四个例句进行简化,抽取话题和谓语结构,可以得到以下四个句子:

(3)b 身材走样。

(4)b 小夜曲走音。

(5)b 食用油走味。

---

① 在语言形式上,起点与终点均为地点名词,进入"走＋N"结构后,在语言形式上无法区分"走＋N"是表示终点还是起点。对人类的行为而言,目的(目标)比开始更重要,这一原则被称为 goal-over-source 原则,即"目标重于起点"原则(李福印 2006:218),如果 N 起点进入"走＋N$_{处所}$"结构,该结构依然会被识解为趋向义。

(6)b 研讨会走题。

在这一组主谓宾清晰的小句中,可以观察到主语"身材""小夜曲""食用油""研讨会"与宾语"样""音""味""题"之间的关系。下面将结合词汇语义学及相关语言学理论进行分析。

我们认为在词语特征关系上,主宾 N 两者是义域与其所含的元的关系。义域是义位的意义范围和使用范围①,是人们认识到的具有义位所表示特征的事物集或群。集(或群)就是量。这些小句中的宾语 N 限定在主语义位的意义范围之内,是主语义域所含的元。

例如"身材"的词典义是:身体的高矮和胖瘦(《现汉》:1158)。在该释义中,"高、矮、胖、瘦"是"身材"义域所含的元,与身材形状相关。而"样"的词典义本义是:"形状"(《现汉》:1468)。因此,"样"是"身材"义域中所含的元的统称。同样,"小夜曲"与"音"、"食用油"与"味"、"研讨会"与"题"之间也具有义域与其所含的元之间的关系,处于"走"之后 N 是话题义位所含的元,是"N_{变化体}"的第一个特征。

主宾之间第二个特征是:后者是前者的内化物性。在实际情况中,上级义位义域中所含的元很多,例如,"电视机"是"电器"义域所含的元,"教师"是"知识分子"义域中所含的元,但是这些都不能进入"走＋N_{变化体}"的结构,原因在于宾语 N 与主语之间的第二个特征。在物性特征上,作为进入"走＋N_{变化体}"结构的 N,必须是主语物体的内化物,而不是其包含的类化物。N 是属于主语物性特征的一部分。同时,这一部分在一定的外界条件下还可以变化。例如"身材"中的"胖瘦",在摄入食物量大小输入或锻炼消耗输出基础上可以变化;"小夜曲"的"音"在演奏是否准确之间产生变化;"食用油"内的"味"在保存是否得当,随时间与原味之间产生变化;"研讨会"的"题"则是在讨论过程中,在现场发言与主题紧密度之间发生变化。也就是说,在外界条件下,作为话题物性特征的一部分的 N 能发生变化,这是 N 进入"走＋N_{变化体}"这一结构的另一准入条件。

第二节 "走＋N_{变化体}"中"走"的方向性

在"走＋N_{变化体}"这个结构中,"走样、走形、走扇、走味、走油、走题"等用例中,以"走样"为最高频。详见下表。

---

① 关于义域的界定,详见张志毅、张庆云的《词汇语义学》,商务印书馆 2005 年版。

表7-1 "走样"为"走＋N变化体"典型语例数量证明表

语 例	走样	走形	走油	走味	走题	走扇
CCL	335	149	24	23	9	3
BCC(多领域)	1221	525	95	61	45	0
语例库在线	11	1	0	0	0	0

由此,我们以典型语例"走样"为例进行分析。

在"走样"中,词典对该结构中的"走"的解释为:改变和失去原样(《现汉》:1748)。说明其语义中有"变化"这一层语义。这也可以通过"走"与"变"在句子中的平行出现来印证。

(7) 在雪恩的雪铁龙汽车厂,两名生产助手共同对仓库管理提出了一项新建议,从而使仓库的容量增加了一倍,同时又避免了库存零备件变形走样,并且使仓库供货更为方便,两人因此共获得4990法郎的奖金。(1994年《市场报》)

例句(7)既可以作为"走"具有变化义的佐证。那么,既然已经有了"变"这个规范、惯常性用法,"走样、变样""走味、变味"等系列词中"走"与"变"是否还有语义区别? 在现代汉语中,出现"走＋N变化体"这种结构原因何在? 我们通过对"走样"和"变样"语义用法的比较分析,明确"走"语义与"变"的不一致之处。

一、常规结构"变＋N"中"变"的多向性

在以下语例中,我们可以发现,"变样"中的"变"的方向具有多向性。

(8) 上海充分利用浦东开发的历史机遇抓紧改造,产业结构快速调整,城市建设一年一变样,一个以传统制造业为主、城市基础设施老化的上海,初步转变为具有经济、金融、贸易等综合服务和辐射功能的现代化国际大都市。(1998年《人民日报》)

(9) 人们的生活里充满着欢乐、忙碌、光明和美好的希望。可是《告人民书》一旦播出,周围的一切将完全变样,想到这里莫洛托夫不禁打了个寒颤。(《当代世界文学名著鉴赏词典》)

(10) 假如地球上生物消失,那么盖雅也就消失,地球环境就要大变样,最终会变成类似其他无生命行星表面那样的不稳定状态。(CWAC:SBT0399)

例(8)中"变样"的是上海的面貌,从后文的"一个以传统制造业为主、城市基础设施老化的上海,初步转变为具有经济、金融、贸易等综合服务和辐射功能的现代化国际大都市",可以推测出"变样"是向好的方向改变,是一种顺向的变化;例(9)中"变样"的是人们的生活状态,"变样"的触发点在《告人民书》的播出",之前人们的生活状态是喜气洋洋,之后能使"莫洛托夫打了个寒颤"的,是战争到来的可怕情景,人们的生活状态是向差转变,是一种逆向的变化。例(10)中"变样"的是地球面貌,这个面貌的改变触发点是"地球生物消失"。那么,地球环境是另一种样子。从文句的叙述来看,我们无法从价值判断,到底是存在生物的状态还是无生命状态更好。因此,只能说这种"变样",是一种状态向另一种状态的客观变化,可以说是一种水平变化,没有顺逆之分。

从以上三个句子中,我们将"变样"一词在句中的含义方向抽取出来。从价值判断的角度,可以归纳为三个方向:A.变得越来越好,B.变得越来越差,C.从一个方面向另一个方面改变,无所谓变得好或差。可以表示为:

$$
\begin{array}{lll}
\text{"变"方向:} & \text{单向:} & \text{A 差}\longrightarrow\text{好} \\
& \text{单向:} & \text{B 好}\longrightarrow\text{差} \\
& \text{双向:} & \text{C 中}\longleftrightarrow\text{中}
\end{array}
$$

二、非常规结构"走＋N变化体"中"走"的单向性

在"走样"的"走"中,虽然也具有"变"的语义,但是"走样"的变化,只具有以上三种语义中"由好到差"这一种单向性。

(11) 由于缺乏阳光与运动,你不仅会面色苍白、缺少活力、腰酸背痛、身材走样,一旦脂肪囤积过多,还很容易造成心脏、血管方面的疾病……(沈倩《生活健康密码》)

例句(11)中在"缺乏阳光和运动"这一触发点下,"走样"后的身材是:"脂肪囤积过多,造成心脏、血管方面的疾病"。这些相对身材"走样"前,都是不好的情况。因此,"走样"改变的方向只有一个:便是从好向不好转变。

"变样""走样"改变方向存在差异,原因便是在"变"与"走"的含义不同。"变"的含义是:和原来不同;变化;改变(《现汉》:79)。"和原来不同",可以比原来好,也可以比原来差,当然,还可以与原来不是同一样子的平行改变。而"走"在"走样"中体现的含义是:改变或失去原样。虽然"改变和失去原样"同样有"与原来不同"的意思,但是"失去"一词表示在"走样"之前就设立了"原样"这样的标杆。那么,"走样"中的改变,只能是一个单向通道,不可能出现"变样"顺逆双向或水平改变状态的语义。而一旦设立标准,这个"标准"往往是褒义而非贬义。

因此,"失去原样"其隐含的"偏离原样",导致"由好变差"的语义产生。那么,在我们客观分析"变化"的三条通道中,这个单向通道只能是"由好变

差",而非"由差变好"。可以图示为：

"走"方向：单向：　　　A——→差

由此可见，"走样"作为非常规结构，[＋由好变差]附着义素在该结构中析出，这是后文论证该结构词汇化后具有贬降情感陪义的基础。

第三节　"走＋N变化体"的不可控性与递增性

"变样"和"走样"具有向某个方向变化的属性，但二者都不具有变化的终点，比如它们都不可以受极性副词"最、极、十分、格外、极其"的修饰。但是二者在变化的特点上仍有不同。

一、"走样"的不可控性

通过语料检索，发现"变样"语例存有"三年大变样""一年一变样"等类似说法，而"走样"却不可以。之所以这样，我们认为"变样"具有[±自主]的特征，而"走样"不具有[＋自主]的特征。

"变样"通常情况下表现为[—自主]的。例如：

（12）城市在变样，人们的生活也在变样。（《市场报》1994年）

但也有少量情况"变样"表现为[＋自主]特征。例如：

（13）统一思想，查找工作差距，高起点，高标准，开展学习活动，提出各部门、各个方面包括机关作风、办公秩序都要变样，提高整体素质。（《人民日报》1995-12）

（14）听说一会要上化妆课了，这是要变样的节奏啊。（BCC微博）

甚至可以用在"让……变样"这样的结构中，这说明"变样"不仅是[＋自主]的，而且可以是[＋可控]的。例如：

（15）a 精准施策让东村大变样！

（16）a 我今年一定让自己变个样！

正是因为"变样"可以为[＋自主][＋可控]，才可以出现按照时段进行有序的"变化"。例如：

（17）全面整顿，提高素质，保证一年一变样。（《厦门商报·脚下有路》1995-07-10）

（18）克勤克俭，办事精打细算，使学校一年一变样。（《报刊精选》1994-04）

(19) 过去上海靠着解放思想、实事求是,实现了"一年一变样,三年大变样"的大发展。(《人民日报》1998 年)

但是"走样"则反之,"走样"具有[－自主][－可控]特征。例如以上例(15)(16)将"走样"代替"变样",句子语义不成立。

＊(15)b 精准施策让东村大走样!

＊(16)b 我今年一定让自己走个样!

二、"走样"的递增性

"走＋N变化体"还具有递增性。在语例中,"走样"可以受"更、更加、越来越"的修饰,而"变样"不可以受这些成分的修饰。例如:

(20) 可是跟他讲了三遍,还不知是怎么一回事,学起武功,更走样了。(戊戟《神女传奇》)

(21) 这些谣言从兴庆府传到各地之后,就更加走样得厉害了。(阿越《新宋》)

(22) 如果总监都不好好和他的高级经理谈个人发展计划,那他就别指望高级经理好好和一线经理谈个人计划,同样地,一线经理也会不重视这个事情,到了基层员工那里,不就更加走样了嘛。(李可《杜拉拉升职记》)

(23) 之后我的谎言由他们的嘴里说给别人听,再在别人的嘴里越说越走样,最后作为好消息又说回给我听时,我反而变成了第一个相信的人。(奥尔罕·帕慕克《我的名字叫红》)

以上例子中的"走样"都不可以替换为"变样",这说明"走样"沿着某一方向具有[＋递增]的语义特征,而"变样"则不具有这一特征。

"走样"之所以具有[＋递增]语义特征,是因为:"走"本来有"离开"义(《现汉》:1746),在这里隐喻为"偏离"义。相对于某一标准,"样子"可以越来越偏离。

第四节　"走＋N变化体"贬降情感义素析出

在上文第二节第一小点中我们分析到"变样"具有 A、B、C 三条不同的"变化"通道,即"差变好""好变差""变化"。但是,在对语料进行搜集分析的过程中,从量的角度,我们发现"变样"A 型语义的使用频率大大高于其他两类。在 CCL、BCC 语料库中得到数量如下表:

表 7-2　CCL、BCC 语料库中"变样"情感义语例数量比

语料库 语义类型	CCL	BCC(报刊)
"变样"语例子	434	467
A(向好变)	328	411
B(向差变)	33	34
C(平行变化)	33	22

以上检索语例中,"变样"A 类褒义变化都远超 B、C 类变化,那么,是什么原因造成了具有中性义"变样"的具有 A 型的褒义呢?

"变样"中 A 型的大量使用体现褒义情感义可以用不对称标记理论来解释。因为在通常情况下,人们总是希望某件中性的事情(不带好坏偏向)能够实现(沈家煊 2015:90)。落实在"变样"中,人们总是希望"变化"出现。而这种心理期待中,积极的意义是无标记的,消极的、负面的意义是有标记的。那么,在语言经济原则作用下,当"变样"能担当 ABC 三种语义类型时,A 类积极的心理期待在"变样"中体现,当人们在使用"变样"这一结构时,默认这是向好的方向发展,A 型(变好)就成为"变样"的无标记语义形式。而无标与有标在语言中呈现不对称分布,无标是常规默认大量使用的。这也印证了"变样"中 A(变好)类语义在语用中大量出现的现象。无标记形容词"大"[①]往往和"变样"同时共现,进一步印证了"变样"在语言中无标记的特点。

由于消极、负面的意义是有标的,因而在"变样"的使用中,B 型(变坏)语义相对较少。而 B 型(变坏)语义一旦使用就需通过标记标识。除了"变样"所在的小句为转折句这一标识外,如例(9),还体现为以下三个方面:

首先,"变坏"语义词汇共现标识:如用"走形""变味""变调""矮化""生疏"等与"变样"同时共现。例如:

(24)但现在罚款这种经济手段走形变样了,在一些执法者眼中似乎就成了万能的管理法宝,什么事都赖仗罚款去解决,使得罚款过多过滥。(《报刊精选》1994-10)

(25)我们确实卖力地去做了这事,虽然做得很不够,很不彻底,有些变样变味。(《读书》vol.183)

(26)广西田东县祥周镇农民购买广西农学院"威廉斯"香蕉苗10500 株。栽下后发现 35% 种苗变样矮化。经消费者协会出面协调,农

---

① "大"作为具有积极含义的形容词,在不对称标记论中属于无标记形容词。详见沈家煊先生《不对称和标记论》(商务印书馆 2015 年版)中第 164-219 页关于反义词的论述。

学院赔偿经济损失 2.2 万元。(《市场报》1994 年)

(24)(25)(26)句中的"走形""变味""矮化"就是体现"变样"B 型(变坏)语义的一个语言标记。

其次,与"有些""有点"表示少量的副词共现。在标记理论中,大量属于无标记语词而少量是有标记语词。例如:

(27)仲亭这人有些变样,忘了穷根子,忘了在部队受的教育。(冯德英《迎春花》)

(28)这些年有点变样了,不少主子家越来越穷,有的连家奴都养活不起,干脆让他们交几两银子赎身。(大陆作家《邓友梅选集》)

再次,在表示 B 型(变坏)例句中,"变样"之前往往会出现"没有""不要""会""要"等,在后出现"的说"等。例如:

(29)千万不要把月饼放在冰箱里,否则经过冷藏,月饼的皮失水后会发硬,随之而来,味道也会变样。(表未然句)(1994 年《市场报》)

(30)为什么有时劳动模范一旦成名之后就变样,这不能全怪他们,要怪成天跟在后面捧场的那一群人。(条件句)(大陆作家《蒋子龙》)

(31)啊!我多么希望死不要让我的容貌变样,以免在你的记忆里留下丑陋的形象!(否定句)[《读者(合订本)》]

在否定、未然句式中使用 B"变样"(变坏)这一结构,说明"变坏"还没出现。而在条件和假设句中使用 B 型"变样"(变坏),同样说明若要"变样"(变坏)是有条件的,或者是在虚拟的情况下。总而言之,当言说者在使用 B 型"变样"(变坏)时,主观性是不希望"变坏";由此反推,"变样"具有褒义的默认附加义仍然成立。

而在 C 型"变样"中,在已然、未然、肯定、否定句中均有出现,其特征是"变样"的对象往往为具象事物,如:人的样子、建筑物的样式。

(32)二十个月,朋友们有的变了样儿,有的没变样,可不管变了的没变的热衷的话题都是有谁走了又有谁要走还有谁打算走。(《作家文摘》1994 年)

(33)前年去美国时,发现这个博物馆变样了,一些贵重的材料不知搬到什么地方去了。(《读书》vol.062)

因为只有具象事物才能明确观察到一种状态与另一种状态的异同,这符合 C 型"变样"(平变)体现衍推义(变化)的特征。而"变好""变坏"都属于价值评判,具有较强的抽象性。

由此可见,C 型是该结构的固有含义,"变样"搭配对象从具象向抽象变化。

而从"走样"语义的方向性,我们已经分析出"走样"的语义通道只有一条,即"由好变差",预设了"走样"前的"原样"具有标准、规范、正确、好的等特点,因此"走样"具有贬义色彩。例如:

> (34)兵团的农业已发展到按程序生产,他们习惯叫模式生产。即根据产量指标,规定整地、播种、施肥、浇水、收获的时间和标准等,不能走样,使农业生产有序地进行。(《人民日报》1995-12)

在上例中,"走样",失去原来的样子,便是偏离原来的标准。这个预设导致"走样"不管向哪个方向变化,都是差于原来的标准。这个预设义产生与"走"的语义有关。"走"在"走样"中,不仅具有"变化"的含义,还叠加了"偏离"的语义。而"偏离"语义作为标记附加在"走样"上,这种有标形式,符合语言中不对称分布中否定的、贬义的是有标记的,肯定的、褒义的是无标记的分布。"走样"这类"走+N_{变化体}"非常规结构中附着有贬降陪义,析出义素[＋由好变坏]成为非常规结构得以成立的底层链接,也是"走样"与常规结构"变样"的分工共存的理据。

第五节　"走＋N_{变化体}"的词汇化

我们继续通过"走样""变样"的历时演变,来讨论"走＋N_{变化体}"词汇化问题。

上面对"变样"和"走样"进行了语义分析,也可以解释如下问题:一般来说,非常规组合是非基本的,往往是临时性的,其归宿往往是"昙花一现",但为什么"走样"却可以固化为词呢?

从历时角度看,"变样"作为常规结构,最早出现在北宋。例如:

> (35)谢送宣城笔宣城变样蹲鸡距,诸葛名家捋鼠须。(黄庭坚《谢送宣城笔》)

> (36)他说圣人做这书,只为世间人事本有许多变样,所以做这书出来。(北宋《朱子语类》)

在现代汉语中仍是比较常用的,比如在北大语料库中有 456 例,在北语语料库中有 1566 例。

而"走样"在一起组配,最早见于元朝,只有 1 例。例如:

> (37)佛且未出世,弥勒尚未下生,此一大事,出模走样,昭一天烁地。(《道藏·上阳子金丹大要》)

这里的"走样"与现代汉语中的"走样"意思不同,而是与现代汉语的"变样"完

全一样,二者可以替换。同时在元代,也出现了现代汉语"走样"的最初形式"走了样子"。例如:

　　(38) 这的帽儿也做的中中的,头盔大,檐子小,毡粗,做的松了,着了几遍雨时、都走了样子。(元《朴通事》)

到了明清"走样"逐渐多了起来,共出现 20 例,但与现代汉语"走样"完全相同的只有 6 例;而"走了样"也是 6 例。例如:

　　(39) 止令影写,不得惜纸于空处令自写,以致走样,宁令翻纸,以空处再影写。(启蒙蒙学《读书分年日程》)

　　(40) 果然画的五官部位,一丝没有走样,花雨的夫人,鼻梁上有两三点麻子,那幅画稿上,隐约也有两三点麻子,为着逼真起见,这却不能怪他。(集藏小说《人海潮》)

到了现代汉语,仅在北大语料库中就检索到了 421 例,其中"走样"335例,"走了样"86 例;而在北语语料库中,共检索到了"走样"1049 例,"走了样"336 例,"走过样"1 例。

通过分析可以看出,"变样"倾向于用来表达"变得越来越好",由此"走样"补充了"变样"留下的空缺。而"走样"出现后有了专门的语义功能,即它只表达"由好变差"这一类现象,不同于"变样"的"变得越来越好"。由于"走样"同一特定的概念取得联系,有着专门的语义功能,从而得以概念化(conceptualization)。并且"走样"在现代基本定型为双音节,其中在北大语料库中占比为 79.57％,在北语语料库中占比为 75.69％,这符合现代汉语词的双音节化特点,随着词的形式的稳定和使用频率的增多,从而固化为一个双音节词。

同样,"走味""走扇""走音""走调"等结构,与"走样"也有着同样的词汇化历程。

第六节　"走＋N变化体"语义语用成因

以上通过"走样""变样"比较,"走"凸显的是在时间域的义位变体:变化。但是该义位变体,与常规句法结构"变＋N"之间又存在较大的语义语用差别。那么,这些差别来自何处?我们认为,这与"走"原始义位为空间域意象图式形成,然后投射到时间域有关。

"走＋N变化体"结构中,"走"具有"变化"义,这是"走"原型意象图式从空间域向时间域的投射结果。在认知域投射过程中,"走"在空间域基义构成三义素中,发出动作的生命体无法进入时间系统,处于时间的外围,而能够投射进入时间流的是路径与在路径上位移。在投射过程中,"路径"与"时间流"在空间与时间两个不同认知域中具有相似性。"走"在空间域与默认起点构成"离开"义位,"走"在空间域中的空间位移特点投射到时间域,在时间流中的位移,人们在常规认知建立起来的原形(起点)感知偏离——空间域"离开"义位向时间域转化,在时间域表现为原体发生变化。而空间域中的"位移动作"与时间流中的"变化过程"具有相似性,"走"的"变化"义由此获得。

但是,从以上"走样""变样"语义对比分析可知,"走"的变化义中具有单向性、不可控、递增性及贬降情感附义。这些语义特征,与"走"的空间原型意象图式有关。第一,在空间"走"的原型意象图式中,"走"动作由生命体发出。一旦发出,就只具备单向性,这一特点投射到时间域仍保留。第二,由于发出动作的生命体无法进入时间流,"走"在时间流一旦动作开始,属于在时间域的动作变化。时间的客观性,决定投射到时间流的"走"意象图式中"变化"动作具有不可控性。第三,"走"在时间流具备递增性,是因为其在空间域路径上的行进匀速在时间流中的投射。这些特点,使"走"与"变"两个动作在时间流中有所区分,达到更精细表达语言的目的。第四,"走"在时间域投射后所附着的情感贬降陪义,与两个认知域投射过程中注意力是否能凸显路径过程中的起点、路径、终点有关。当"走"进入时间域,其与"变"都不具备终结性。"走"空间域路径终点在时间域无法通过注意力强度使其前景化,能前景化的只能是开始变化的起点,凸显的是以原点为参照的"偏离"过程。而参照物被默认为标准,那么,所有的"走"都是对标准的偏离,这就意味着贬降义的产生。"走＋N变化体"的[＋贬义]义素也由此析出。

"走"的空间域原型意象图式投射到时间域后,产生的义位变体为"变化"。在句法中,以"走＋N变化体"结构进入语句,N变化体是主语词汇义域所含的元和内化物性的关系,当其与主语共现,在新信息尾重原则作用下,变化了的元处于动词"走"之后,凸显意象图式中原参照物中变化了的部分,符合时间顺序原则。而当"走＋N变化体"词汇化后,在语言交际中,由于"走＋N变化体"这种非常规搭配的结构,使人们能从N的显著特点中索引到潜隐主语。这同样是"走"空间域原型意象图式在时间域投射所起的作用。

第七节　结　　语

本章对时间域的"走＋N变化体"非常规结构进行研究。以"走＋N变化体"中高频使用语例"走样"为个案进行分析,采用个案研究与系统研究相结合的方式。在分析过程中,采用的是"走样"非常规结构与"变样"同义常规结构对比的方法。

从研究中可得,"走＋N变化体"类非常规结构的语义语用特点与时间域常规结构具有异同。相同之处,说明"走＋N"在空间域的"位移—路径"意象图式有契合时间域之处,这是两者能够产生投射的原因;相异之处,说明空间域"走＋N"意象图式投射到时间域的过程中,受时间域的制约,空间域"位移—路径"意象图式在契合时间域的过程中,其背景与前景在时间域作用下,注意力关注点发生不同的变化,产生变形。而这种变形所产生的语义语用特点,恰恰是时间域常规句法结构难以达到的。由此,"走＋N"结构,通过从空间域向时间域投射,意象图式在时间域制约下,通过认知注意力强弱的凸显与隐退,产生不同的语义语用,达到语言精细化表达的效果。

在语义层面,"走"在时间域的义位变体:"变化",是"走＋N"结构能够投射的基础;而投射后,该非常规结构形成的语义语用特点,则是该结构受时间域制约产生的。时间域的流向单向性是制约贬降陪义的因素之一。

同时,由于时间域与空间域的距离差异,导致投射到该认知域的"走"与N变化体不具有常规搭配关联,从而迫使在时间域两者结合后进行词汇化。该结构析出的义素[＋由好变坏]既是非常规结构得以成立的基础,也构成了词汇化后贬降附着陪义,"走＋N变化体"以整体识解的方式进入现代汉语语言系统,与常规结构承担不同的语义表达功能。

第八章 意念域"走＋N感官"主观性归因与识解

第一节 "走眼"语义分析

一、意念域"走＋N感官"结构梳理

这一类"走＋N"结构,指的是"眼、嘴、神"这几个名词与"走"组配形成"走眼""走嘴""走神"这一类结构。在这类结构中,"眼、嘴、神"属于感觉器官,能发出动作,但"走"的动作由腿部发出,与感官器官之间不存在客观联系。因此"走眼""走神""走嘴"的形成,是人们在意念域将两者的动作联系在了一起。而"眼、嘴、神"能发出的常规动作是"看、说、想",而"走"在该结构中的语义,与N能发出的常规动作处于何种关系? N又是在何种条件制约下进入"走＋N"结构的? 下面我们通过该类结构中"走眼"与同义常规"看错"的比较,分析该类结构中"眼、嘴、神"这些进入该结构的原因,及"走＋N感官"在句法中起到何种作用。

二、"走眼"评价义获得

在(《现汉》:1748)中对"走眼"的解释是:"看错",并标注其为动词。从释义看,词典的编者认为"走眼"与"看错"具有同义性。"看错"一词从内部结构解析,是述补关系的常规搭配:"看"是动词,"错"是形容词,是"看"的结果补语。既然已存在"看错",那么非常规搭配"走眼"存在的必要性又在哪里?"走眼"是如何获得"看错"这个语义的?"看错"与"走眼"语义相似,结构和用法的差异表现在哪些方面?

现代汉语中,"看走眼"与"看错"似乎可以同时同义通用。例如:

(1) 又说到那位断真的专家,"按说他不至于看错啊。"话里可没有贬损之意:任何专家都各有专攻,专长之内也有看走眼的时候。(刘真福《大师的法眼》)

例(1)中"走眼"与"错"居于"看"之后,句法位置相同。在"看走眼"结构中,"走眼"作为结果补语,凸显其"错"的评价义。而词典中,则明确标注"走眼"为动词。那么,"走眼"的语义到底是"看错"还是"错"? 还是两种语义兼具?

首先,"看错"具有两种动作义,一为"通过视觉器官发出的不正确的具象动作",二为"认识上错误"。例如:

(2) 徐药师戴上老花镜,仔细察看着手上的骨头,用指甲在骨面上划了几道。莫不是他老眼昏花看错了? (《人民日报》1993-01)

(3) (勃克莱完全相信他的人格,与他交了好友。可是好景不长,劣性难变,三年前他又因强奸一个少女被捕入狱。)这次勃克莱只好脸红地承认自己看错了人。(《读书》vol.031)

例(2)中,前文"仔细察看"一词,说明是通过视觉器官发出的具象动作,该语义可以标注为"看错₁";例(3)中通过对"他"前后行为对比描述,"看错"为对"他"前后不一的行为认识上的判断,故例中的"看错"动作义为"认识上错误",该动作义可标注为"看错₂"。那么,"走眼"是否同时具备"看错"的两种动作义?

(4) 然而除了桂花处处香,哪见得什么毒蜂? 刘吉笑道:"别走眼了吧。"苗如玉道:"不可能,我明明见着!"(李凉《江湖急救站》)

(5) 一双怪眼一瞬不瞬地盯着我,说:"想不到阁下居然是个高人,老娘倒走眼了。"(人世间《出剑笑江湖》)

例(4)后文中"我明明见着"的表述,提示前小句"别走眼了"中的"走眼"为通过视觉器官发出的具象动作;例(5)前文"一双怪眼一瞬不瞬地盯着我",可见施事主语通过视觉器官获取信息,认真仔细辨别,其后"想不到"一词,说明后文的"走眼"是施事者认识上的失误。以上两例说明,"走眼"具有"看错"的两种动作义。

而"走眼"是否具有结果评价义,主要取决于句法位置。例如:

(6)a 我看错了。

(6)b 我看走眼了。

这组句子在语义上具有相似性,(6)a 中"看错"可两解,第一,可理解为由于"看"导致"错"的结果;第二为"看"得不正确或认识不正确。前者为动补结构,后者为行为动作。当"错"以形容词充当"看"的补语时,(6)b 中"走眼"以短语形式充当"看"的补语。(6)a 句与(6)b 中"错"和"走眼"都处于补语位置来说明"看"的结果,"错"与"走眼"有相似的结果评价义。那么"走眼"这种双重语义是如何获得的呢? 笔者将通过认知语言学中的相关理论进行解释。

"走眼"既可以表达"错"的评价义,也可以表达"看错"的动作义,笔者认为,"走眼"的评价义先于动作义获得。

从历时角度考察,在北京大学 CCL 古代汉语语料库中,"走"和"眼"出现的最早组合形式是"眼会走""走了眼"。例如:

(7) 与俺相识来。〔小玉〕你的眼会走。〔四娘〕你却不要走了眼。守那人儿出来。(元汤显祖《紫箫记》)

结合上下文语境,"走了眼"语义并非"看错",而是表示"没看到"。而这是由于"疏忽"造成的。"疏忽"语义为"粗心大意;忽略"(《现汉》:1212)。"疏忽"可表示观察、行为、认识等方面的粗心大意。而能用"走了眼"来表示的"疏忽",是"疏忽"中与"看"有关的一类。从例(7)上下文推测,"走了眼"指"没有集中注意力关注那个人",是由于"疏忽"以致没有看到,而并非"看错"人。"走了眼"与其同义变体"走眼",作为"疏忽(看)"的动作行为,在现代汉语仍有使用语例。例如:

(8)a (日夜守住她,有时连我打牌的时候,也把她放在跟前。)我怕走了眼,她又去寻短见。(白先勇《一把青》)

(8)b "道友好道行,前不久看过你的发挥以后,才知道道友乃是有身后修为的人,以前我走眼了。"(澜兮《至尊觉醒》)

(8)a 中"走了眼"语义为由于疏忽,没看住这个人。"走了眼"是"不认真看"这一类疏忽,并非指"看错她"。(8)b 中"走眼"语义也为"疏忽(看)",由前句"前不久看过你的发挥以后",说明"以前"并没有看过,那么,语例中"走眼"是由于没看过才造成的判断上的疏忽。由此可见,"走眼"最初的语义为动作义"疏忽(看)",该"疏忽"是对"看"的动作状态的说明。

在语言使用过程中,当"走了眼""走眼"出现在"看"之后时,是对"看"的结果说明,"走眼"的语义趋向由于看得不仔细"(看)疏忽",结果是"看错了"。例如[①]:

(9) 原是巴不得进门就收拾安歇的,想不到看走了眼,又不好意思说要更换,只得勉强周旋。(民国小说《留东外史续集》)

例(9)为北京大学 CCL 古代汉语语料库中"走了眼"位于"看"之后的最早语例。在该语例中,"走眼"明确作为"看"的结果补语出现。而"走眼"在北京大学和北京语言大学古代汉语语料库中,最早出现亦为"看"之后充当结果补语。例如:

---

① "走了眼"说明"看"得不仔细形成的"错",最初以"不仔细看""走了眼"并列结构的形式说明"看"的结果。例民国小说《江湖奇侠传》中"看"与"走了眼"连用:"堂倌拿这银包来的时候,我是不曾仔细地看/走了眼。"(北京语言大学 BCC 语料库最早语例)

(10)a 店小二看着那锭银子心说:"我他妈的又看走眼了。"(民国小说《武宗逸史》)

(10)b 虽曾听杨天池说这叫化,是有本领人乔装的;但看了这形容枯槁,肢体不完的样子,并不大相信杨天池没看走眼。(民国小说《江湖奇侠传》)

在(10)a 与(10)b 中,"走眼"为"看"的结果补语,"走眼"本来表示"没看到"导致"疏忽"的动作行为,但其置于"看"之后,在句法位置上成了对"看"这一动作的结果进行评价,结果即是"疏忽,不仔细",而这个"看"的结果,有可能导致就是"错"。从句法结构上,其与"看错"之"错"具有相同的句法位置,凸显"走眼"具有"错"的结果评价义。例如:

(11)a "我这是跟谁呀? 使这么大劲? 得,我嫩了,看走眼了,您三位这么风度翩翩愣是不趁千儿八百的?"(王朔《千万别把我当人》)

(11)b 龙神庙的老乌龟说他又已入关了,老乌龟多年前就见过他了,绝不会看错。(古龙《小李飞刀》)

在以上这组例句的句法分析中,(11)a 中"走眼"是作为"看"的补语出现,补充说明"看"的结果,与(11)b 中的"错"形成相同性质的结果评价义。这是语法位置所凸显的"走眼"表"错"的评价义。一方面,是前文讨论的"走了眼"语义"疏忽(看)"导致"看"后的结果有了"错"的成分,其次,是通过"走"的引申转喻及"走眼"整体双重转喻而得。关于后面一点,将在下文说明。

《现汉》对"走"的释义是:(1)人或鸟兽的脚相互向前移动。引申义:(5)离开(《现汉》:1746)。"走"能够从本义引申为"离开",原因是在"走"的本义中"移动"与"离开"的动作是连续进行的。邻近性(contiguity)是转喻产生的基础,也是转喻的重要特征(Ullmann 1962:218),这种邻近关系与词义之间意义邻近相一致。一般转喻建立在三种邻近性的基础上,分别是空间邻近性、时间邻近性和因果邻近性。

在"走"的位移动作发出时,与起点之间的关系构成"离开"语义,"位移"与"离开"具有时间上动作先后相关性,因而"移动"与"离开"概念之间具有时间邻近性,这是"走"转喻发生的关键。"走眼"的"走"中的"离开"含义由此转喻而成。在例(11)中,"走眼"中"走"语义为"离开"。在语言表达中,施事主语通过"看"的动作,发出的目光(眼)慢慢离开(走)受事客体,引起视线模糊不清,人接收到的视觉效果不符合受事客体原状的错误信息。因为信息与原标准产生偏差错位,故在施事主语心目中获得"错"的结果。这种因果关系符合转喻发生的另一基础——因果邻近性。从而能使"走眼"转喻成"错",获得"错"的结果评价义。

"走眼"的结果评价义在"走"与"走眼"的双重转喻下获得。

```
    走              走眼
        移动————————离开————————错
转喻：  （时间邻近性）      （因果邻近性）
```

"看错"之"错"与"看走眼"之"错"，两者在语义上不具同一性，这是"走眼"表示结果评价义出现的原因。"看错"之"错"，评价义涵盖面广，可评价客观之错，也可评价主观之错。"看走眼"之"错"来自施事主语内心预期值的偏离。例如：

(12)a（老头遂开始滔滔不绝，讲解为何选 B。）过十分钟，吾猛觉答案有误："对不起老师，刚才看错了，应该选 C。"老头面不改色："好，我们来说说这个 C 吧。"（网络语料《看完没笑?！ 你绝对够狠!》）

(12)b 亲爱的女人们，男人这种动物，很容易让我们看走眼。（开始时，你以为他是白马王子，最后才发现是白眼蛤蟆。）（网络语料①）

例(12)a 中受事对象为选择题答案，对象评判具有客观标准，该语例正确答案为"C"，而施事主语选择了"B"，其行为对错具有是非客观性，故为客观之"错"。而例(12)b 中后文"开始以为他是白马王子，最后才发现他是白眼蛤蟆"中，"开始以为"与"最后才发现"两个语言成分前后出现，说明句中"走眼"表达的是施事主语目前看法与先前预期不一致，这说明"走眼"之"错"，只是"错"的评价义中的一种。因此，"走眼"作为"看"的结果评价义，从语言精细表达角度，是对"错"的结果评价义的语义分化。

通过上面分析，可以得出"看'错'"与"看'走眼'"有包含和被包含的关系。"走眼"是错，但"错"不全都是"走眼"。如下图：

图 8-1 "看'错'"与"看'走眼'"评价义包含关系图

三、"走眼"动作义获得

前文论及，在现代汉语句法结构中，"走眼"同时具有"看错"动作义用法。"走眼"表达的不仅是"看"的结果"错"，同时还体现出视觉器官发出的动作

---

① 该网络语料来自网页：http://www.phpwind.net/read/3169683。

"看"及认识上的判断语义,形成"看错"动作义。通过对北京大学 CCL 和北京语言大学 BCC 现代汉语语料库的检索,可以得到"走眼"单独充当谓语与充当"看"的补语的语例数量对比情况如下表所示。

表 8-1　"走眼"单独充当谓语与充当"看"的补语的语例数量比

结　构	看走眼	走　眼
CCL	46	13
BCC	586	221

"走眼"单独充当谓语,其语义分三种情况。

(13)a(你认为江苍松已是受我点醒而行动,故无疏漏之理。)可是我却认为他心中根本不信,所以反而会走眼。(黄易《霸海屠龙》)

(13)b 下出的 69 手仍然受到观战室内的中日棋手的一致批判,小林光一走眼了,这对于他讲,是很少发生的大失误。(《人民日报》1993-12)

(13)c 雷吏目斩钉截铁地说:"所有的公文印信全是真的,我不会走眼。"(云中岳《魔剑惊龙》)

例(13)a 中为前句"疏漏"即解释了后句"走眼"为前文所讨论的"疏忽(看)"语义。而由于"他心中根本不信",因此在用各种方式搜寻高手时就会不认真、不仔细,该"疏忽"动作义为"疏忽(看)"语义。例(13)b 中,从前文"下出 69 手"这一下棋动作,与后文"大失误"短语对照中,"走眼"语义一种情况为小林光一走神,引起的失误,为"疏忽(看)"义;另一种情况为他也仔细看了,但是由于水平所限,未能发现正确下法,结果"错"了,为"看错₁"义。而例(13)c 中"走眼"识解为动作义"看错₁",原因在于前文"公文印信"这些都是必须通过视觉器官才能获得的信息,而句中无表达识别该内容的动作语言成分,"走眼"表示"错"的语义,其语义中又蕴含了"看"的动作性。

"走眼"中"疏忽(看)"与"看错₁"两动作义都与"看"动作有关。两者区别在于:"疏忽(看)"的施事者具有通过"看"动作得出正确结果的能力,但主观意识上的不重视导致"走眼",如例(13)a 所示。而"走眼"中"看错₁"动作义在于施事者即使认真辨识,由于自身能力所限,导致结果错误。例如:

(14)a 但仿造手法之高明让这位老专家也叹为观止。所以说,连专家也会走眼,普通人去逛潘家园更要抱个平常心态,看看新鲜、学习门道。(《京城四记·北京古玩市场》)

(14)b 但仿造手法之高明让这位老专家也叹为观止。所以说,连专家也会看错(*疏忽),普通人去逛潘家园更要抱个平常心态,看看新鲜、学习门道。

(14)a 中,"走眼"为"看错₁"动作义,(14)a、(14)b 中"走眼"和"看错"的语义基本等值。(14)a 中"走眼"激活了"看错₁"的动作义,是在于"专家"本为具有专业辨识能力的人,专家"走眼",说明其仿造手法高明到专家即使认真辨识也无法识别。可见超出了专家的能力所限,故"走眼"语义为"看错₁"动作义,而并非专家主观不重视,看得不仔细导致。

"走眼"在现代汉语动作义"疏忽(看)""(看)疏忽而错""看错"三种语义之间具有密切相关性。(13)a 中"疏忽(看)"动作义是施事主语主观态度所致。"不在意"的态度造成"看"动作上的疏忽,一种为不看,一种看了,但看得不仔细,两者均为"走眼";而(13)b 中"走眼"识解为"看错₁",其中有施事主语"(看)疏忽"因素,亦有其自身能力不及的原因,而在语言上都以"走眼"表达,前提在于施事主语都已实施了"看"的动作,只是在"看"的程度上的区别。由于"看得不仔细"造成的"走眼"(看错₁)是"疏忽(看)"的"走眼"语义分化。例(14)a"能力不及"造成的"看错₁"同样以"走眼"来表达,这是言说主语因"走眼"动作义具有"(看)疏忽"的动作义,从规避责任角度进行的语用选择,即把"自身能力不及"的因素以"看得不仔细"来取代,这在下文"语用选择"小节中将详述。因此,"走眼"动作义可区分为"疏忽(看)"及"看错₁"两种,其中后者的动作义来自前者。而"(看)疏忽"与"(能力不及)看错₁"两者的"走眼"无法亦无须区分,这是语言表达中言说主语语用心理的体现。

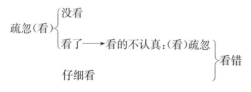

图 8-2 "走眼"动作义分化承接图

"走眼"中激活"看错₁"动作义,这与在认知框架①内的事物彼此能激活的显著度有关。显著(salience)是知觉心理学的一个基本概念,显著的事物容易引起人的注意,这些事物是容易识别、处理和记忆的。用显著的东西来激活不显著的东西是一般规律。Langacker(1993)认为:在其他条件相同的

---

① "认知框架"是人根据经验建立的概念与概念之间的相对固定的关联模式。对人来说,各种认知框架是"自然的"经验类型。说其"自然",那是因为它们是人认识自身的产物,是人与外界交互作用的产物。总之,是人类自然属性的产物。该论述详见沈家煊的《转指和转喻》一文,《当代语言学》1999 年第 1 期。

情况下,显著度的原则大致是:

> 人类＞非人类 整体＞部分 具体＞抽象 可见的＞非可见的

由此,在认知事物显著度上,动态的事物比静态的事物更显著,具象事物显著度高于抽象事物,这是符合人类一般认知规律的。"走"作为幅度较大的动作行为,其显著度比"看"动作性高;"眼"作为具体的可见的事物,比"错"抽象评价义的显著度高。"走眼"的正常语序是"眼走",在前文例(7)中,"走了眼"结构即出现在"眼会走"结构的后面。"走眼"是将具有动作性的"走"放置于名词"眼"之前,这种将名词置于动词之后的非常规搭配,使两者结合后在语义上的显著度进一步提高。

> 显著度:动态动作＋空间具象 静态动作＋抽象状态描述
> 动词＋名词 ＞ 动词＋形容词
> 走眼 ＞ 看错

而在人们日常认知中,"看"是"眼"发出的默认常规动作。在邢福义(1991)论述动宾结构常规性时指出事物和动作之间存在一种常规联系,"这种常规联系为说汉语的共同认识和共同接受"。例如"吃"与"饭"之间,"喝"与"水"之间,它们成为认知中的"默认值"(default)。那么从动宾关系的常规性,笔者有理由认为:在认知框架中,作为动作施事者"眼"激活其默认动作"看"是有可能的。而"走"在"走眼"评价义中,为偏离目标而形成的"错","眼"在"走眼"结构中,与"看"在认知上常规识解,故在具体语境中,"走眼"等值"视觉器官发出错误的动作",激活"看错1"动作义。

当"走眼"单独担任"看错1"动作义,其语义需要外部语境确认,即出现需视觉器官发出动作这一语境。上文(13)c中,"公文印信"真假,需要眼睛发出"看"的动作仔细辨认,故后文"走眼"能识解为"看错1"动作义。

而"看错2"表认识错误的动作义来自"看错1"语义引申。因为人的视觉器官是获得外界信息最多的器官,人认识一个事物作出判断的信息大多依赖视觉器官,这导致具象视觉器官发出的动作"看"能借指意识上的认识,这是以转喻中相关性的方式引申"看"的语义。"看错1"语义中客观动作可向"看错2"中通过客观动作感知后引发主观认识判断引申。而"走眼"具有"看错2"动作义,如上文例(5),是通过同样的途径获得。

由以上分析可知,在现代汉语中,"走眼"充当谓语成分,语义分别表示"疏忽(看)""看错1"两种并行。其中,"看错1"动作义是在"疏忽(看)"动作义的基础上,从施事主语主观态度(有没有看),到客观状况(看得仔细不仔细)的过程转变。与"错"评价义具有蕴含关系。其动作义激活与"走眼"的显著度及"眼"与"看"常规默认关系有关,并受到"走眼"最初动作义"疏忽(看)"义的推动。

图 8-3 "走眼"评价义蕴涵动作义示意图

第二节 "走眼"结构成因

从以上对"走眼"语义分析中,"走眼"表示"疏忽(看)"语义,与"看错"语义区别明显。以下仅讨论从"看走眼"结果评价义衍生出来的表"看错"动作义的"走眼",与"看错"这一常规结构在语用上的差异。

从"走眼"到"看错"的语义推导过程中,已能辨明"错"的种类很多,"走眼"只是其中的一种。那么在语言使用的过程中,言说者是根据什么来区分这两者的呢? 根据语言事实,笔者认为这与言说者的主观性有关。

一、主观归"错"

"走眼"兼具动作义和评价义,在语言环境中,侧重体现其动作义还是评价义,主要取决于句法结构。

(15)动作义:a 小千为了自己父亲身份,也无心与他叫对。冷眼瞪瞄:"下次说话看清楚些! 再走眼就把你眼睛给糊起来"。(李凉《神偷小千》)

评价义:b(以前我看中你,选你,就是因为你的听话)。"我真是看走眼了,没想到你在关键时刻背后捅我一刀!"(六六《蜗居》)

(15)a 中"走眼"前为副词"再",在句中充当谓语,前句"看清楚些"及后文的"眼睛"都指视觉器官及其动作,从语境中确认了"走眼"的动作义。(15)b 中"走眼"前为谓语动词"看",它作为"看"的补语,具有较强的结果评价义。但评价义蕴涵了动作义,"错"是"看"造成的,"看"的结果是"错",两者密不可分。

在具体语境中,语言表达遵循"适量原则"(Grice,1975)。这条原则包含两个方面,一是"足量",即传递的信息要充分;二是"不过量",即传递的信息

量不能过多①。根据"适量原则"可以对例(15)a、b 句子中"走眼"的隐涵义
进行语用推理(pragmatic inference)：

(15)a (你)再走眼

走眼 ————— 误认人

隐涵义：看得疏忽大意　　错

b 我真是看走眼了。

(听话)—————走眼—————(被背版)

隐涵义：预期值　　偏离预期值　　我看错

由语用推理可知，"走眼"的动作义是施事主语精神不集中、不小心，"看"
得疏忽大意，结果就"看错"了。"走眼"结果评价义是由于施事在心理上有预
期值，结果与这个预期值出现偏差，导致施事主观感受到不符合自己预期值
而产生的不满。这两种错，都是施事主观因素导致的结果。前文描述"看错"
具有两种动作义。"看错₁"之"错"为视觉器官发出动作，具有客观性。"看
错₂"是施事者依据客观事实作出的主观认识判断，客观性不明显。而"看
错₁"与"走眼"之间具有明显的主客观差别。下面可以通过与"看错₁"对比，
来观察主观性归错与客观性归错之间的不同。

(16)a 桑告诉我们：有一次在县城开厂的福建老板急需一批方木，
他因早晨看错时间起晚了，没有把货物及时运到，生意没做成。(孙玉
遐、薛文献《从看太阳到看钟表》)

(16)b 股市里，具有非常丰富操作经验的投资者，操盘一定是有条
不紊，在看错行情的情况下能保本，看对行情时，赚大钱。(《股市宝典》)
在语例中，"看错₁"的受事客体有时间、股市行情、价目表、题目、灯浮、路标、
鱼、加减号等。在这些受事客体中，大部分是空间客观具象事物，具有客观标
准性。由于其有客观标准可依，那么，"看错₁"结果评价义中的"错"就成为是
非评判而具有客观性。

那么，"走眼"之错与"看错"之错的区别在什么地方？这又受何种条件制
约呢？

首先，从施事角度而言，"走眼"之错是施事的主观行为和主观感受。原
因在于"走眼"中，"眼"与其施事主语之间存在领属关系，它作为"人"的器官，
是有生依存名词②，两者可以共同承担了"错"的责任，施事的"错"是在主观

---

① "适量原则""足量原则""不过量原则"，详见沈家煊 2004 年发表于《外语教学与研究》中的
《语用原则、语用推理和语义演变》一文。

② 有生依存名词：有生名词(animate noun)：语义结构中包括[＋活体]语义成分的名词。或指
称活体的名词。依存：作为有生名词本体的依附，譬如身体、大脑、嘴、手等。详见王珏的
《汉语生命范畴初论》，华东师范大学出版社 2004 年版，第 88 页。

意识中的"疏忽、不小心",施事("人")与("眼")的责任共担特点使施事的错责主观性降低。而"看错"动作义的发出者施事,由于其施事身份的唯一性,导致施事是全部责任的承担者。

其次,从受事客体的标准而言,"看错$_1$"之"错"所依据的标准具有客观性,客观标准导致价值评判具有客观性,"看错$_2$"则兼具主观性和客观性。而"看'走眼'"之错是主观疏忽造成的错误,具有主观性。下面一组句子可以用来印证"走眼"之错具有主观性的特点。

(17)a 这个以最低俗姿态出现的纨绔子,竟是个深藏不露的高手,她们看走眼了。(古龙《圆月弯刀》)

(17)b (以前我看中你,选你,就是因为你的听话。)"我真是看走眼了,没想到你在关键时刻背后捅我一刀!"(六六《蜗居》)

	A	B
a	高手———————————纨绔子	
b	背后捅我一刀的(恶人)——听话的人	

在这一组例句中,同样是看人,从 A 到 B,(17)a 是把客观上为高手的人看成低俗的纨绔子;(17)b 是把客观上是坏人的人看成好人;这些都叫"走眼"。可见,"走眼"的"错",跟施事主语的主观判断有关。

由此,在实际语言使用中,可以得出结论:"看走眼"中"走眼"之"错"与"看错"之"错",在动作义和评价义两者上均存在差别。而"走眼"动作义之"错"比"看错"的错误程度低,原因在于"眼"与施事主语之间的领属关系让"眼"减轻了施事主语的主观责任。在结果评价义上,"看走眼""看错"的使用条件,受到错误产生原因的制约。总而言之:"走眼"的错的程度、错的内容,受施事主语主观性影响,是言者主观性归因,不受客观的条件影响。

二、语用选择

上文的分析明确了"走眼"的"错"来自言者的主观性归因。在语用中,何时何处选用"看错"或"走眼",也归结于言者的主观性。

首先,"看错"只客观陈述错误的结果,对原因不作关注。例如:

(18) 最近一次数学考试他因看错一个数字而丢了分,在班里排名第 11。(《人民日报》1994 年第二季度)

在例(18)中,结果的状况是:"看错一个数字而丢了分",对于为何会看错,是施事者视力不佳、还是试卷印刷不清、还是光线影响等主客观影响因素不作关注。而"走眼"则是言说者为表达其"错"原因在于主观疏忽造成。可以对比以下语例：

(19)a 范英明点点头道："你小子还真有点名堂,我把你看走眼了,总以为你满脑子都是小聪明。"(柳建伟《突出重围》)

(19)b 范英明点点头道："你小子还真有点名堂,我把你看错了,总以为你满脑子都是小聪明。"

在这一组句子中,都表述了施事主语(范英明)对"你"的误判,句法上均成立。语义差别在于:(19)a 中"走眼"是言者认为施事主语"看"得疏忽而造成的,具有无意性;(19)b 则是对"看错"这一结果的客观陈述。但(19)a 言说者选择"走眼"表达则表明了其主观心态:因为疏忽大意或力所不能及"看错",但都不希望施事主语承担责任。(19)b 客观上出现"看错"的结果,则只能是施事主语承担责任。

由此可见,当"走眼""看错"在真实语境使用时,其如何选择,依然取决于言者的主观性。当言者客观陈述结果情状,理性责任归因由施事主语承担,选择使用"看错";而当言者对施事主语所承担的责任可以推卸(不愿意或不希望其承担全部责任),即使为施事主语力所不能及导致的错误,也会归因于"疏忽"而选择"走眼"。

言说者能有这样的自由选择在于根据社会学家韦伯(Max Weber)行为理论,当行为的结果为观察者所不满意时,观察者基本不会从"信念"的角度去理解他,而首先要追究其"责任"[①]。把这个推理落实到语言中,就得到一种原型语义:受事者由于自己受损,而追究行为者的责任。在真实话语交际中,受事者就将责任追究到施事主语身上[②]。当言者需要承担责任时,"我看错了"或者"我错了"是最合适的表达,这表明所有的责任都归因到施事主语"我"的身上。但在语言交际过程中,当言者希望推卸责任,减轻所承担的后果,在语言表达上就选择"走眼"代替"错",利用"走眼"结构的非常规搭配,在动词"走"后面放置一个与施事主语具有领属关系的有生依存名词"眼"来为其开脱,企图说明导致错误的不仅有动作发出者施事主语,同时还有其从属物(眼),凸显出言者主观分散责任的语义倾向,这个减弱部分的责任由"走

---

① 黄瑞祺(2005)介绍了韦伯的行动类型,共分为四类:第一类,目标理性行动:行动者主观意念涵盖了手段、目的、价值、后果四项要素;第二类,价值理性行动:涵盖手段、目的、价值,行动者取向于"信念伦理"(ethic of conviction),而非"责任伦理"(ethic of responsibility);第三类,情感性行动:涵盖手段目的,非责任伦理;第四类,传统型行动,涵盖手段,非责任性伦理。这是从行事者的角度而论的,而如果在观察者的角度,首先关注的是结果。(转引自张伯江 2009:165)

② 张伯江(2009:166)以"把"字句为例,论述"把"后弱施事成分时从韦伯的行为理论落实到语言事实,其过程推论对本书思考颇有启发。

眼"中的"眼"承担了。而"眼"与施事主语之间的领属关系,则是它能承担这一部分后果责任的必要条件。

在语言系统中,"看错"属于常规的动补搭配,而"走眼"属于动名非常规搭配。在语言交际过程中,根据语用分工,常规情形只需要简短的、无标记的常规手段进行表达,这遵循的是语言表达中的不过量原则,达到使用者省力的目的,这个原则以常规结构"看错"体现。而当言者需要表达特殊信息时,则得借助复杂有标记的方式进行。在汉语中,"走"为不及物动词,其后衔接名词宾语为非常规,"走眼"就属于该类非常规搭配,是遵循了会话原则中的足量原则(Levinson 2000)。"足量原则"指传递信息要充足,其对应的是 Zipf (2016)的"尽力原则"(the principle of sufficient effort)。这是从听话人角度,为对方尽力,尽量使语言复杂变化,语言包含信息足量充分,达到精细化表达效果。从"走眼"与"看错"的关系可见,"走眼"在评价义上是对"错"的语义进行分化,并将施事主语的主观归因和言者语用选择意图进行了详尽表述,在语言上达到足量效果,使接收者理解明确。

第三节 结 语

在现代汉语中,"走眼""看错"存在同义互释的关系。但从以上对"走眼"的语义和结构成因分析,可见"走眼"和"看错"在语义和使用上存在差异。"走眼"之错是由于"疏忽(看)"导致的,而"看错"之错则没有这层含义。这层语义是"走"的意象图式底层中的"偏离"义素,通过在"走"之后并置感官名词的非常规结构的形式析出,"偏离"义素既成为该非常规结构句法成分得以并置的底层链接,也是该结构成立后,凸显"该结构主观卸责"的特殊语义的要素。

而"走眼"的义素是如何从底层向表层析出的? 这可以用意象图式的双重投射来解释。

"走"在空间域是"双脚行进"语义,所经历的第一次投射是从空间域原始意象图式中离开原点投射为时间域偏离标准物;当"偏离"在时间域概念化后,再次投射到意念域,形成"错"语义。在双重投射下,以"错"(偏离)义素为接口,与发出动作的感官器官名词违背正常语序组配,以非常规结构的形式达到语言精细表达的效果,这是语用中足量原则的体现。

而语言使用者为何能选择使用"走眼"而不使用"看错",且能达到识解其精细语义表达效果? 这与使用者的主观性中希望推卸责任意图密切相关。

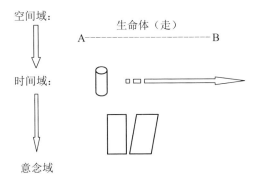

图 8-4　意念域"走＋N感官"由认知域投射成因示意图

在"走＋N感官"形成过程中,经历了意象图式"空间域——时间域——意念域"的双重投射,在意念域中,非常规结构组构成分之间的链接已经非常薄弱。而"走＋N感官"语义能得以识解,最主要是外部语用驱使,体现言说者的主观意向。该非常规结构能够使言说者表述客观效果"看错"与主观隐晦推卸责任意图达到和谐统一。

本章通过个案"走眼"非常规结构分析研究,从形式上探究其成因,从语义语用上与常规同义结构"看错"比较,探索出非常规结构的形成途径。这条路径也是作为原始意象图式,通过认知域的投射,其构成元素逐步析出为目的认知域(意念域)的义素的过程。意念域与言说者主观性密切相关,从而也印证了主观性与非常规结构形成正相关的假设。本章论述,从句法与语义互动的角度,印证了非常规结构中组构成分并置需要语义协助,而非常规结构形式的存在也产生了相应的陪义,两者相辅相成。这也是常规与非常规结构在语言系统中共存的合理依据。

第九章 从源域到边缘

——从"走＋N目的地"到"走＋A"的构成承继

第一节 引　　言

"走＋A"结构,本不属于"走＋N"结构研究范围,但在研究过程中,我们发现"走红""走强"这一类结构,与"走＋N"中的"走＋N目的地"结构具有家族相似性,属于"走＋N目的地"结构的边缘性扩张,彼此之间具有承继关系。由此,从语言发展的一脉相承性的角度,我们单独将"走＋A"结构列为一章,并从构式的角度对此进行研究,以补充说明"走＋N"结构在语言发展过程中的生命力。

近年来,在报刊和网络上出现了一系列"走＋A"结构,如"走红""走强""走弱"等。"走"为不及物动词,其后一般出现数量补语或体助词,如"走三圈""走了"。从句法位置而言,A是充当"走"的补语。而常规述补组合,在句法结构上,可以在VR之间插入"得""不"或进入"一V就R"结构;在语义规约上,VR之间往往存在一种因果关系或者R补充说明V的情况。下面我们从句法、语义测试"走＋A"结构[①]:

句法测试:

典型述补结构:　打破　　打得破　　打不破　　一打就破

"走＋A"结构:　走红　＊走得红　＊走不红　＊一走就红

语义规约:

典型述补结构:写完(作业):(作业)因"写"而"完"。(因果)

[①] 袁毓林(2009)对述补结构的测试提出了十种方式,分别为:替换提问、否定表达、"得/不"插入、"得/不"删除、正反提问、是否前置提问、是否两置提问、方式提问、性状易位、名词化表达。对述补结构进行较为详细的测试。而构式属于常规句法无法纳入的结构现象,故将"走＋A"构式与典型的述补结构进行对比说明,由此采用典型的述补结构形式与语义测试法。详见《怎样判定语法结构的类型》一文,载于《对外汉语研究》2009年。

问:(作业)写得怎样了?

答:完了。(R 补充说明 V)

"走＋A"结构:(明星)走红: ＊(明星)因"走"而"红"。

问: ＊(明星)走得怎样了?

答:红了。

通过以上测试可见,"走"与"A"之间无法插入"不""得"及不能进入"一 V 就 R"结构;在语义中"走"与 A 之间并无因果语义规约,A 也不能补充说明 V 的情况。"走＋A"结构在句法上不属于典型述补组合。

关于此类结构,丁建川(2006a、2006b、2008)曾从新词角度进行研究。认为"走"是新兴类词缀,确定其结构含义是:"呈现某种趋势或状态"。剖析其成因在于类推和语言经济性原则。我们部分同意该文对"走＋A"语义认定,即"呈现某种趋势",但认为其形成的动因并非简单的类推和语言经济原则。基于对前人研究的不同看法,本研究试图从构式互动的角度,对"走＋A"结构来源、形成过程进行剖析,并对其拓展趋势作出适度预测。

第二节　性状域"走＋A"构式分析

在现代汉语中,"走＋A"语例有"走红""走旺""走强""走弱""走俏"等,根据 Goldberg(1995)对构式的定义:"C 是一个独立的构式,当且仅当 C 是形式和意义的对应体,而且形式或意义的特征都不能完全从 C 这个构式的组成成分或先前已有的其他构式推知。"那么,根据定义,"走＋A"结构中以"走红"为例,"走"本义为:"人或鸟兽的脚相互向前移动"(《现汉》:1746);"红"本义为"像鲜血一样的颜色"(《现汉》:538)。从"走"与"红"的语义中,无法推测出"走红"是"呈现受欢迎的一种趋势或状态"。"走＋A"结构符合构式定义。

一、A 的语义特点

那么,进入该构式的 A 语义上具有何种特点?

首先,A 一般为单音节性质形容词,如"红""强""高""低""弱""俏"。但这些性质形容词进入"走＋A"构式时,其语义均已脱离"区别于其他事物的根本属性"这一特点。例如"红",本为颜色范畴中与鲜血相似的一种颜色,但在"走红"中的"红"①为"受欢迎"。"强"的本义是"力量大（与'弱'相对）"（《现汉》:1047）;"弱"本义是"力气小,势力差（与'强'相对）"（《现汉》:1118）,这些都是对"力量"这个物理量的度量。而"走强""走弱"中的"强、弱"语义往往为对经济形态的一种主观评估。"俏"的本义为"俊俏,样子好看,动作灵活"（《现汉》:1053）,是指人的一种本质属性。而"走俏"中的"俏"往往指的是物品容易销售,受欢迎。在此,"红、强、弱、俏"等的语义特点是均已脱离性质形容词本义。

其次,该语义与主语可形成修饰关系。例如:

（1）经过包装,这个默默无闻的酒吧歌手,一炮走红,成了大歌星。（《中国北漂艺人生存实录》）

（2）随着电脑在高校的流行,一些有关电脑的书籍也在校园走俏。（《人民日报》1993-11）

"红""俏"可以修饰"酒吧歌手"和"有关电脑的书籍"。A 原型在双音节化后,与主语构成修饰关系,例如"当红歌手""紧俏的书籍"。

二、"走＋A"构式句法特点

"走＋A"构式在句法中能充当多种成分。在具体语言运用中,主要充当述谓及定语成分,部分可受程度副词修饰。

首先,"走＋A"可单独充当述谓成分。在充当述谓成分时,分两种情况,一为单独充当述谓成分,另一种情况为"走＋A"成员可与处所宾语共同充当述谓成分。例如:

（3）这些产品,先是在国内市场上走红,后来又打进新加坡、马来西亚、阿联酋、沙特阿拉伯、韩国等十多个国家和地区的市场。（《报刊精选》1994-01）

（4）电视剧没来放的,插曲照样走红大陆,比如叶倩文的《潇洒走一回》。（《报刊精选》1994-01）

在"走＋A"构式中,例（3）类充当述谓成分,是"走强""走弱""走软""走衰"等构式共有句法特性。而例（4）类后携处所宾语共同充当述谓成分,根据 CCL 语料库检索,只有"走红""走俏"两个高频构式成员具备。

其次,"走＋A"可充当定语成分,下为"走红"充当定语成分用例。例如:

---

① "红"的语义形成,不仅仅是表层隐喻关系,还融合进了汉民族的文化意识。在汉民族意识中,颜色范畴中的"红"为最显赫的一种色彩,在文化意象中赋予喜庆寓意。由于喜庆,故受欢迎。关于"红"的文化义,为汉语常识,为避免行文烦琐,在此不作详细展开。

(5) 同时我又断定,即便时下走红的歌星,此刻替下他,也不可能产生这般妙不可言的感染力,不可能的。(《人民日报》1994-04)

再次,"走＋A"构式中,部分成员能被"很""非常""十分"等程度副词修饰,可构成"非常/十分/很走红""非常/十分/很走俏"搭配。但在CCL语料库检索中,只有"走红""走俏"两个构式成员能够被"很""十分""非常"等程度副词修饰,而其他构式成员均无类似语例。

三、"走＋A"构式义分析

在"走＋A"构式中,以"走红""走俏"为例,分别同义替换"走"与"红、俏"进行比较。例如:

(6)a 童杰不负众望,不久便在广州走红。(《人民日报》1993-09)

(7)a 一年中多次出境者增加;以舒适、豪华、休闲为主题的邮轮旅游产品开始走俏。(《厦门日报》2002-09-23)

以上例句进行变换:

(6)b 童杰不负众望,不久便在广州越来越/逐渐受欢迎了。

(7)b 一年中多次出境者增加;以舒适、豪华、休闲为主题的邮轮旅游产品开始越来越/逐渐容易销售。

以上(6)a(6)b、(7)a(7)b 句义基本相同。从两者对比可见,"越来越""逐渐"这些表示"趋势"的语义是"走红、走俏"中的"走"替换所得,而"受欢迎、容易销售"是"红、俏"替换所得。"越来越/逐渐"这些表示趋势的语义为 b 类句共享成分。因此,在"走＋A"构式中,呈现构式义是"呈现某种趋势"。

以上通过对进入构式的 A 的语义特征、"走＋A"句法特征及"走＋A"构式义分析,我们发现,其构式义与"走＋N"构式群中,有一类从古代"走＋N$_{目的地}$"组合义形式遗留而成的趋向义一致,我们认为"走＋A"的构式属于"走＋N$_{目的地}$"为原型的趋向义构式群中的一员,为其家族群的边缘构式。A 的语义及与主语的关系,制约 A 进入该构式,而"走＋A"构式的句法特征,体现了边缘构式与原型构式的共性承继和边缘异化。

第三节　"走＋A"构式承继理据探索

我们认为,"走＋A"构式的形成,在形式和意义上,是对原型构式"走＋N$_{目的地}$"的承继。虽然 Goldberg(1995)构式语法强调构式的"不可预测性"。但是她也借鉴了 Lakoff(1987)的观点,指出构式具有理据探索性。Lakoff 对语法继承中"理据性"的定义是："如果一个构式的结构是从语言中其他构式承继的,这个构式的存在具有理据性。"(转引自吴为善 2016:104)。而构式互动,是其承继关系得以成立的内在机制。

一、原型构式"走＋N目的地"的形成

"走＋N目的地"来自古代"走"与"N目的地"组合义的形式遗留。"走"古义为："趋也。从夭、止。夭止者,屈也。凡走之属皆从走。徐锴曰:'走则足屈,故从夭。'子苟切。"(《说文解字校订本(第二版)》2012:41)《说文》中解释道:"徐行曰步。疾行曰趋。疾趋曰走……从夭止者、安步则足胻较直,趋则屈多"。说明"走"从字形出发,具有"两腿屈伸快速行进"语义。现代汉语"走"的本义为:"人或鸟兽的脚相互向前移动"。古今语义不同在于位移速度快慢。古代"走"义与现代"跑"义相当。古今"走"共同义素,可构成"走"原始句法格式:(生命体)走。

"生命体"作为动作发出者,在句中位于动词"走"之前。"走"作为自足动词,其后不必衔接句法成分即可与之独立成句。而"走"之后,自古就出现句法成分。在第三章第四节中,从历时角度,以语例数量及出现先后,论证了古代汉语中"走＋N目的地"属于常规结构。在第四章的第三节中,从现代汉语共时角度,论证了现代汉语"走＋N目的地"为趋向义非常规结构。其构式义中蕴含了在句法层面没有显现的时间量和方向性。

(8) 一把二胡走天涯,容志仁就这样开始了漂泊海外的又一轮流浪生活。(《报刊精选》1994-10)

在例(8)中,"开始"这一标志动作起始点的副词,说明"容志仁"还没"走"到"天涯",那么,"走天涯"结构表达的是趋向义。"走＋N目的地"趋向义,不仅在于构式中组构成分"走"与"N目的地"之间时间量与空间量之间的结合互动,还叠加了"走"与外部句法成分(表示时间界分)的互动。

当"走"的语义脱离"双脚与地面接触"这一具体动作,其动作泛化为"移动",在空间域趋向义逐步趋于抽象。例如:

(9) 因蒋杀害邓演达事,两人闹得最烈。宋美龄每每一气之下,就驱车走上海。(《蒋氏家族全传》)

该语例中"走＋N目的地"不受具体时间词的制约,整体语义从表达具体动作向表达事件转化。事件是"涉及变化的那些过程"(Ungerer & Schmid, 2001:193);是一个发生的事情或事情链,自然语言通过动词及其论元使之词汇化和概念化(Levin & Hovav, 1999)。"事件"必定在时间与空间中发生,这两者是"事件"的必要元素。"事件域"是在一定时空事物发生变化的过程。"事

件域"与"时间域""空间域"之间必定存在一定的纠葛。在语言研究上,如何来界定动词在时间域、空间域及事件域的表现呢? 我们认为,当 V 表现为一个动作(act),那么,它属于空间域;而当 V 表现为一个行动(action),则其属于事件域。在语例中,"走上海"成为宋美龄生气时所实施的一个行动,故从空间域角度,"上海"是"走"的目的地;从事件域角度,"上海"是"走"行动的目标。而"走"从行走动作向行动行为的转化,N 也逐渐从空间域向事件域转化。

古代常规 现代非常规
"走+N$_{目的地}$"(组合义)——→"走+N$_{目的地}$"（构式义:空间域中具体趋向义)
形式遗留 ↓
"走+N$_{目的地/目标}$"（构式义:事件域中抽象趋向义)

当然,古代汉语组合"走+N$_{目的地}$"在现代汉语这种形式遗留,在语言发展过程中,还将不同特征的 N 纳入其构式,形成不同的构式义,如 N$_{处所}$类:"小路、台"等,形成"走小路、走台"等结构;如 N$_{变化体}$类:"样、题、味"形成"走样、走题、走味"等结构。这些都不属于趋向义构式,属于"走+N"的同构异义情况,这在前几章都已经详细阐述。

二、承继构式"走+N$_{目标}$"拓展

常规句法中"走"的语义可以在隐喻作用下从空间域投射到时间域。例如:

（10) 有了一个好党才能引导革命走向胜利。(《邓小平文选》)
例(10)中"革命"是一个事件,事件在时空领域展开。"走"在这个事件中,脱离了"人或鸟兽的脚交互向前移动"的空间性概念,隐喻成为在"革命"过程中"进行"的概念,而"胜利"则属于"革命"的目标。在"走向胜利"的结构中,"走"具有过程性中的"进行"含义,属于时间性范畴。而"向"插入在"走"与"胜利"之间,明确"走"的趋向含义。这是"走"从空间域向时间域投射的常规结构,这也是事件域的 N$_{目标}$,在事件发展的时间轴上,进入具有空间趋向义构式"走+N$_{目的地}$"的准入条件。从原型构式位移角度而言,空间趋向目标是 N$_{目的地}$,从事件发展过程而言,时间趋向目标是 N$_{目标}$,两者在不同认知域的相似性,构成其隐喻投射。"走+N$_{目标}$"抽象趋向义产生。

构式 构式义
走(位移动作)+N$_{目的地}$(空间位移终点) 具体趋向义
↓ ↓
走(进行过程)+N$_{目标}$(事件发展终点) 抽象趋向义

例如：

> (11) 十一届三中全会以后，党中央确立了改造现有企业、走内涵为主扩大再生产的发展方向。(《厦门日报》1991-02-19)

"走内涵为主扩大再生产的发展方向"中"走"表示企业改造过程中的行动，"方向"一词明确了"走"的趋向。这是"走＋N目标"表示趋向义的具体体现。"走＋N目标"抽象趋向义体现了空间界面与时间界面之间的构式互动。那么，性质形容词需具备何种特征，才能被压制进"走＋N目标"构式，形成"走＋A"新构式？

首先，在理论上，根据时间和空间为维度的词类连续统，张伯江(1994)建立的词汇连续统是：

名词　非谓形容词　形容词　不及物动词　及物动词
空间性最强　　　　　　　　　　　　　　时间性最强

而沈家煊(2015:234)认为抽象名词不是典型的名词，在词汇连续统中靠近形容词一端。综合张伯江和沈家煊的观点①，词类的连续统可表现为：

具体物性名词 抽象名词 性质形容词 状态形容词 不及物动词 及物动词
空间性最强　　　　　　　　　　　　　　　时间性最强

在这个连续统中，名词中具体物性名词空间性最强，而抽象名词则靠近形容词一端。而在形容词范畴中，性质形容词的空间性强于状态形容词。因此，抽象名词与性质形容词之间在认知上出现一个过渡地带。过渡地带的"边界模糊现象"(Black 1949)会产生兼类现象，如在形容词与名词之间。

其次，在语言事实中，形容词与名词的兼类词——"极端"，进入了该构式，成为这一过渡地带的典型。

"极端"在字典中名词义为："事物顺着某个方向发展到达的顶点"。形容词义为："绝对，偏激。"(《现汉》:607)。

> (12)a 在风格上，与其不痛不痒，模棱两可，还不如走极端。(《厦门日报·笔墨淋漓参造化》1996-09-26)

> (12)b 他的武功就像他的人一样，偏激狠辣，专走极端。(古龙《离别钩》)

在例(12)a中，"极端"指风格朝一个方向发展到顶点的状况，为名词，"走极端"符合"走＋N目标"表示抽象趋向义构式。而例(12)b中"极端"语义，根据前文"偏激狠辣"的描述，可知其为形容偏激、超越常规的武功，为形容词。

---

① 关于词类连续统的论述，详见沈家煊《不对称和标记论》第十、十一章，江西教育出版社 1999 年版，第 234 页。

"走极端"表示在"修炼武功"过程中,其结果导致武功形成不合常规,偏激的性质特点。"极端"这种兼类词进入"走＋N目标"抽象趋向义构式,是抽象名词与性质形容词在过渡地带中,人们认知上不加区分的体现。而正是由于其兼跨两类模糊性,为性质形容进入"走＋N目标"构式提供了现实可能性。

同时,从历时角度,我们考察了"走极端"构式出现的时间段。通过其与当代高频"走＋A"结构中典型语例"走红""走俏"数量、出现先后对比分析说明。从北京大学 CCL 及北京语言大学 BCC 语料库现代与当代分界(1949 年为界)中,语料数量对比如下:

表 9-1　1949 年前"走极端""走红""走俏"语例数量比

语料库＼语例	走极端	走　红	走　俏
CCL	4	0(1)	0
BCC	9	1	0

"走极端"在 CCL 现代汉语①(1949 前)出现 4 例,3 例充当述谓,1 例充当定语;在 BCC 古代汉语(1949 前)语料库中,"走极端"出现 9 例,均为充当述谓成分。而"走＋A"构式中,BCC 现代汉语(1949 后)语料库中最高频的"走俏",在 BCC 古代汉语及 CCL 现代汉语(1949 前)语料库中无此用例。在 CCL 语料库中的最高频的"走红",在现代阶段(1949 前)只出现 1 例。经详细语料考察,该例出现在老舍写于 1948 年《鼓书艺人》一文中,而该文中文版已遗失,语料库中首例是马小弥据英文版翻译而成,而翻译出版的时间为 1980 年。故在 CCL 语料库中,"走红"出现在现代汉语(1949 前)时间段并不可靠。"走红"在 BCC 古代汉语语料库中只有 1 例。例如:

(13) 现在,军机李鸿藻,很为走红,我们要拉拢他过来才是。(民国李伯通《西太后艳史演义》)

说明"走红"在现代汉语(1949 前)仅为孤例,不足为据。由此可见,从历时角度,兼类词"极端"从词性及应用时间先后上,都先于"红""俏"这些形容词进入"走＋N/A"结构,是 A 进入"走｜A"构式的先行成员。

那么,何种特征的性质形容词能进入"走＋N目标"构式呢?

首先,A 为性质形容词,例如"大、小、高、低、强、弱、软、硬"等。性质形容词本质属性是表示物性,物性具有稳定性。从科学角度界定而言,"高、低、软、硬"等都可以用量级加以量化,这个特点使它在人的主观界分下,有可能

---

① 由于 CCL 语料库中现代汉语有"现代"与"当代"时间段区分,而 BCC 语料库中只有"古汉语"与其他领域的区分,故以"1949"这个时间点在以下行文中进行标注。

成为一类标准的端点。从而能纳入"N目的地""N目标"成为表示端点标志的系统内。

其次,进入"走+A"构式的形容词,受语句外部成分制约。A 不能是话题主语的本质属性。因为若 A 为其本质属性,物性的稳定性,使其不能从物质中分离出来,成为该物质趋向变化的目标。如以下句子不成立:

　　＊鲜血走红

　　＊钻石走硬

再次,A 是话题的相关变化属性。体现在 A 可修饰话题主语,在句法中体现为 A 可作为话题主语的定语成分。这在前文已有所论述。A 的变化性,表明话题事物或事件可以通过变化达到这一特性的特点;其相关性,体现在 A 能够通过转喻的方式指称话题事物或事件。而这种转喻指称,从词类角度,成为 A(属性)与 N(事物事件)之间的衔接点。A 作为话题的相关变化属性特点,是其能被压制进"走+N目标"的根本原因。

由此可见,进入"走+A"构式的 A 的充分条件为 A 为单音节性质形容词,必要条件是 A 不能是话题主语的本质属性,而是能在转喻、隐喻机制下修饰话题主语,成为话题主语能够达到的外部特征。

三、边缘构式"走+A"形成机制

通过以上分析,可发现"走+A"构式形成是构式多重互动的结果。施春宏(2016)提出互动构式理论,这是一种新的分析构式的理论和方法。基于"多重互动观"(Multi-interactional View),认为一切大大小小的、或具体或抽象的构式,都处于各种互动关系之中,既包括语言系统内部各组成部分的互动关系,也包括语言之内与语言之外的互动关系。一切构式都是多重因素互动作用的结果。以上"走+A"构式形成,印证了构式互动理论。主要体现为构式体内组构成分之间互动、构式与组构成分之间互动,多重界面构式互动及组构成分与外部句法成分的互动等几个方面。

第一,组构成分之间的互动体现在"走+N目的地"空间趋向义的原型构式产生中。一般而言,在语法化过程中,形式演变往往要滞后于意义演变(Hopper,1991)。古代汉语"走+N目的地"的组合形式,遗留在现代汉语中,这种语言发展中形式滞后于语义变化现象,为构式产生提供了形式基础。"走"在现代汉语中的路径解码,但未能在"走+N目的地"结构中形式体现,故认知中路径所需时间量及方向性融进"走+N目的地"构式,使其产生空间域具体趋向义,并在事件域中,该趋向义逐步抽象化。这是构式内组构体之间互动的结果。我们可以将具有空间趋向义的"走+N目的地"构式视作"走+A"的原型构式。

第二，构式与组构成分之间的互动，体现在构式压制之中。施春宏在(2014)指出，构式压制指的是：在组构成分进入构式过程中，构式向组构成分提出需要满足的准入条件，如果组构成分的功能、意义及形式与构式的常规功能、意义及形式不完全吻合，那么，则通过调整其功能和意义结构，以及形式结构中的某些侧面以满足准入条件。若两相契合，则构式压制成功，若不能契合，则构式压制无效。

在以上构式互动的过程中，我们能清楚地看到，原型构式"走＋N$_{目的地}$"在空间域体现的趋向义，要求进入构式的 N 为空间地点名词。但是当 N$_{目标}$需要进入该构式时，该构式作出的调整是将构式的趋向义从空间域转换为时间域，同时"走"也以隐喻的方式作出共振转换。通过这种途径，"N$_{目标}$"便压制进了"走＋N$_{目的地}$"构式，形成抽象趋向义。"走＋N$_{目标}$"进入"趋向义"构式家族群。当 A 作为性质形容词需进入该构式时，该构式又将时间域趋向义调整为情态趋向义，同时对 A 与话题主语之间的关系进行限制，通过双向制约调整，将 A 压制进"走＋N/A"构式。

第三，多重界面的互动则体现在趋向义在空间域、时间域及性状域之间。随着"走"在常规使用中认知域的转换，N$_{目标}$、A 分别进入原型构式"走＋N$_{目的地}$"，成为"趋向义"构式群成员。"走＋N$_{目的地}$""走＋N$_{目标}$""走＋A"是构式趋向义在不同认知域的体现。"走＋A"构式的形成，是组构成分在不同界面互动的结果。

空间域：具体趋向义"走＋N$_{目的地}$"

↓

事件域：具体/抽象趋向义"走＋N$_{目的地/目标}$"

↓

时间域：抽象趋向义"走＋N$_{目标}$"

↓

性状域：情态趋向义"走＋A"

第四，组构成分与外部句法成分的互动，主要体现在 A 与话题主语之间的制约关系。

在现代汉语中"走＋N$_{目的地}$"是一个具有趋向义的原型构式。该构式形成后，在不同认知域的投射，形成一组以"趋向义"为构式义的构式群，其承继过程中存在各种类型的互动关系。这些各种成分之间的互动，促使了"走＋A"构式的形成，也为"趋向义"构式群进一步拓展提供了动力。构式互动是语言发展、新兴构式形成的内部制约机制。

第四节 "走＋A"构式拓展预测

"走＋A"作为趋向义构式群的边缘构式,其语义与句法功能与原型构式之间具有共性承继及边缘异化关系。其共享语义为趋向义,其共通句法功能为充当述谓成分。而"走＋A"构式在语义上的变异处于:其趋向义限于性状域,同时在充当述谓成分时,部分成员已经具有动形漂移性。动词性漂移体现在该构式之后能衔接处所宾语,如"走红网络""走俏市场"。这是"走"与"A"述谓功能叠加所致。形容词性漂移体现在其能修饰名词,且能被"很""十分""非常"等副词修饰,如"走红的女明星""很走俏""非常/十分走红"等。"走＋A"构式的动形漂移性只有高频使用的"走红""走俏"才具备[①],说明这两个结构在高频使用的过程中,已经具有词汇化倾向。

"走＋A"构式是"走＋N_{目的地}"趋向义构式中通过互动而成的边缘构式。那么,在构式互动的驱使下,构式群能否得到进一步拓展? 我们在CCL语料库中观察到有"走跌"15例,"走扬"1例。例如:

(14)一种看法认为全球股市已开始进入新一轮熊市期,1995年将继续走跌。(《报刊精选》1994年)

(15)23日,全球美元全面走扬。(新华社新闻报道2004-07)

"跌"与"扬"属于动词,"走跌""走扬"均表示趋向义,可见,"走＋V"构式正在形成之中。语言一直在变化中,构式的强大力量就在于在语用过程中,构式能将符合其构式义的语言成分压制进构式中。"走＋V"结构或许是下一个边缘构式,这是我们进一步探索的空间。

通过对原型构式的探究,"走＋N_{目的地}""走＋N_{目标}""走＋A"在认知承继关系中,形成构式家族群。构式的承继理据性,是对构式的不可预测性的补充。构式承继关系,体现了认知上的经济性,而表达上的经济性只是认知上的经济性的体现。同时,在家族相似性原则下,构式逐步从原型向边缘拓展。构式互动是其不断发展演变的内部机制。值得我们通过各个个案探索印证。

---

① 在CCL语料搜索中,动形漂移只有"走红""走俏"才具备。而在BCC语料库搜索时,"走强市场"1例。从构式使用频度看,"走强"仅次于"走红"和"走俏"。BCC语料库语料比CCL更接近现实语言,可见"走＋A"构式随着使用频度提高,其边缘构式的特性"动形漂移性"得到进一步加强。

第五节　结　语

本章通过对"走＋A"构式中各组构成成分及整体构式的语义语用分析,对进入"走＋A"结构的变量 A 的条件进行了探索。对"走＋A"的构式义进行分析。并从其构式义出发,对其构式的来源进行探索。从其构式演变过程中,发现以"走＋N$_{目的地}$"为原型构式,在空间域、事件域、时间域、性状域投射后,形成家族构式群,而彼此之间具有由原型构式"走＋N$_{目的地}$"析出的义素[＋趋向]作为该家族构式群的底层义素推动构式的形成和发展,成为相同的家族共性"趋向"义,同时也在受各自认知域制约下具有不同的特点。家族相似性成为该构式漂移的原因,非常规结构压迫构式中义素析出,而义素析出推动非常规结构形成,两者之间的互动拓展非常规结构的范畴。另一方面,构式互动理论很好地解释了该构式的形成机制。语言是一个动态系统,在这个家族构式群中,通过其原型共性和制约机制,我们能预测该构式进一步发展的趋向,这在语言事实中也得到了一定的证实。

本章的论证过程,是从非常规结构系统发展的角度进行,属于多角度研究非常规结构的一种尝试。

第十章　基于"跑"意象图式的"跑＋N"结构分类

第一节　引　　言

前几章论述了"走＋N"非常规结构的类型、句法语义特点、语用特征及制约条件。而在现代汉语语言事实中,"跑"同样存在"跑＋N"的结构。那么,这些结构是否全部属于非常规结构? 它们与"行走"类原型动词构成的非常规结构"走＋N"之间是否存在关联性?

"行走"类动词具有共享的义素:动作源[＋生命性]、身体所处的状态[＋与陆地交互接触]与自身运动状态[＋水平位移]。其原型核心成员为"走"。"行走"类动词三大共享义素构成的基义——"位移行走"义中,具有速度快慢之分。当描述行走时速度加快时,其语义上附着快速义,这就是"跑",作为"行走"类动词中仅次于"走"的动词存在。当速度义附着在动作上以后,在速度义促使下,动词在句法运用中呈现不同的义位和陪义。在本章节中,仍依据对"走＋N"非常规结构分类的理论及操作方法,在前概念基础上构建快速类动词"跑"的意象图式,在意象图式与句法形式隐射过程中分析义位,对"跑＋N"结构进行分类。

第二节　"跑"①语义流变

一、前人研究概述

"跑"作为"行走"类动词,在人类动作中是仅次于"走"的基本动作词,历

---

① 从历时角度,"跑"与"走"有语义继承转化关系。即古代汉语的"走"与现代汉语的"跑"基本同义。由于本研究从现代汉语层面出发,故其历时继转化关系不作重点展开讨论,这一现象,将在某一类"跑＋N"与"走＋N"同义承继关系论述中展开。

来受到语言研究者的关注。关于"跑"的语义,前人已有从历时和共时角度的研究(陈念波 2009);关于"跑+N"结构,也有从不同角度的探讨。

"跑"与"走"一样作为自足动词,句法结构中其后一般不出现名词宾语。但是在现代汉语中,"跑广州、跑项目、跑第一棒、跑单帮"等"跑+N"结构却普遍使用。这引起学者的好奇,试图从中找出规律,通过语言学各种理论进行解释,从而为自足动词后接名词提供足够的依据。例如:第一,从中英对比角度,对"跑+N"语义、句法进行比较研究(钟珊辉,2009;周领顺,2015)。第二,从不及物动词带宾语、题元、行为事件概念等角度对"跑+N"进行研究(回江月,2010;陈妮妮、杨廷君,2014;尹铂淳,2016);第三,从"小句管控"理论对"跑+N"非常规结构作出解释(王宇波,2007);第四,从"行走"类动词非常规搭配词义变异角度进行研究(蔡意,2014)等。

这些研究的可取之处是对于"跑+N"的语言事实都有所收集、分类、描写。例如周领顺(2015)将"跑+N"分为18类,但在论文中并未指出这种分类方式的标准。尹铂淳(2016)运用事件概念框架理论对 60 条"跑+N"进行了27 对不同元素凸显组合,但均未对其句法功能、语用功能等方面进行深入考察。而回江月(2010)从格语法题元指派角度对"跑+N"作出解释,认为在光杆短语动词理论、语义语音解释和经济原则的共同作用下,D-结构表达式最终表现为"跑+NP"。但是这些分类有的没提及分类标准,有的属于分类不统一,语例彼此之间有重合或出入。且由于"跑+N"的多样性,分类分析中均存在分类过细的特点。这一特点,从语言描写角度是客观必需的,但同样说明目前还没有找到一个适当的理论将这些语言结构进行自洽简约的解释。

另一方面,随着语言的发展创新,与"跑"有关的新词新义也受到学界关注,例如对新词"跑路"的研究(劳麒书,2012;谢坤,2013),从词的角度对"跑路"语义衍生过程进行了阐述,但是对其结构状况未加关注。我们认为"跑路"符合"跑+N"结构特点,但其又与"行走"类原型动词形成的结构"走路"具有平行演变关系,这在本章中将会将其纳入"跑+N"结构统一进行描写解释。

二、"跑"的意象图式及语义

"跑"在现代汉语中为两音两基本义。一为:(páo)"走兽用脚刨地";二为:(pǎo)"两只脚或四只脚迅速前进"(《现汉》:981)。从"行走"范畴而言,音一义不属于我们研究对象。关于音二义,首先在《说文解字》中无该字,可见"跑"出现的时间应在《说文解字》成书的东汉以后,或当时只为俗字,未被许慎收录进《说文解字》。而《说文解字》中,"走"已经被收录,且当时释义为"趋也"(《说文解字校订本(第二版)》2012:41),其注中说明"疾行为趋"(《说文解字段注》:66)。故古代汉语"走"语言形式表达语义为现代汉语"跑",这可作为《说文解字》成书时期之前无"跑"语言形式的佐证。而随着语言使用过程中的语义分化演变,"走"的速度趋缓为匀速,促使需要新的语言形式来表达"走"中"疾行"义,这成为"跑"语言形式出现的动因。根据陈念波(2009)从音韵平仄角度的考证,推翻了《汉语大字典》(罗竹风,1990:449)、《王力古汉语字典》(王力,2000:1356)、《古代汉语字典》(大字本)(古代汉语词典编写组,2002:1144)、《汉大汉语规范大字典》(范崇俊,2004:591)等权威字典中音二义"跑"最早出现在唐代,并与音一义有承继关系的论断。认为音二义"跑"最早出现在元代,只是字形上假借了(跑 páo)而已。由于本研究对象为现代汉语平面,故对"跑"的历时层面语义承继不作重点关注。而采信公认论断:"跑"为现代汉语"疾行"义,取代古代汉语"走"的"疾行"义而出现。由于语言演变是持续缓慢的过程,语言形式变化滞后于语义变化,"跑"与"走"语义上具有承继取代关系,在"跑+N"与"走+N"结构中也有相应印证,这会在后文详述。故本研究中"跑"的语义,即为现代汉语平面"快速位移"义。

从"跑"与"走"的承继替代关系,可见人们运用前概念构建古代汉语"走"的意象图式,与现代汉语"跑"一致,属于"位移—路径"模式。发出动作的生命体及起点、终点、路径俱全,在速度示意上突出快速性。这个"快速"因素对意象图式的影响在于:对生命体而言,由于动作速度快,需要生命体花费比常规动作更大的力气。"费力"成为"跑"的隐形义素。进入具体语句,[+费力]义素以属性陪义的形式呈现;对空间路径而言,由于其"快速",对路径的要求在距离上适当增加,在区域上适当增大,才能容纳"跑"的动作。由此,根据前概念,可将"跑"的意象图式构建为:

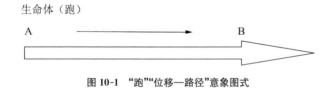

生命体(跑)

图 10-1 "跑""位移—路径"意象图式

"跑"的意象图式与"走"之间的区别,首先在于扩大了路径的长度与区域范围;其次将生命体"快速"动作状态进行了标示。根据意象图式,"跑"基义与"走"一致:发出动作的生命体、生命体的双足与陆地交互接触,平行位移、行动有起点、终点,位移路径。它与"走"之间的区分在于动作方式。"走"的动作与"陆地交互接触",双足不离地。而"跑"与"陆地交互接触"方式时,有双足离地现象,这形成了"跑"[+快速]个性义素。在图中该快速性一方面体现

为路径的长度与宽度的拓展,成为快速义产生的前提,二为在路径上方以箭头标志表示速度。用元语言对"跑"语义的描述为:

〔跑〕=［＋生命体］［＋双脚与陆地腾空间或接触］［＋水平位移］［＋快速］

三、"跑"意象图式在句法中的映射

从"跑"所构建的意象图式形成的义位,在句法中映射,"行走"类动词共享的"位移"角度,将意象图式中路径中起点、路线、终点加以凸显,根据其个性义素"快速",分析位移区域变形及发出生命体的费力特点,这成为后文"跑+N"非常规结构中"跑"的"费力"义素析出的超语言基础。

第一,"位移—路径"意象图式中最重要的元素是路径,路径中包括起点、路线、终点、方向等元素。

（1）乡亲们听见爆炸声和哭声,纷纷从各自家里跑出来。(《报刊精选》1994-03)

（2）他每天从浙大跑到灵隐寺,然后又从灵隐寺跑回来······(《史玉柱传奇》)

（3）但是每次跑向篮筐,又多了一件要想的事情。(姚明《我的世界我的梦》)

（4）"呼呼,好累啊！"一路从车站跑到教室门口,上楼梯累得喘气的我发出感叹。(《厦门商报·合唱队练习小记》2005-12-17)

在例（1）中,介词"从"突出了位移起点为"各自家里";例（2）中"到"凸显位移终点为"灵隐寺";例（3）中"向"凸显动作方向是指向目标"篮筐",其中,在动作发出生命体与篮筐之间则为路径。例（4）中,位移起点为:车站,终点为:教室门口,两者之间为路径。这是"跑"的"位移"义在句子上的映射。而"跑"的快速义则可以在"每＋N时间＋跑＋N路程"结构中得到体现。

（5）众所周知,陆地上速度最快的是猎豹,每小时跑 120 公里。(《厦门日报·动物速度之最》1994-10)

通过数学计算,可以算出"猎豹"的时速,而该时速落实到每一秒位移的动作,从常识中就可判断出发出该动作生命体足部是否有脱离陆地腾空以求获得快速的特点,以上为"跑"的"位移—路径"意象图式在句式上的映射。

第二,当句子表达中,由于"跑"中"快速"语义,先要求容纳该动作的路径有一定的物理长度与广度,映射到句子中,以状语形式出现。例如:

（6）大热天,坐车在工地跑,他不让开空调,怕多耗汽油。(《厦门商报·奋不顾身的林炳熙》1996-02-10)

例(6)中,状语"在工地"明确了"跑"的空间范围,而句中无明确表示起终点,可见生命体在该空间范围内进行"跑"的动作,"工地"是路径变形而成。生命体借用了工具"车",以驾车的方式提高速度。故在其他语句中,若空间距离较长或较大,当使用"跑"中"快速位移"动作义时,并不排除借助各种交通工具,如汽车、飞机等。例如:

(7) 你在北京抓我,我跑到南京去了,南京抓我,我跑到井冈山了,对不对?《李敖对话录》)

在例(7)中,并无出现"坐车""坐船"等交通工具表述,但是由于路径终点"南京"为省名,其后句义中又出现另一个地名"井冈山",在人的认知常识中,两者之间的距离非人双足通过与陆地腾空加快频率达到快速状况能达到的。其"快速"性导致[+双脚与陆地腾空或接触]可由其他工具替代而显示。

由于动作的快速使生命体付出更多的力气,从而导致生命体具有"累"的主观感受,在语句中往往以小句补充说明。例如在以上例(4)中的"好累啊"这一小句中,就凸显了"跑"中[+费力]义素,以属性陪义形式内含在"跑"内。

第三,当"跑"的"位移—路径"意象图式在语句映射中,即不以"从""到""向""进去/来""出来/去"介词及趋向动词表示路径起点、路线、终点及方向,也无地点状语表示其活动区域,单纯以生命体发出动作的方式进行表述,最简单以"N生命体+跑"的结构出现,则该"跑"在意象图式中获得的是"离开"语义。例如:

(8) 几个学生说,"新力量"的老板已经拿着会员费跑了。(《厦门日报·健身房卷走了会员费》2005-12-15)

在"跑"的意象图式中,生命体在空间域发出"跑"的动作,其位置默认为空间域的起点。故当句子中,没有空间域该动作发出时的任何处所名词,那么,从"跑"的"位移—路径"意象图式出发,注意力能凸显的只能是默认的路径起点。在例(8)中,没有指明目的地及方向,那么该动作只能表示为从该生命体所在位置快速平行向前位移,在注意力的凸显下,"跑"意象图式中"快速离开"义生成。该语义可以用义位:"逃"来表示,这在例(8)中可替换测试。

第四,在"跑"的"位移—路径"意象图式中,并没有禁止发出动作的生命体的唯一性,而由于"跑"在意象图式中体现出[+快速]义素,当发出动作的生命体不止一个,那么这些生命体的位移速度就产生相对快慢之分,致使"跑"语义适合竞技语境,成为"比赛位移速度"的专业术语。例如:

(9) 熊跑起来很快哦,比人跑得快哦,你跑得过熊啊?《李敖有话说》)

在例(9)中,发出动作的生命体为二:一是人,二是熊,两者均在空间路径上发出双足腾空或与陆地接触的动作,以达到快速平行位移的目的。但是,不同的生命体,能力不一,两者之间的速度必然有所区别。例句中"比人跑得快"中,补语"快"说明两者速度相比的结果。而"跑"的意象图式中多个生命体出现,导致"跑"的语义进入竞技比赛域。例如:

(10) 前几圈下来,李纯昌觉得及川比不上郭龙臣,可是就在他跑完约 4 圈半时,突然停了下来。(《报刊精选》1994-10)

例(10)中,发出动作的生命体为:"及川"与"郭龙臣"两人,一旦多生命体在同一空间发出该动作,意象图式中的"快速位移"义就促使两个生命体具有速度比较性,在句中体现为"比不上"一词,而竞技比赛语域则由"前几圈"这一短语体现。

在以上"跑"的意象图式中,在其不同元素凸显和隐退及同类元素增加的前提下,"跑"形成不同的义位、陪义及语域义可在句法映射中分析而得。"跑"通过意象图式形成语义在语句中的常规用法,在"跑+N"非常规结构中具有一致性。

四、"跑"意象图式在认知域投射

以上"跑"的意象图式体现的义位及比赛语域义,均属于空间认知域。这是"跑"的意象图式形成的原始领域。而当"跑"的"位移—路径"意象图式在不同认知域投射,则引起"跑"的义位在空间义基础上发生变化,形成不同的义位变体。

(一) 事件域"跑"义位变体

"跑"在事件域出现的各语义,均可在"空间域"找到投射的源点。

首先,"跑"在空间域,从"跑"的意象图式出发,在介词"从""向""到"的介引下,将其图式的起点、终点、路径等加以凸显。而当"跑"的意象图式投射到事件域,空间域的起点、路径、终点在事件域相应投射为"事件"的开始、过程、结果:

空间域:起点——路径——终点

事件域:开始——过程——结果。

在以下例句中,"跑"空间域意象图式中起点、路径、终点在事件域中进行了投射。

(11) 只许这些人跑上政治舞台,政府即由他们组织,一切政权也都分配在他们手里。(CWAC:APT0080)

(12) 不知道这个想法是什么时候跑到布隆伯格脑中的。(张剑《世界 100 位富豪发迹史》)

(13) 他对儿子说:"吴克长大了,你到底爱不爱她? 小心她跑了!"(1994 年《报刊精选》)

在例(11)中,"政治舞台"是"开展政治活动过程"的隐喻,故在该事件中,"跑"作为主语"这些人"发出的动作,他们的具体行动为"政治活动","跑"意象图式从空间域中路径起始点投射为事件域事件的开端。例句中"政治舞台"作为事件域"路径"的隐喻,介词"上"启动了"跑"的意象图式在事件域投射后获得的"快速开始"的义位变体。同理,在例(12)中,"布隆伯格的脑中"作为"想法"位移后的最终目的地,在事件域中作为"跑"的意象图式中路径的终点,由此介词"到"凸显了"跑"在事件域中快速到达目的地的语义。在具体句子中,该"跑"义位变体为"进入"义。例(13)是"跑"在空间域意象图式形成的"离开"义位,在事件域进行的投射。在例(13)中,"跑"为"离开"义。事件域是空间域与时间域的复合域。因此,在事件域中的"跑",从事件(action)落实到具体动词(act),在这一层面上,"跑"的语义与空间域"快速离开"(双脚与陆地腾空接触,快速位移)一致;若将具体动作(act)抽象为事件(action),那么,事件域在时间性作用下,事件域的"快速离开"义就与空间域不一致,具体可分析为:在空间域中,"快速离开"是生命体从默认起点快速位移的动作。而在事件域中,"跑"依然为"快速离开"的语义,但是其起点并非空间域具体可决定或推导的某一处所,而是事情目前的状态。在例(13)中,目前状态是"吴克"在"他和儿子"的掌控之中,"跑"指的是"脱离"他们的掌控。其"快速离开"语义为一个事件变化过程,并非仅仅一个具体动作。

其次,"跑"在空间域通过添加发出动作生命体形成"比赛"语域义,在事件域也有相应投射。例如:

(14) 100 多年来,我们这样跑,能跑得过西方么? (CWAC:APM0061)

在例(14)中,空间域中"跑"意象图式中发出动作的两个生命体在事件域分别投射为"我们"和"西方",而"跑"在空间域意象图式中的"彼此快速位移,比赛谁速度领先"语义,在事件域义位变体为"彼此竞争"义。

由此可见,"跑"的意象图式从空间域到事件域投射,虽然其在空间域的"位移-路径"中具体可视化的起点、路径、终点等各部分均可在事件域得到相应投射,但是其语义已经从空间能可见的具体动作逐步抽象为一种事件行为。而当"跑"的意象图式在时间域进一步投射,则其语义的抽象性将更高。

(二) 时间域"跑"义位变体

"时间"指"物质运动中的一种存在方式,由过去、现在、将来构成的连绵不断的系统,是物质运动、变化的持续性、顺序性的表现"(《现汉》:1184)。"时间域"指的是对"时间"范畴内变化事物的领域。而语言表达时间域,是指对事物变化状况的描述。"跑"在时间域投射为事物"快速变化"的过程。例如:

> (15) 他大概是怕心里这种甜丝丝的滋味跑掉了,在那儿慢慢地仔细地品味。(《读者(合订本)》)

在例(15)中,物体是"滋味","跑"的语义为:(滋味)从心头消失,表示该"滋味"从有到无"快速变化"的过程。"跑"在空间域"快速位移"义位,在时间域投射为"快速变化"义位变体。

"跑"本为空间域具象动作,其意象图式为"位移—路径"模式,其特征为"快速位移"。该图式在时间域的投射,涉及意象图式几个元素的对应投射。"跑"意象图式三大要素为"生命体""空间路径""位移动作"。当空间域向时间域进行切换,"空间路径"切换为"时间流",则"跑"意象图式中"施事生命体"与"位移动作"两个元素也发生相应转化。首先,"跑"在空间域义素[＋快速位移]投射为物体在时间流中,形成[＋快速变化]义素;其次,在时间域语言表达时,句子主语为物体,而物体不具有发出动作的施事性,因此,物体发生"快速变化"一般由外力致使,而这个外力,若无具体语境表明其来源,自然的外界物理来源便是时间。随着时间的流逝,物体发生变化。

综上所述,"跑"在前概念作用下,先在空间域形成"位移—路径"意象图式,该意象图式产生义位通过常规句法分析可得。而后,该图式在不同认知域投射产生相应义位变体可以由下表归结。

表 10-1 "跑"意象图式在各认知域投射形成的义位变体表

跑	意象图式			添加生命体元素	义位示例
空间域	起点	路径	终点	比赛	快速离开起点
事件域	开始	经过	结果	多事件	快速进行(变体)
时间域	变化				快速消失(变体)

第三节 "跑＋N"结构分类

"跑"通过注意力在意象图式的凸显,在常规句法映射上分析出各个义位。而在现代汉语中,"跑"与"走"相似,存在"跑广州""跑医院""跑火车""跑项目""跑龙套""跑肚""跑第一棒"等"跑＋N"结构,这些均为语言表达常用结构。但是该结构与"跑"作为自足动词后一般不衔接名词宾语的句法特征并不相符。那么,这些结构从语义与句法两个角度,哪些符合语言常规或与常规性有关,哪些为不符合语言表达规则的非常规结构? 而这些非常规结构能普遍使用,整体语义语用特点是什么? 是怎么形成的? 表达上受到何种句法和语用条件的制约? 在进行这些探索研究之前,先必须对该结构分类理清。

一、分类依据

在以往对"跑＋N"结构的研究中,对语料的分类标准统一性不强或不明确。这是由于"跑＋N"语料形式多样难以在语例表面观察到其统一的标准所致。因此,本书拟从形成基义的根源——前概念形成的意象图式角度,从"位移—路径"意象图式中形成基义所共享的三义素出发进行分类。其理据在于并置(collocation)理论中,所有词汇能并置在一起,必定有其"相关"或"或然"关系。也就是说,V 与 N 能在语言线性排列上组合,两者之间必然具有相关性。这些相关性,从形式表层,可以通过义位觉察,但是有的相关性并不明显。这些相关性隐含在义位内部,可通过句法分析,从而使隐含在非常规结构中主构成分 V 内部的隐性义素析出。在"跑＋N"结构中,"跑"为常量,N 为变量,运用"跑"意象图式中所具备的"行走"类动词共享三义素,作为其与 N 相关性的契合点,对"跑＋N"进行形式分类。

"行走"类动词共享三义素为动作源[＋生命性]、身体所处的状态[＋与陆地交互接触]与自身运动状态[＋水平位移]。"跑"作为其成员,同样具有以上三义素。通过上文在前概念作用下,"跑"的意象图式构建,附加"跑"的个体特征,分析出"跑"的义素为[＋生命性][＋双脚与陆地腾空或接触][＋水平位移][＋快速],我们将后两者向"行走"类共性义素靠拢综合为[＋快速位移]。由此,根据动词其后的名词是否与这三义素相关进行分类。在这三义素中,从"跑"空间域意象图式出发,其动作的发出必然需要生命体,而其动作必须在空间内进行,故其与"生命体"和"处所"为必然关系。而"快速位移"作为"跑"的个性语义,贯穿在其所有的义位中。由此,我们将"跑＋N"中的 N 分为与生命体有关、与处所有关及其他三类。其中"其他"类中,有"跑"的意象图式在其他认知域投射后与 N 并置的形式,该类中"跑"与不同认知域的 N 组合时的不同特点,我们将在该类中再细分研究。同时,在"跑＋N"结构中还将分出一类为"跑"在比赛语域的结构,如"跑第一棒""跑第一名"等。在上文论述中"跑"形成"比赛"语域特征,是该意象图式中添加了又一生命体所致,也就是两个"跑"的意象图式重叠互动形成,与空间域单个意象图式中由于注意力强弱不同形成的义位不同,这与单个"跑"意象图式在不同认知域投射形成的结构不属于同一并行类别,故特将其分为与该三类并列的一类。

二、分类操作

通过对 BCC"跑＋N"语料搜索,得到"跑＋N"语例 3005 条,然后将出现频次在 10 次以上的语例通过人工检索确认,获得以下语例:跑路、跑官、跑项目、跑技术、跑市场、跑厕所、跑选手、跑医院、跑圈、跑银行、跑马拉松、跑业务、跑水、跑点、跑火车、跑人、跑资金、跑路线、跑新闻、跑图书馆、跑车、跑计划、跑楼梯、跑线、跑道、跑风、跑船、跑冤枉路、跑量、跑贷款、跑法、跑营业厅、跑关系、跑过程、跑亲戚、跑鞋、跑土、跑城、跑洗手间、跑省、跑书店、跑工地、跑火、跑马、跑学校、跑远路、跑马灯、跑机场、跑功、跑山、跑浆、跑车型、跑课、跑操场、跑客户、跑班、跑流量、跑供销、跑市、跑邮局、跑早操、跑基层、跑野马、跑外勤、跑肥、跑神、跑肚、跑天下、跑部、跑企业、跑线路、跑类、跑驴、跑堂倌、跑音、跑网吧、跑第一棒、跑单位、跑狗、跑公司、跑气、跑场子、跑门子、跑第一名、跑阳台、跑料、跑机关、跑销路、跑钱、跑全程、跑蛋、跑区、跑厨房、跑县、跑县城、跑工厂、跑调、跑客运、跑海、跑鸡、跑楼、跑教室、跑团、跑材料、跑黑车、跑公园、跑农村、跑接力、跑专家、跑商店、跑星、跑冰、跑广告、跑手续、跑工商、跑第二棒、跑电视台、跑信息、跑菜、跑办公室、跑栏、跑政府、跑房、跑灰、跑商、跑派出所、跑通告、跑地图、跑火车站、跑月票、跑酒吧、跑厕所、跑楼顶、跑路子、跑 KFC、跑娘家、跑乡、跑订单、跑全场、跑法院、跑方阵、跑胡子、跑空车、跑圈儿、跑大街、跑商场、跑舌头、跑菜场、跑食堂、跑印刷厂、跑政治、跑第一个。

以上语料,根据从"跑"意象图式出发形成的义素契合,以下表分类示例。

表 10-2　"跑＋N"结构分类表

意象图式	结构	语例示例
空间单个生命体意象图式	跑＋N处所	跑阳台、跑菜场、跑医院、跑图书馆、跑娘家、跑海南、跑省城、跑政府机关、跑天下
	跑＋N生命体	跑人、跑马、跑驴、跑野马、跑狗(跑龙套、跑单帮)
意象图式在其他认知域投射	跑＋N其他	跑项目、跑水、跑肚、跑外勤、跑早船、跑舌头、跑汽车、跑路线、跑门子、跑业务、跑营销、跑材料、跑量、跑调、跑方阵、跑圈
多个生命体意象图式	跑＋N比赛域	跑组、跑道、跑马拉松、跑第一棒、跑第一名、跑接力赛、跑第二棒、跑栏、跑头马、跑全场

在上表中,把"跑龙套""跑单帮"归入"跑+N_{生命体}"范畴,原因在于该结构原始义中,N虽为物质名词(龙套)或短语组合(单帮),但自其与"跑"组合,N就一直以N_{生命体}的义位出现,例如:"龙套"转指为穿龙套服饰的人。该类转指在词典中已为固化义项。"龙套":"穿龙套的演员,也指这样的角色"(《现汉》:841)。"单帮"语义为"指从甲地贩卖商品到乙地出卖的单人商贩"(《现汉》:253)。故将其归入"跑+N_{生命体}"类别。

在以上根据"跑"的义素与N的关联分类中,每一类都有各自的整体语义语用特征及下位分类,我们将逐类进行研究。

第四节 "跑+N"非常规结构界定

在第二章中我们提出以插入和位移法测试"V+N"结构的常规性和非常规性,其中能插入其他句法成分或句法移位后句义不变的,为常规结构,否则为非常规结构。在此同样使用该方法进行非常规结构测定。

一、非常规结构测试

选取以上四类进行测试:

第一类:跑阳台——跑到阳台——跑到那个阳台

　　　　跑娘家——跑到娘家——*跑到那个/这个娘家

　　　　跑天下——*跑到天下——*跑这个/那个天下

第二类:跑人——*跑了人——?人跑

　　　　跑龙套——*?跑了龙套——*龙套跑了

第三类:跑项目——跑这个项目——*项目跑了

　　　　跑肚——*跑这个/那个肚——*肚跑

第四类:跑第一名——*跑这个/那个第一名——*第一名跑

　　　　跑马拉松——*跑这个/那个马拉松——*马拉松跑

从以上测试中可见,第一类"跑+N"中有的结构中可自由插入句法成分,例如"跑阳台、跑医院、跑图书馆"等;有的不可以,例如"跑江湖、跑天下";有的在句法形式上插入成分后能在句法上成立,但是与原结构语义不等值,例如"跑娘家"与"跑到娘家"。而第二、三、四类结构中,"跑+N"之间基本不能插入句法成分或句法移位,其中第三类中"跑项目"这一类能有限插入句法成分。由此可见,在"跑+N"结构中,从"跑"为自足动词,理论上后接名词均为非常规搭配的推理并不成立,在其大量非常规结构中还包括少量常规结构。

在语言发展演变的过程中,理论上常规与非常规结构并无明确界线,那么,"跑＋N"结构中的常规结构是怎么形成的? 其与非常规结构之间存在怎样的句法和语义关联?

二、"跑＋N"结构常规向非常规演变

在第三章阐述"走＋N"非常规结构时,曾说明古代"走＋N"为常规结构,出现"走莒""走梁""走鲁"等结构。语义为快速奔向莒、梁、鲁等地。例如:

(16) 公子纠走鲁,公子小白奔莒。(战国《吕氏春秋》)

在史文磊对汉语从古到今为 V 型语言向 S 型语言发展的过程中,论证了中国古代动词向现代汉语发展过程中逐步发育出需要卫星词衔接动名的情况①。这从"行走"类动词属于"位移—路径"意象图式角度也可以得到解释。从戴浩一提出的时间顺序原则,生命体发出动作在前,而"行走"类动作达到的目的地(终点)在动作之后,且古代"走"的快速位移义使人们在前概念中,动作到达目的地之间时间间隔趋向于忽略不计,这在汉语语序中映射为"V快速行走＋N目的地"结构为语言表达常规。随着语言的发展演变,汉语从 V 型语言向 S 型语言转变。当"行走"类动词后接目的地时,需要用"至/之/如"等衔接。例如:

(17) 王遁走至武阳,为秦军所害。(六朝《华阳国志》)

而在"走"与"跑"的语义古今演变中,古代汉语"走"的快速位移义被现代汉语的"跑"所取代。那么,在现代汉语中,当"跑"与目的地名词相衔接时,两者之间需要介词"到"衔接。例如:

(18) 她这才感觉不妙,跑到服务台打听是怎么回事。(《中国北漂艺人生存实录》)

但是,在语言演变过程中,形式滞后于语义是普遍规律。故在现代汉语中,"跑＋N目的地"结构在句法表达上有属于常规表达的可能。例如:

(19)a 半小时过去了,我又跑阳台上看了看,小芳怎么还没过来? (《我的班长我的班》)

(19)b 半小时过去了,我又跑到阳台上看了看,小芳怎么还没过来?

在例(19)a 中,"阳台"作为"跑"的目的地出现于"跑"之后,与(19)b 中"跑"与"阳台"之间以"到"衔接的常规结构之间语义等值。因此,(19)a 中的"跑阳台"属于汉语表达常规结构。

但是,有的"跑＋N处所"结构所表达的语义,却与插入"到"所形成的"跑＋

---

① 该内容详见第三章第二节在"历时结构角度常规必然性"中的论述。

到＋N处所"不一致。例如：

（20）a 长时间的旅途和游览不仅坚持了下来，而且近两年也很少再跑医院了。（新华社新闻报道 2002-10）

＊（20）b 长时间的旅途和游览不仅坚持了下来，而且近两年也很少再跑到医院了。

将例（20）a 中的"跑医院"插入"到"，虽然"跑到医院"短语结构成立，但是在例（20）b 语境中，其句法结构不成立，可见例（20）a 中的"跑医院"并非常规结构"跑到医院"语义等值下古代结构的遗留，而是在古代常规结构遗留的形式基础上，整体语义发生了改变。

而当 N处所 所指称的对象进一步扩大，例如"天下、江湖"等，那么"跑天下""跑江湖"结构中插入"到"，其无语境支撑的短语结构亦不成立：

跑天下　　＊跑到天下
跑江湖　　＊跑到江湖

在例（20）a 中，"跑医院"的语义是"到医院看病"，"跑江湖""跑天下"都有"来往各地谋生"的语义。这些语义是如何产生的呢？下文将在剖析"跑＋N处所"结构中详细描述。

由此可见，在"跑"与"走"语义演变过程中，"走"的快速义被"跑"取代，其古代常规结构"走＋N"可由"跑＋N"结构承继替代。但是在演变过程中，N 的扩展及现代汉语属于 S 型语言的句法限制，导致在现代汉语中，"跑"与 N目的地 之间以介词"到"为常规衔接时，使"跑＋N"原古代汉语常规结构形式，在现代汉语成为非常规结构形式的一种。其结构也衍生出不同于常规结构语义的特点，作为该非常规结构与常规结构共存的理据。

第五节　结　语

本章为解决"跑＋N"分类问题，依据并置（collocation）理论，在"跑"前概念构建的意象图式基础上，运用意象图式元素（在其构建的语义上表现为义素成分）与 N 的契合关系，将"跑＋N"进行分类。

在"跑"的"位移—路径"意象图式中，其中元素在注意力强弱作用下凸显或隐退形成空间域"跑"的各种义位，这些义位在各认知域投射后形成各种义位变体。［＋事件域］［＋时间域］等义素，则是各认知域义位变体形成的基础，也是"跑＋N"非常规结构得以成立的语义底层链接。

而"跑＋N"非常规结构形成的途径除了有与"走＋N"相同的空间域 N

变形、"V"在各个认知域投射的相似途径,两者不同的形成途径还在于:"跑"的个体义素"快速"使其在意象图式中具有添加生命体形成"比赛速度"语域的特点及产生"费力"属性陪义。

在"跑＋N"结构所分类别中,"跑＋N"同样存在常规与非常规结构之分。在本章,在对"跑＋N"分类的基础上,对该结构从常规到非常规的演变从形式角度进行界定,并作一定的论证,为后章各类非常规结构的研究打下基础。

第十一章 空间域中 N$_{处所}$功能与"跑＋N$_{处所}$" 非常规差异度

第一节 "跑＋N$_{处所}$"分类

从"跑"的意象图式出发,其作为生命体在空间路径上发出的动作,在语言表达线性上,N$_{生命体}$与 N$_{处所}$成为"跑"衔接的常规句法成分。生命体作为动作的发出者,常规为施事主语居于动词之前,而作为自足"行走"类动词"跑",其后一般不衔接名词宾语。而若 N 直接置于"跑"之后,空间处所名词则成为其最接近认知常规的句法成分。由此,我们将"跑＋N$_{处所}$"结构作为"跑＋N"非常规结构研究中的第一类进行分析。

在上述"跑＋N"常规与非常规连续统中,可见居于"跑"之后 N 不同类别构成"跑＋N$_{处所}$"具有不同的语义和句法特征。以下先将"跑＋N$_{处所}$"分类。

在"跑＋N$_{处所}$"结构中的 N$_{处所}$,呈现出是否具有功能性的不同特点。根据该特点将 N$_{处所}$分为功用特征明显和不明显两类。例如"阳台、楼顶"等,这些处所并非专属某类活动,为泛化处所;而另一类例如"厕所""厨房""图书馆""医院""菜场""银行"等,它们都有专属功能。例如厕所是供大小便、厨房可烧饭菜、图书馆可借书看书、医院里可以看病、菜场里能够买菜、银行可以存取钱或贷款……将其归为专属处所。

表 11-1 根据功能 N$_{处所}$分类表

N$_{处所}$分类	样 例
N 无专属功能	阳台、楼顶、广州、海南、海口、上海、北京
N 有专属功能	厕所、卫生间、洗手间、茅房、厨房、图书馆、书店、商店、医院、菜场、银行、教室、邮局、车间、营业厅、健身房、法院、机场、操场、邮局、网吧、食堂、电影院、天下、江湖

这些处所的特征功能,为人类认知常识。以下将这两类 N$_{处所}$所构成的"跑＋N"结构进行句法语义分析。

一、N 无专属功能

第一类中,N 无专属功能,但是 N$_{处所}$ 范围大小有所区别。例如"阳台、楼顶"类在认知上属于范围较小的处所,生命体能够运用双脚发出动作达到。我们将这种类型标注为"跑＋N$_{小泛化处所}$"。而"北京、上海、广州、海口"是一个个省地名,从一个省到另一个省,在常规认知中,生命体无法运用双脚与陆地接触、间或腾空的方式到达的,势必借助工具,故将这种类型标注为"跑＋N$_{大泛化处所}$"。那么,这两种结构在句法分布上有无区别? 下面在语料中随机选取"跑阳台"与"跑上海"为例进行剖析。

"跑阳台"在 BCC 语料库中共 20 例。例如:

(1)a 这一趟一趟地跑阳台看月食,累死我了。(BCC 微博)

首先,例(1)a 中,"跑阳台"中间可插入"到"并不改变其句义:

(1)b 这一趟一趟地跑到阳台看月食,累死我了。

其次,"跑阳台"前有表示"跑"为正在发生具体动作的修饰成分,即"一趟一趟";再次,其后衔接 VP 短语:看月食。这是该类型结构共同的句法特征。

"跑上海"结构在 BCC 现代汉语语料库中共出现 84 例,在句法形式上,分为后接 VP 与不接 VP 两类。其中后接 VP 的 53 例,不接 VP 的 31 例:

(2) 宁波开辛香汇了,下次不用跑上海吃了。(BCC 微博)

(3) 我要经常跑上海、香港,又要少露面,顶好是当个买手。(欧阳山《苦斗》)

例(2)句法特征与"跑阳台"相似,"跑上海"结构中间可插入"到",前有修饰词"下次不用",可见"跑上海"是特定具体时间发生的动作,后接 VP"吃了"。而例(3)中,"跑上海"后不接 VP,前面则以"经常"表示这是种惯常性行为。因此,"跑＋N$_{泛化处所}$"的句法分布可由以下表格归纳。

表 11-2 "跑＋N$_{泛化处所}$"句法特征归纳表

句法特征	中可插"到"	前有表示"跑"为具体动作的修饰成分	后接 VP	语境说明 VP 内容
"跑＋N$_{小泛化处所}$"(跑阳台)	＋	哭着、刚、一个劲、激动地、十点前、刚才	瞧一眼、拍照、抽烟、拿望远镜、看月亮、看月食、看日光、看三次	—
"跑＋N$_{大泛化处所}$"(跑上海)	＋	下次不用、都、还、再、还真	去逛、去、演出、吃了、去吃、去考试、读书、来、来看我	—
	—	常年、几度、轮换、经常	—	办企业、做生意、进货、打开销路

二、N有专属职能

第二类,N具有专属职能,例如医院、银行、菜场等。我们将这一类表示为"跑＋N_{专属处所}"。下面以"跑医院"为例进行分析。

在BCC现代汉语语料库中,"跑医院"语例一共79例。这79例中,"跑医院"呈现出不同的句法分布。首先,虽然从单独"跑医院"短语中间插入"到"可成立为"跑到医院",但是在具体语句中,并非所有的"跑医院"结构中都可插入"到"。以下为可插与不可插"到"区分"跑医院"是否为常规结构的用例:

(4)a 再吹一会风,估计这个年就过不了了,非得跑医院打吊瓶不可。(重新开始《全新人生》)

(4)b 再吹一会风,估计这个年就过不了了,非得跑到医院打吊瓶不可。

(5)a 呵,长期跟着老娘跑医院,都快成半个心脏病专家了。(《战地医生》)

＊(5)b 呵,长期跟着老娘跑到医院,都快成半个心脏病专家了。

例(4)a(4)b语义等值,可见在"跑医院"中是否插入"到",不影响句义表达,例(4)"跑医院"为常规结构;而例(5)a"跑医院"结构中插入"到"后句法不成立,可见该例中"跑医院"语义非为"跑"与"医院"之间的组合,而是非常规结构形成后的整体语义凸显。

其次,观察该79例语例,凡是"跑医院"后接VP短语,该结构中间均可插入"到"不影响句法句义;而该结构后不接VP成分,而前面出现表示惯常性的"三天两头""每次"等副词修饰的,"跑医院"中间插入"到"后,则破坏句法及语义。该类N具有专属功能的"跑＋N_{专属处所}"结构的句法规则可用下表归纳。

表11-3 "跑＋N_{专属处所}"句法特征归纳表

句法特征	中可插"到"	前修饰"跑"成分	后接VP
"跑＋N_{专属处所}" (跑医院)	＋	"忙着""得""尽心地"	"照顾刘春""输液""打吊瓶"
	－	"三天两头""轮番""每天""时常""老""好几次""来回""天天""每天都会"	－

从以上句法分布可见,当"跑＋N_{专属处所}"结构中间能插入介词"到"时,其"跑"动作为一次性即时发生,且其后衔接VP阐述在该处所的具体动作行为;而当"跑＋N_{专属处所}"结构中间不能插入介词"到"时,则在该结构前出现表

示惯常性的副词修饰成分,例如"三天两头""天天""轮番"等,而其后不接表示在该处所的具体行动 VP。由此可见,在 N 具有专属功能的同一形式结构的"跑＋N"中,共存两种语义类型,一种为"跑＋N"常规结构,与 N$_{泛化处所}$ 相同;一类则为非常规结构,其语义并非"跑"与 N 组合而成。这两类句法分布呈现互补状况。那么,这种同形异构的语言形式为何能在现代汉语语言系统中同时共存?下面进行详细分析。

第二节　"跑＋N$_{处所}$"的组合义与整合义

"跑＋N$_{处所}$"结构基于 N$_{处所}$ 是否具有专属功能,其句法分布及语义表现并不一致。当 N 为小泛化处所时,在句法分布上其后必须出现 VP;当 N 为大泛化处所时,其后可出现也可不出现 VP。这说明"跑＋N$_{小泛化处所}$"在句法中并非核心谓语成分,结构语义为动词"跑"与 N$_{小泛化处所}$ 的组合义。而"跑＋N$_{大泛化处所}$"则分两种情况:一种与 N 为小泛化处所一致,另一种的"跑"与 N 之间则为整合义。

一、"跑＋N$_{泛化处所}$"组合义形成

在上文对"跑＋N$_{处所}$"分类梳理中,"跑＋N$_{小泛化处所}$"结构由于后必须接 VP,从句子的整体结构而言,"跑＋N$_{处所}$"与其后 VP 构成连动结构,而句子的语义重心为其后的 VP。也就是说,在"跑＋N$_{小泛化处所}$"中,删除该结构,句子整体语义不变,而删除 VP,则有可能语义不清或句法不成立。例(6)分别删除"跑楼顶"和"晒太阳"后:

(6)a 一个人跑楼顶晒太阳。(BCC 微博)

(6)b 一个人晒太阳。

(6)c 一个人跑楼顶。

例(6)b 删除"跑楼顶"后,句法成立句义完整,与(6)a 句义等值度高。原因是从句法结构上,"晒太阳"置于句末,为句法焦点,是施事主语需要表达的语义重心,故"晒太阳"为该句的核心谓语。而(6)c 删除"晒太阳"后,句法依然能成立,但句义与(6)a 已经完全不一致。由此可见,在"跑＋N$_{小泛化处所}$"与其后 VP 结构共现时,从句法位置上,决定"跑＋N$_{小泛化处所}$"在整个句子中充当类似地点状语成分。也就是说,将"跑楼顶"整体前置于句外,该语句依然成立:

(6)d 跑楼顶,一个人晒太阳。

在例(6)中,"跑"为"位移—路径"意象图式中路径动作义,N 为泛化处所名

词,两者之间可插入"到"恢复到现代汉语规范句法结构,整体结构能位移前置或删除不影响整体句义,因此,"跑+N_{小泛化处所}"为常规组合,其结构体现出"跑"与"N_{小泛化处所}"的组合义。

而对于"跑+N_{大泛化处所}",则由于 N 在认知上范围较大,当其出现在动词"跑"之后,生命体双足发出的"跑"的动作已经无法涵盖 N 的范围。这说明由于"路径"的距离超过生命体双足与陆地接触位移的能力,"跑"动作中生命体双足发出具象动作的语义被掩盖,抽取出的是"跑""快速位移"的语义特征。也就是说,当语言中出现"跑广州""跑北京""跑上海"等结构时,生命体是借用何种交通工具到达目的地并非语言表达关注的范围,关注点在于从"跑"具象动作中抽取出的抽象"快速位移"的概念。这是"跑+N_{大泛化处所}"与"跑+N_{小泛化处所}"在语义上的总体区别。

从上文的句法分布描述中可见,"跑+N_{大泛化处所}"一种句法分布类型与"跑+N_{小泛化处所}"一致,即在该结构之前副词限制与结构后 VP 衔接制约下,"跑"与 N_{大泛化处所}之间形成的是组合义;另一类的句法分布却与"跑+N_{专属处所}"中的一类相似,两者的不同之处在于"跑+N_{专属处所}"后不必衔接 VP,而"跑+N_{大泛化处所}"后,则在语境(前小句或后小句)中说明在 N 中的具体行动。例如:

(7) 厂兴人精神,厂长林坤发和同事们为进一步打开销售渠道,上北京,跑上海,去西安,送样品、聘人才、访客户,参加各种交易会、订货会,变消极等待为积极争取,使销路终于打开。(许文闽《双"龙"出水——记邵武印染厂两位青年厂长》)

在例(7)中,"跑上海"之间无法插入"到"恢复到动名常规结构,说明"跑上海"结构表达的是整体语义,但是其整体义只能从前后语境判断其为去上海办事的惯常行为义。而由于"上海"的泛化处所义,则"跑"与之并置并未激活其他语义。而"跑上海"这种惯常行为具体所进行的内容,需要语境中"进一步打开销路""销路终于打开"来填补说明。这说明"跑上海"在句法结构上需要从整体角度来理解语义,但其整合性只是句法角度促和。由此可见,"跑+N_{大泛化处所}"处于"跑+N_{处所}"结构的常规性与非常规性的过渡阶段。

二、"跑+N_{专属处所}"事件整合义形成

在"跑医院""跑厕所"等 N 具有专属功能的"跑+N_{专属处所}"结构中,当该结构后不接 VP,则其语义有所变化。那么,"跑+N_{专属处所}"整体语义有何特点?

(8)a 罗盘昨天上山时着了凉,肚子不舒服,从昨天傍晚起一趟趟跑厕所,吃了 3 次黄连素,今早还没止住。(《人民日报》1993-07)

(9)a 以前孩子总生病,我和她妈妈没少跑医院。(《人民日报》
2000 年)

在例(8)a(9)a 句法分布上,"跑厕所""跑医院"为句子核心谓语,不可移位
删除:

    ＊(8)b 从昨天傍晚起一趟趟。

    ＊(8)c 跑厕所,从昨天傍晚起一趟趟。

    ＊(9)b 以前孩子总生病,我和她妈妈没少。

    ＊(9)c 跑医院,以前孩子总生病,我和她妈妈没少。

例(8)中"跑厕所"语义并非只是行走动作中"跑"然后到达目的地"厕所"的组
合,而有"大小便"动作义。同理,(9)句中的"跑医院"也并非通过"跑"这个快
速位移动作到达医院目的地,而是有"看病"动作义。而"跑医院"整体结构逐
渐具有指称性,典型的可通过以下例句证明:

    (10) 三女,你不觉得我们应该终止这种跑医院,企图侥幸,不正视
    现实的无效的行动吗?(李志川《秦二走了》)

在例(10)中,"跑医院"之前出现"这种"指称,这是"跑医院"整体具有指称性
特点的形式标志。那么,该结构的整体语义来自何处? 我们认为这主要取决
于:第一,N 的专属功能;第二,"跑"的抽象度;第三,"跑"与 N 之间的语序。

    首先,从 N 的语义特点看,"厕所""医院""图书馆"等处所,均有其专属
的职能功能。虽然这些场所可能会出现很多其他活动,例如在医院里,除了
看病专属功能外,也可能有小偷偷窃、医托行骗等。但是,当该场所在语言表
达中出现,在人们的认知常识中激活的是其默认的常规功能。由此,当这些
名词成为空间位移的目的地,在句义中自然激活其默认职能。如例(8)中"跑
厕所"默认为"去厕所大小便";例(9)"我和她妈妈没少跑医院"中,"跑医院"
整体语义为"就医"。

    其次,"跑"在该结构动作的抽象化。在例(9)中,前小句"总生病"中"总"
是频率副词,可见后文的"跑"是一个惯常性动作。这在上文归纳其句法分布
中也可看出"跑＋N$_{专属处所}$"之前往往有"天天""三番五次""每天"等表示惯常
性的副词修饰。这些副词的修饰限制,减弱了"跑"在空间意象图式中的动作
性,增强了其行为指称性,"跑"从表示动作(act)向表示行为(action)转化。因
此,在句法结构上,"跑"由于其动作性不强,故将与 N 具有固定常规搭配属
性的动词替换"跑",语句同样成立。例如:

    (8)d 从昨天傍晚起一趟趟上厕所。

    (9)d 以前孩子总生病,我和她妈妈没少去医院。

(8)d 中"跑"由"上"替换,而"上"与"厕所"之间属于常规动宾搭配;(9)d 中将

"跑"替换为"去","去"与"医院"之间也属于常规动宾搭配。"跑厕所"与"上厕所"、"跑医院"与"去医院"基本等值。可见,"跑"在原句中的动作性已经淡化。其作用以激发 N 专属功能内部动作义为主。

但是,"跑"能被"上"与"去"代替,并非说明"跑＋N专属处所"结构无存在必要,反之,"跑"与"N专属处所"的组配,其语序非常规性,使"跑＋N专属处所"结构凸显构式义。

比较(8)(9)d 中"上厕所""去医院"与(8)(9)中"跑厕所""跑医院"语义差别:

(8)e 从昨天傍晚起一趟趟跑/上厕所。(累死了)

(9)e 以前孩子总生病,我和她妈妈没少跑/去医院。(累死了)

通过添补后续小句"累死了"观察"跑/上厕所""跑/去医院"与其搭配的契合性。最明显的语义错位发生在"去医院,累死了"的不合宜。而"跑厕所""跑医院"都可与"累死了"这个表示费力的结果评价小句相契合。由此可见,虽然上文说明在"跑＋N专属处所"中"跑"的动作义淡化,但是其作为"位移—路径"意象图式中体现出快速语义特征后,引起的对发出动作生命体的影响——"费力"陪义成为"跑＋N专属处所"非常规结构语义衔接的关联点,成为整体语义的一部分。陪义义素的析出,成为非常规结构得以成立的关键因素。该语序凸显"跑"中"费力"隐含义,我们可以通过语序换位比较凸显:

(8)f 从昨天傍晚起一趟趟朝厕所跑。

(9)f 以前孩子总生病,我和她妈妈没少往医院跑。

在例(8)f(9)f 中,N 作为处所名词换至状语位置,那么,这两句中的"跑"只是客观动作的叙述。而"跑厕所""跑医院"结构中,在句法位置上讲,属于非常规结构,而非常规结构从时间顺序原则上讲,"跑"动作已经发出完成,故"费力"陪义已经隐含于动作之中。"费力"陪义,与 N专属处所 相衔接,说明"跑＋N专属处所"结构具有"费力做 N专属处所 中的事"的语义。而例如"他马上朝厕所跑"短句中,是客观场景描述,不确定"跑"的动作是否完成,不确定"去厕所"干什么,故"费力"在 N专属处所 的动作中不凸显。

由以上分析可知,从"N专属处所"默认动作,"跑"在语境副词限制下淡化动作义,与"跑＋N专属处所"非常规搭配的结构语序中,整体凸显了"跑＋N专属处所"具有"费力进行 N专属处所 中的动作"的语义,并且整体上具有指称性倾向。

在语料中,"省城、省级政府机关、省会、市有关部门、省厅、市地、市区、基层、组织部门、田间、田间地头、公司、机关、区政府、区教育局、县城、工厂、团中央、农村、广告公司、工商、电视台、政府、房管局、地税、商务楼、派出所、KFC、法院、印刷厂、学生会"都是属于 N专属处所 范畴。其中"地税、政府、机关"

是明确明示处所职能,"跑"去的是具有这种功能的地方,即这些功能是在这个处所所具备的。"跑＋N$_{功能}$"中的 N$_{功能}$ 与 N$_{专属处所}$ 之间存在相关性,使 N$_{专属处所}$ 能转喻为 N$_{功能}$,进入"跑＋N"结构,其整体语义用法与"跑＋N$_{专属处所}$"一致。

另"跑省、跑市、跑乡、跑县、跑区"中的"省、乡、县、区"为"省/市/县/乡/区政府机构"的缩略,属于"跑＋N$_{功能}$"范畴。例如:

(11) 他在跑县跑乡,办理一家外来投资的机砖厂的手续。(江凤英《福州日报·心里只有大家》)

例(11)中的"县、乡"作为他"跑"的目的地,并非到县、乡游山玩水、探访亲戚,而是特指去"县、乡政府部门"办事。因此当以行政名称指称一个地区时,那么这个行政名称则指代该级别的行政机关。这同样是功能与处所的相关性以转喻机制类推而成的。

从以上对"跑＋N$_{小泛化处所}$""跑＋N$_{大泛化处所}$""跑＋N$_{专属处所}$"句法分布的描述、语义剖析中,我们能明显地观察到三者之间从常规组合到非常规整合的过程中,"跑＋N$_{小泛化处所}$"属于常规组合结构一端,"跑＋N$_{专属处所}$"属于非常规结构一端,而"跑＋N$_{大泛化处所}$"在不同的语境,具有常规组合与非常规整合两种语义,需要外部句法成分辅助确认。在空间域中,N$_{处所}$ 的特征度与"跑＋N$_{处所}$"的非常规度成正比,这个特征度的进一步显化还可以通过相关性转喻的方式。以上结论可表示为:

过程:"跑＋N$_{小泛化处所}$"→"跑＋N$_{大泛化处所}$"→"跑＋N$_{专属处所}$"→"跑＋N$_{专属功能}$"
演变:　常规组合结构　　常规/非常规结构　　非常规结构　　非常规结构
示例:　　跑阳台　　　　　　跑上海　　　　　　跑医院　　　　跑地税

其中 N$_{处所}$ 的专属性越强,其结构的整合度越高。

三、N$_{处所}$功能与"跑江湖"习语化

在"跑＋N$_{处所}$"中另有一类特殊的 N,即"江湖、天下"这两个词。从范围大小角度来说,其范围为最大;从处所功能角度来说,其功能最为单一,即生命体的生存空间。因此从分类角度来说,这两个名词归于专属功能处所,但其句法分布与"跑＋N$_{专属处所}$"一致,且语义已经脱离"跑"与"天下"及"江湖"的组合语义,形成"来往各地谋求生活"(《现汉》:981)语义。那么,该语义是如何形成的呢?

首先,"江湖"语义为:"旧时指四方各地"(《现汉》:644);"天下"语义为:"指中国或世界"(《现汉》:1294)。这两条释义都说明"江湖""天下"为处所名词。但是从其语义可见,囊括了人们概念中的空间范畴。那么"跑"所构成的

意象图式,只能置于"江湖""天下"内,而不能将其作为意象图式的终点,故从语言线性表达角度,"江湖""天下"只能作为"跑"的地点状语置于"跑"之前,而置于其后违反句法规则,且无法推导语义。即"在天下跑""在江湖跑"为语言表达正常语序,而"跑江湖""跑天下"从句法规则及语义搭配角度均无法成立。

在 BCC 现代汉语语料库中,"跑江湖"出现语例为 157 例,"跑天下"为 25 例。其中"跑江湖"在古代汉语与现代汉语中均有出现,而"跑天下"只出现在现代汉语中。从语例数量及时间跨度上来看,我们有理由认为:虽然"跑江湖"与"跑天下"几乎为同义通用,但"跑江湖"比"跑天下"更具有代表性。因此,在该类语例中,以"跑江湖"为代表进行句法语义剖析。

从句法分布考察,首先,"跑江湖"结构中不可插入"到"。例如:

(12)a 跟着爹跑江湖,怎么样的人都看过,很相信看相之说。(琼瑶《白狐》)

＊(12)b 跟着爹跑到江湖,怎么样的人都看过,很相信看相之说。

例(12)b"跑江湖"中不可插入"到",与前文分析"江湖"概念中囊括空间有关。从概念角度来说,其无法充当意象图式中的路径终点。因此该结构不管处于何种语境,都无法在动名之间插入介词"到"构成动作与终点之间的常规关系。

其次,"跑江湖"之后可以接 VP。例如:

(13)a 逼到五阿哥跑江湖卖艺,连暴露身份都顾不得了,可见他们已经走投无路!(琼瑶《还珠格格续集》)

(13)b 逼到五阿哥卖艺,连暴露身份都顾不得了。

(13)c 逼到五阿哥跑江湖,连暴露身份都顾不得了。

＊(13)d 跑江湖,逼到五阿哥卖艺,连暴露身份都顾不得了。

例(13)中"跑江湖"后接"卖艺"动宾结构,在形式上,与"跑＋N小泛化处所"句法部分形式一样,但其本质并不相同。在上文以"跑楼顶"为例分析"跑＋N小泛化处所"句法特征时,我们通过移位、删减,发现"跑＋N小泛化处所"在句中处于次要地位,后接的 VP 才是句子的核心谓语。但是从(13)例"跑江湖"删减、移位中,可见,第一,(13)b(13)c 成立,可见"跑江湖"与"卖艺"在句法地位上并无主次之分;第二,移位后,(13)d 不成立,可见"跑江湖"并非类似状语成分,其在句中与"卖艺"一同以连动的形式充当谓语。

再次,"跑江湖"充当定语。例如:

(14) 我知道,这种跑江湖的人,多半是看人行事,很讲义气的。(孙心圣《十年旅痕》)

"跑江湖"整体结构充当定语,可见"跑江湖"整体结构动词性减弱,逐渐向形容词性漂移。

从"跑江湖"结构的句法分布中,可见其结构已融合成整体,其整体语义"来往各地谋求生活"也在整体结构中浮现出来。该语义并非在某个地点进行动作的常规状语义,其语义形成与其语序非常规有关。

在前文句法分布描写中,"跑江湖"在句法形式上属于非常规组配。而根据汉语语序的时间秩序原则,从"跑"前置于处所名词,可见其动作发出具有施事主观性。不管"跑"之后是否出现处所名词,从"跑"动作意象图式出发,其动作中"快速位移"需要花费的力气的属性陪义已经蕴含在"跑"的语义中。而"江湖"的空间专属功能为大众生活的地方,那么,"江湖"这一处所名词所隐含的"生活"事件语义,在其置于"跑"这个动词之后得到凸显。在"跑"居前,"江湖"居后的非常规组配形式中,"跑江湖"浮现出"在江湖费力生活"的整体语义。

由于"跑江湖"整体语义的形成,其整体语义在句法分布上也呈现整体运用方式,例如上文描述其能整体充当名词的修饰语"跑江湖的人"等,我们有理由认为该结构已经词汇化。

韦氏在线大字典(*Merriam-Webster Online Dictionary*)对词汇化定义如下:(1) the realization of a meaning in a single word or morpheme rather than in a grammatical construction;(2) the treatment of a formerly freely composed,grammatically regular,and semantically transparent or inflected form as a formally or semantically idiomatic expression.(1)的含义是:意义表现为单个的词或语素而并非语法结构的过程;(2)的含义是:把一个原来是自由组合的、具有语法规则性,并且语义明晰的短语或曲折形式看成是固定习语的过程。把这两个定义统一起来可表述为:"词汇化"是意义体现为词、语素或习语的过程(转引自陈建生、夏晓燕、姚尧,2011:158)①。

从以上对"跑江湖"的句法分布描写及语义形成剖析,可见"跑江湖"结构在语法规则上不具有自由组合的特性,语义上呈现整体性,其结构已经习语化,在语言系统中进入词汇中的惯用语范畴。

但从"跑江湖"结构句法语义剖析中,可见其习语化过程与一般词汇化过程不同。一般句法结构词汇化,是语言在线性组合中需要经历历时高频使用才能固化成整合义,而"跑江湖"结构在其结构形成时即涌现出整体语义,这是由其组构成分语义所致。"跑江湖"结构在出现时,组构成分中"跑"的属性陪义"费力","江湖"中的"生活"转喻,在认知底层形成语义关联性,通过语序非常规组配而立即浮现出"在江湖谋(隐含"费力"义)生"整合义,"跑"陪义义

---

① 该"词汇化"定义转引自陈建生、夏晓燕、姚尧的《认知词汇学》,光明日报出版社 2011 年版,第 158 页。

素析出成为其浮现词汇整合义的关键。而高频使用,只是起到固化该整合义的手段。该类结构习语化过程,并没经历常规组合义与整合义同构两解的过程,是一种特殊的词汇化方式。

而由于"跑"与"走"在语义上具有古今承继变异性。在《现汉》中,"走江湖"语义为"四方奔走,靠武艺、杂技或医卜星象谋生"(《现汉》:1747),"跑江湖"语义为"指以卖艺、算卦、相面等为职业,来往各地谋求生活"(《现汉》:981)。"跑江湖"与"走江湖"语义一致。在实际语例使用中,其语义拓宽了"卖艺、杂技、医卜星象等具体行业",但中心语义"谋生"一直未改变。在语料库观察到的语例中,"跑江湖"与"走江湖"在现代汉语及古代汉语中的语料数量比如下表所示:

表 11-4　"走/跑江湖"古今语例对照表

语　例	走江湖	跑江湖
CCL(古)	63	0
CCL(现)	150	34
BCC(古)	333	2
BCC(现)	504	157

从语料数量对比及古今对比中,在古代汉语中,"跑江湖"语例在两个语料库中分别为 0 和 2,接近无;而"走江湖"分别为 63 和 333,从数量上已为普遍使用,可见"走江湖"结构早于"跑江湖"出现。在现代汉语中,"走江湖"与"跑江湖"均普遍使用,但是由于"走"在语义演变过程中,残留"快速"语义且新增"匀速"语义,使"走"使用范围为两语义的叠加。这在"走江湖"与"跑江湖"使用语例中体现为:"走江湖"数量大于"跑江湖"数量。

由此可见,在"走"与"跑"古今语义承接变异过程中,其相关结构也进行了平行演化。"跑江湖"从"走江湖"脱胎而来①。

第三节　"跑＋N$_{处所}$"语用功能

以上通过将 N$_{处所}$分类角度,对"跑＋N$_{处所}$"的句法分布及语义进行剖析,

---

① 将"V$_{走/跑}$＋江湖"结构分析放在"跑＋N$_{处所}$"章节论述原因在于:虽然从语言演变角度,"走江湖"先于"跑江湖"形成,两者是结构的平行演变而成。但"走江湖"为古代汉语形成结构,而本研究论述范畴为现代汉语,故将该结构放在"跑＋N$_{处所}$"中论述,将"走江湖"作为"跑江湖"的前形式加以论述。

我们发现"跑＋$N_{处所}$"的语用功能主要为以下两点：一是语言线性表层移位、简省所体现出的语言经济性原则；二为 $N_{处所}$ 语义上专属功能与"跑"的非常规语序组配形成的语义丰富性，这是语用足量原则的体现。

一、"跑＋$N_{小泛化处所}$"结构经济性

在上文对"跑＋$N_{小泛化处所}$"句法分布及语义分析的过程中，该结构为句法常规结构，其特点为通过移位、在"跑"与 $N_{小泛化处所}$ 之间补足介词"到"均能回复到规则的句法结构而不影响语义。可见"跑＋$N_{小泛化处所}$"只是语言表达上的一种语序变体。那么，既然已有可按照常规句法结构的表达，为何还需要存在该种类型？

我们仍通过上文例(1)句的移位、补足变换，可以证明从语言形式的表达上，"跑＋$N_{小泛化处所}$"具有经济性的特点。例如：

(1)a 这一趟一趟地跑阳台看月食，累死我了。(BCC 微博)

(1)b 这一趟一趟地跑到阳台看月食，累死我了。

(1)c 这一趟一趟地朝阳台跑看月食，累死我了。

(1)b 中，在"跑"与"阳台"之间插入"到"将"跑"的意象图式中"位移—路径"中路径端点"阳台"用介词"到"体现，这是该图式在常规句法上映射；(1)c 则将处所名词"阳台"前置于"跑"使之成为修饰"跑"的状语，"跑"的意象图式中凸显方向用"朝"作为其在常规句法的体现。由此可见，(1)b(1)c 均为常规句型且句义与(1)a 基本等值。而从语言线性表达角度，明显(1)a 比(1)b(1)c 经济。而(1)a 中"跑阳台"能以较为俭省的语言表达同等语义，原因在于其在形式上继承了"走"在古代汉语的常规结构"走＋$N_{目的地}$"，而古代汉语常规结构在人们认知中固化而导致由形式推显语义滞留，为"跑＋$N_{小泛化处所}$"能实现语言表达上的经济性提供了必要条件。

因此，在现代汉语句法解释中，由于这类句式在"跑＋$N_{小泛化处所}$"之后必然衔接主要动词充当谓语成分，我们可将 $N_{小泛化处所}$ 看成状语后置或介宾结构中介词省略，这都符合"跑"的意象图式在句法结构上的映射且符合语用上的经济性原则。

二、"跑＋$N_{专属处所}$"语义丰富性

在上文对"跑＋$N_{处所}$"的分类研究中，在句法表现形式上，"跑＋$N_{大泛化处所}$"具有从"跑＋$N_{小泛化处所}$"向"跑＋$N_{专属处所}$"的过渡性。而典型的"跑＋$N_{专属处所}$"结构在分布上无法移位或补足介词恢复成常规句法结构，说明其已属于非常规结构。

所有的"跑＋N_{专属处所}"所浮现出来的语义为"费力做N_{专属功能}动作"。下面将唯一能将"跑＋N_{专属处所}"恢复到常规结构的方式——处所词前移置于状语位置——来比较两者语义，从而明确"跑＋N_{专属处所}"语义丰富性的成因。依然以例(9)"跑医院"为例：

(9)a 以前孩子总生病，我和她妈妈没少跑医院。(《人民日报》2000年)

(9)f 以前孩子总生病，我和她妈妈没少往医院跑。

(9)f将"N_{专属处所}""医院"移位至"跑"之前，添加介词"往"成为常规句法表达。但是两者之间语义有所差别。

我们在(9)a(9)f后续添加小句，从其句法是否成立可见其语义分化：

？(9)g 以前孩子总生病，我和她妈妈没少跑医院。南京路都跑熟了。

(9)h 以前孩子总生病，我和她妈妈没少跑医院。都累死了。

(9)i 以前孩子总生病，我和她妈妈没少往医院跑。南京路都跑熟了。

？(9)j 以前孩子总生病，我和她妈妈没少往医院跑。都累死了。

在以上(9)a增添后续小句类型中，我们发现，(9)h(9)i表达顺畅，而(9)g(9)j衔接突兀。这种区分与(9)a中"跑医院"还是(9)f中"往医院跑"语义有关。在例(9)f中，常规句型是对客观情况的阐述，是"跑"的意象图式在常规句法的映射，"往"凸显动作方向性。因此，后续小句出现对路径成分"南京路"描述，两者结合表达顺畅。但这在"跑医院"所在的(9)g句则显得突兀，说明(9)g中"跑医院"语义有违于常规语义。"跑医院"中"医院"为看病专属场所，而"看病"则包括挂号、排队、问诊、付费、拿药、挂针等一系列动作。那么"跑医院"语义为"费力做'看病'所囊括的所用动作"。从(9)h后接"都累死了"小句表达顺畅可以证明，动词"跑"前置于处所名词结构在句法按照时间顺序原则排列的基础上，施事主语的动作发出在前而"跑"中"快速位移"特征语义体现的"费力"属性陪义得到凸显。而其后在宾语位置的处所名词"医院"，由于其语义囊括多种动作，则该N_{专属处所}中所激活的所有动作上，由于前置有"跑"动词，则这些动作上都覆盖上了"费力"陪义。

由此可见，"跑＋N_{专属处所}"语义的丰富性取决于两个方面：

第一，N_{专属处所}所容纳的动作广度。例如"厕所"功能单一，激活动作就单一；"医院"容纳动作多样，则激活动作多样。这是基于人们认知上的百科知识。同时，在句法位置上，其处于宾语尾重句法焦点，其语义容量更容易为接受者识解。

第二，"跑"义位中所隐含的"费力"属性陪义，在其前置于N非常规结构中,得以析出、凸显,是义素从隐含到显化的过程,成为"跑"与 N 之间能够搭配的语义契合点。由此,在语用上选择该非常规结构表达语义的丰富性,原因在于非常规结构属于语言表达中的有标记表达,标记现象(markedness)是指一个范畴内部存在某种不对称现象(沈家煊 2015:23)。而"跑＋N$_{处所}$"这种有标结构,则是语用规则造成的,体现了语用原则中的足量原则,通过语言表达中的有标记表达,使语言结构复杂化,从而传递出丰富的语义。

第四节　结　　语

本章通过对"跑＋N$_{处所}$"结构的分类剖析,从句法分布角度,阐述了该结构逐渐从常规向非常规过渡的状况。表现为"跑"与 N 的结合日益紧密,在语义上也逐步从动名句法常规组合可推测向词汇化整体识解过渡。由于 N$_{处所}$的不同类别体现出"跑＋N$_{处所}$"的非常规度可用下表显示:

表 11-5　"跑＋N$_{处所}$"非常规结构等级梯度表

"跑＋N$_{处所}$"	示例	结构紧密度	是否具有整合义	动名相关度(义素是否析出成为陪义)	语义主观性
"跑＋N$_{小泛化处所}$"	跑阳台	－	－	/	
"跑＋N$_{大泛化处所}$"	跑上海	＋	－/＋	－	＋
"跑＋N$_{专属处所}$"	跑医院	＋＋	＋	－－	＋＋
"跑＋N$_{功能}$"	跑机关	＋＋＋	＋	－－－	＋＋＋
"跑＋N$_{单一功能}$"	跑天下	＋＋＋＋	＋	－－－－	＋＋＋＋＋

可见该结构从松散到紧密的过程中,其非常规度递增,其语义也逐步从组合义向整合义转化。当动名两者结构最紧密时,其整体语义固化,结构词汇化。

另一方面,"跑"在空间域的意象图式中,在 N$_{处所}$从泛化到专属,功能从广泛到单一的过程中,由于"跑"个性义素[＋快速位移]导致发出动作的生命体"受累",原本以义素形式[＋费力]蕴含于"跑"义位之中,得以析出形成"跑"的属性陪义,而通过语序手段形成非常规结构,是言说者主观意图通过该结构将其显化为陪义,达到简单结构表达丰富语义的语用目的。而该陪义,在结构中成为"跑"与"N$_{处所}$"之间的语义链接点。

第十二章　"跑/走＋N生命体"结构承接变异

第一节　"跑＋N生命整体"与"走＋N生命整体"的承继演变

第五章论述了"走＋N"非常规结构中"走＋N生命体"一类，例如"走人、走狗、走马、走兽"等。该类结构从构成角度是"走"基义中三大义素中[＋生命性]与N语义契合，成为两者可并置(collocation)的必要条件。而其非常规性表现在：以线性句法排列规则，作为发出动作的生命体，违反了置于动词之前的常规，N生命体置于动词"走"之后形成"走＋N生命体"结构。故其句法分布、语义特征与语用皆异于常规。而"跑"在语言事实上，同样具有"跑＋N生命体"类结构。这从其结构形成角度上看与两大因素有关。第一，在基义上，"跑"同样具有与"走"一致的三大核心义素；第二，在语义上，"跑"与"走"之间存在古今承继更替关系，"走"的古代"快速位移"义为现代"跑"所取代，"走＋N生命体"与"跑＋N生命体"属于平行结构，两者的句法语义必然具有相关度。下面我们就"跑＋N生命体"非常规结构进行分析研究。

一、"跑＋N生命体"分类

在现代汉语BCC语料库中，"跑＋N生命"结构样例有"跑人、跑马、跑驴、跑野马、跑狗、跑龙套、跑单帮、跑腿"等。这些语例中的N均与生命体有关，而根据其与生命体的相关度不同可分为以下三类：

表 12-1　"跑＋N生命体"分类表

跑＋N生命体	样　　　例
N生命整体	人、马、驴、野马、狗
N特征生命体	龙套、单帮
N部分生命体	腿

以上分类中，第一类为典型生命体；第二类中的"龙套"在现代汉语中有两种

释义,一为:"传统戏曲中成队的随从或兵卒所穿的戏服,因绣有龙纹而得名";二为:"穿龙套的演员,也指这样的角色"(《现汉》:841),"跑龙套"中的"龙套"语义为其中第二种。"单帮"语义为"指从甲地贩卖商品到乙地出卖的单人商贩"(《现汉》:253)。可见"跑龙套""跑单帮"中的 N 均为一类人,属于生命体范畴。第三类中 N 样例仅此一例,为"腿"。"腿"是生命体行走动作的具体发出部位,与"跑"的动作亦直接相关,是生命体进行动作管控的部位,我们将它也作为生命体特例进行分析。

以上三类"跑＋N生命体"在句法分布与语义上不同,其结构形成途径及语用动因也呈现出不同的特点,下面就具体分类分析研究。

二、"走/跑＋N生命整体"结构平行对比

在意象图式上,"跑"与"走"只是在速度上有所区分。而"跑"与"走"在古今语义迭变过程中,古代汉语"走"的"快速位移"义由后起词"跑"取代,"走"在现代汉语平面转为"匀速"语义。而"走"的古今语义演变与"走＋N"结构古代形式在现代汉语遗留,两者错位,形成了现代汉语平面"走＋N"结构语义用法的多样性。而"走""跑"语义迭变过程中,与之相关的句法结构,也经历了同向平行演化历程。

现代汉语"跑＋N生命体"结构与"走＋N生命体"具有平行结构形式的,只有"跑＋N生命整体"一类。"跑"与"走"之间的语义更迭,必然使这两种形式之间存在语义关联。下面将"走＋N生命整体"与"跑＋N生命整体"两类平行结构语例进行对比:

表 12-2 "走＋N生命整体"与"跑＋N生命整体"平行结构对比表

平行语例	走/跑＋人	走/跑＋狗	走/跑＋兽/禽	走/跑＋驴	走/跑＋野马
BCC(古)"走＋N生命整体"	＋	＋	＋	＋	＋
BCC(今)"走＋N生命整体"	＋	＋	＋	＋	＋
BCC(古)"跑＋N生命整体"	－	－	－	－①	－
BCC(今)"跑＋N生命整体"	＋	＋		＋	＋

从上表可知,第一,"跑＋N生命整体"与"走＋N生命整体"具有平行格式的是"跑人、跑马、跑野马、跑驴"几例。第二,"走＋N生命整体"在形式结构上古今均存在。可见,"走"在由古到今的语义演变过程中,其古代语言形式遗留导致其整体语义结构的多样性。而"跑＋N生命整体"在 BCC 古代汉语语料库中几乎

---

① "跑驴"在 BCC 古代汉语语料库中仅 1 例,不足为据。

不存在,同样也印证了"跑"后于"走"产生的语言事实。第三,在现代汉语中没有"跑兽/禽"这一结构,这说明:"走兽"结构成因是动名之间的偏正关系,"走兽"中"走"古代的快速义在词汇化过程中固化,该词化过程在古代汉语时期已经完成,故结构中的"走"无法被现代汉语"跑"取代,由此可见"*跑兽"这一结构在现代汉语不存在的理据。第四,"走野马"短语仅存在于古代汉语,"跑野马"仅存在于现代汉语这一现象,清晰地反映出"走""跑"语义更迭替代的过程。

下面,观察现代汉语"跑人、跑马、跑野马、跑驴"等语例,剖析其与"走人、走马、走野马、走驴"之间的语义承继或变异关系。

三、"跑人"与"走人₂"同途径词汇化

"跑人"结构在 BCC 多领域语料库中共 38 例,其中充当定语 2 例,充当主语 1 例;在文学类语料库 118 例中,充当主语 1 例(与多领域重例),充当定语 1 例(与多领域重例),充当小句动性成分 2 例,其余全充当谓语。示例如下:

充当谓语:(1)a 小老板镇定自若,"实在不行,扔下摊子跑人。如果被抓住了,抄摊子不说,还要罚款,甚至还会进收容所。"(《人民日报》1999 年)

充当定语:(2) 席安、伊丹和维克多都对他们一副急欲跑人的模样,面面相觑感到不解。(四方字《与暴君共枕》)

充当小句动性成分:(3) 除了大部分知情者胆战心惊地关注着战局,随时准备卷铺盖跑人以外,陈晓奇这样的野心家也是不得安宁。(修戈《诸夏》)

充当主语:(4) 跑人是最要紧的。(刑无忧《明初风流》)

例(1)所示"跑人"充当谓语成分的语例在 BCC 多领域语料库 38 例中占 35 例;在文学类语料库中共 118 例中占 114 例。是"跑人"典型用法。以下分析例(1)"跑人"语义语用特征。

在例(1)中"跑"的动作由施事主语"小老板"发出,"跑"后的 $N_{生命体}$ —— 人,复指施事主语,形成"$N_{施事}＋跑＋N_{复指施事}$"结构。在"跑"的语义中,常规具有"快速离开"语义,这从将例(1)"跑人"结构中删除"人"比较可见:

(1)a 小老板镇定自若,"实在不行,扔下摊子跑人……"

(1)b 小老板镇定自若,"实在不行,扔下摊子跑……"

(1)b 中"跑人"删除"人"后,单独充当谓语似乎与(1)a"跑人"充当谓语句义区别并不大,均为"快速离开"语义。那么,$N_{生命体}$ 后置于动词的作用究竟何在?下面我们通过最简格式测试。例如:

　　(5)a 我跑。

　　(5)b 我跑人。

在例(5)a 中,句义具有歧义性,可以理解为"快速离开",也可理解为开始"跑"的动作,这可通过附加语境加以区分。例如:

　　(5)c 城管来了,我跑。

　　(5)d 短程接力准备动作做完了,我跑。

在例(5)c 中"跑"语义为"逃跑",是在"城管来了"这个外力致使下,发出快速离开原地的动作;(5)d 中"跑"语义为"开始快速移动的动作",是施事主语"我"主动发出的。(5)c 可用"跑人"替换而(5)d 不行。

　　(5)e 城管来了,我跑人。

　　＊(5)f 短程接力准备动作做完了,我跑人。

由此可见,"跑人"体现"快速离开起点"语义时,其附着陪义中有外力致使的被动性与施事主语发出行为主动性之间的交织。而(5)d 中的"跑"只有"快速位移"义。那么,"跑人"的"快速离开起点"义是如何形成的呢? 我们从"跑"的意象图式注意力前景凸显进行解释。

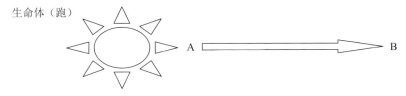

图 12-1　"跑"意象图式中注意力生命体凸显示意图

　　在"跑"的意象图式中,动作发出者的生命体位于动词之前为常规结构。而在动词"跑"之后的句尾焦点位置出现与施事主语复指的生命体,说明在"跑""位移—路径"意象图式中,在注意力中突出(Salience)了施事主语。而施事主语在发出"跑"的动作时,默认居于意象图式路径的起始位置。因此,在以上"跑"的意象图式中,以"太阳"标志表示注意力在路径起始位置凸显了生命体,生命体与路径起点相关联,其"离开"义产生。而"跑"在意象图式中的快速义附加,形成"跑人""快速离开起点"语义。

　　"跑人"是对"跑"意象图式中所体现出来的附加陪义,是通过注意力中突出施事主语的方式,在句法映射中体现为在动词"跑"之后出现与施事主语复指的泛指生命体名词"人"来实现。

　　因此,我们可以确认:"跑人"非常规结构,是"跑"的意象图式中提高生命体的注意力强度,使其居于动词后的焦点位置突出,形成"跑人"结构中"快速离开原地"语义。这种以意象图式注意力凸显的方式形成的语义,与"走人₂"在现代汉语平面上形成的"离开原地"方式一致,该结构中的"走"与"跑"并无历时语义演变承接关系,而都是在现代汉语平面上形成的非常规平行结构所致。且"跑人"语义不能从动名组合中推测而出,而是整体呈现,故"跑人"与"走人₂"相似,已经词汇化。

四、"走/跑驴"构成的不同途径

从上文表格可见,在"走/跑驴"中,"走驴"用例古今均有,而"跑驴"只存在现代汉语平面,表明了"跑"为后起词进入结构的理据。

(一)"走驴"古今语义的一致性

"走驴"古今语义没有变化,以下以古代与现代汉语语例进行分析。

(6) 李相夷简,未登第时,为郑县丞。泾州之乱,有使走驴东去,甚急。(唐国史补《史藏·别史》)

(7) 我这头大走驴,能顶十八头草(母)驴儿。(刘绍棠《刘绍棠文选》)

例(6)为古代汉语语例,其中"走驴"作为兼语出现在"使"及活用为动词的"东"之间,语义为"跑得快的驴",为名词,其名词性是从"走"与"驴"并置中偏正结构固化而成,类似前章的"走兽、走禽"类名词。而例(7)作为现代汉语语例,"走驴"之前有量词"头"界定名词身份。可见,在现代汉语中"走驴"仍为名词,语义仍为"跑得快的驴"。

(二)"跑驴""走驴"非平行演化

在古代汉语中没有"跑驴"结构。原因在于在古代汉语中,虽然"走"的"快速位移"语义在单独词汇应用上,但在与"跑"进行了语义取代迭变过程中,当其与其他成分结合成词时,语义滞留现象明显。"走驴"在古今语义中均为"跑得快的驴"覆盖了"跑驴"作为"跑得快的驴"语义。因此,即使在"跑"已经出现的古代汉语时段,也无法出现"跑驴"结构。

在现代汉语中,出现了"跑驴"结构。例如:

(8) 陕北秧歌的文场子、武场子、丑场子、跑驴、旱船等多种形式被糅进舞中,漫溢出当地人民对生活的赞美和热爱之情。(《人民日报》2001年)

例(8)中"跑驴"作为一种娱乐节目名称出现,整体为名词。但是该名词的形成途径却并非来自古代"走驴"结构,而是古代"走+N生命体"的另一结构——"走马、走狗"中固化成为娱乐名词的类推。

首先,我们从上文对"走驴"古今语义剖析中,已经明确"跑得快的驴"在现代汉语中仍以"走驴"表达。

其次,在第五章对"走＋N生命体"论述中,"走马""走狗"结构均从"使其快速奔跑"动性结构,经历了固化为娱乐游戏名词这一环节,语义为:"赛马或赛狗"。在现代汉语"跑"与"走"的语义更迭中,这类娱乐节目被平行替换为"跑马"或"跑狗"。例如:

(9) 都会的刺激,代替一切正当事业的热情。跑马、跑狗、回力球……《科技文献》

在例(9)中,"跑狗""跑马"从"使'狗''马'快速奔跑"从而形成竞技,成为娱乐节目。而现代汉语中"跑驴"结构,是"跑马""跑狗"类推而来的,其整体语义也呈现为娱乐节目名词。如以上例(8)所示。因此,"跑驴"现代语义来源可图示为:

图 12-2 "跑驴"语义形成图

(三)"跑＋N生命体"类推——"跑旱船"

在现代汉语中,"跑旱船"结构中,N 为物体名词,并非属于 N生命体 类型。但是从其整体语义,我们发现该结构的形成与"跑＋N生命体"中"跑马、跑狗、跑驴"有类推关系。例如:

(10) 庆祝活动丰富多彩,充满了浓厚的中国传统文化色彩,耍龙灯、跑旱船、舞太极、打腰鼓、放鞭炮等活动吸引许多过往行人驻足观看。
(《人民日报》2003 年)

在例(10)中,"跑旱船"与"耍龙灯、舞太极"等娱乐活动并列,其语义亦为一种娱乐活动。从"跑旱船"与"跑马、跑狗、跑驴"等娱乐节目名词同现而言,我们认为,"跑＋N生命体"能形成娱乐节目名词的构式义,将"旱船"这一事物名词以类推方式压制进构式。那么,"旱船"与"马、狗、驴"之间有何关联,能够进入该构式的条件是什么?

"跑马""跑狗""跑驴"这一类娱乐性节目得以进行,"马、狗、驴"虽然作为 N生命体 有自主发出"跑"动作的能力,但是其在句法位置上置于"跑"之后,该非常规结构凸显的语义是外力致使其发出"跑"的动作,该外力是驱使"狗、马、驴"去跑的"人"。而词典对"跑旱船"语义解释为:"一种民间舞蹈,扮演女子的人站在用竹片和布扎成的无底船中间,船舷系在身上。另一人扮演艄公,手持木桨,作划船状。艄公和船上的人合舞,或边舞边唱,如船漂浮在水面之上。有的地方叫采莲船"(《现汉》:981)。由词典语义可见,"旱船"虽为无生命物体,但其构成为两人组合的舞蹈。而"旱船"作为无生命性物体,能进入"跑+N_{生命体}"表示娱乐节目名称,是在于该类娱乐节目中"旱船"是舞蹈的"人"驱使活动的。因此,"旱船"在具体活动中生命体的驱使下,可以"跑"。与"跑+N_{生命体}"中的 N_{生命体}产生同类关联,故能被压制进"跑+N_{生命体}"表示娱乐节目义的构式。

五、"走/跑野马"表状态习语形成

从上文"走野马"与"跑野马"平行语料对照表格中,该结构似乎是最整齐的语言更迭现象:古代 BCC 语料库中只有"走野马",而现代 BCC 语料库中只有"跑野马"。从语言演变角度,似乎能印证因"走"与"跑"语义历时更替引起与之有关的结构平行更迭。但是,这种特别干净的断层,并不符合人们运用语言的认知模式,这并非语言演变的正常现象。因此,"跑野马"结构并不能简单地以古代"走野马"结构平行替换来解释。以下观察现代汉语"跑野马"结构用例。例如:

(11)a 我写文章喜跑野马,这一回又溜缰了。(苏雪林《儿时影事》)
在例(11)中"跑野马"形容"我"的写作方式:写文章思路比较发散,如同野马在旷野上乱跑。而在"跑野马"结构中,野马作为发出"跑"的动作者,置于动词"跑"之后,整体表达的是"野马跑"的情状。例(11)可与以下变换结构等值:

(11)b 我喜欢像野马跑一样写文章,这一回又溜缰了。
在例(11)b 中"跑野马"语义为"像野马跑",因此例(11)a 中,"跑野马"虽然在句法结构上处于动词之后,但其句法功能仍为状语。

据现代汉语 BCC 多领域类搜索,"跑野马"语例 25 例,其中,形容创作状况 15 例,说话状况 4 例,思想活动 3 例,做事风格 1 例。在语义上无一例在空间域与"野马"发出动作"跑"有关。在用法上,"跑野马"充当述谓成分 17 例,充当定语成分 8 例。由此可见,从语义角度,"跑野马"语义不能从"跑"与"野马"组合推断,而是在隐喻基础上形容类似"像野马乱跑"这样的一种情状。其充当定语用法的用例已达三分之一,从语义与用法两相结合来看,可见"跑野马"已习语化。那么,"跑野马"结构如何形成?与历时"走野马"有无关联?

考察 BCC 古代汉语"走野马"语例,"走野马"仅有一例。例如:

(12)时登令月。和风拂迥,淑气浮空。走野马于桃源,飞少女于李径。花明丽月,光浮窜氏之机。(南朝《全梁文·卷十九》)

例(12)中"走野马于桃源"意为"桃源上野马在奔跑",从语域上叙述了在空间域生命体——野马的活动。那么,作为发出动作的生命体,从语序角度应列于动词前为常规。但该语例中,生命体却置于"跑"之后,形成与现代汉语"跑野马"相类似的结构,原因何在?

观察该语例上下文及出处,发现该例句为六朝骈文。骈文"骈四俪六、对仗工整"的特点,使语言表达中状语调整移位成为可能。在例句中表现为施事主语"野马"临时置于动词"走"之后。而正是由于其临时性,其组合结构用例并未进入社团使用成为常规语言规则。由此可见,现代汉语"跑野马"结构与古代"走野马"结构并无结构上的平行替换关系。

而我们认为"跑野马"结构成因是现代汉语平面上,句子表达形式简化而成。

现代汉语中的状语,作为谓词的次级述谓成分存在于句法结构中,其位置若无线性制约,可自由处于主干成分前后(金立鑫,2011),状语位于动词前为句法常规。但是,由于"野马"为具有生命性名词,其位于动词之前,常规识解为施事主语,而自足动词"跑"在常规结构中,其后为空位。那么,当在复杂句中,希望表达"像野马跑"这样的情状语义,状语"野马"置于"跑"之后成为可能。且从语言经济性原则角度,"跑野马"结构比"像野马一样跑"结构更为经济。例如以下为"跑野马"结构整体充当状语,而句中主要述谓成分与"跑"构成隐喻。

(13) 你不是谈伦理道德问题吗,怎么跑野马跑到正确处理三个关系上去了?(季羡林《漫谈伦理道德》)

例(13)中"跑野马"整体作为状语修饰"跑"。当然,在该句中,"跑"从空间域向事件域投射引发隐喻,"跑"不再是空间域双足在陆地快速位移语义,而是事件域中谈论问题时,话语从一个点向另一个点快速转移的隐喻。这促使修饰"跑"的状语"跑野马"结构产生同样共振隐喻,"跑野马"在该句中为"像野马一样乱跑"地说话,是事件域中讨论问题事件产生的共振隐喻。而当"跑野马"结构中,该语义的核心成分来自 N_{生命体}——野马的物性特征,具有不受拘束、任意妄为的特点。

由此,可以梳理出惯用语"跑野马"结构形成的途径:在古代汉语中,"走野马"为临时组合,其低频使用未能形成句法常规搭配进入语言系统。在现代汉语中,在普遍语言规则制约下,当"野马"作为状语时,为避免其在线性句法中与主语误判,则将其置于动词后,而"跑"作为自足动词其后宾语位置天然空缺,为其进入提供条件。由于其在形式上呈现出非常规组配形态,故在句法应用上,需以整体识解状态隐喻后进行。例如"跑野马的风格、跑野马的文笔"等,此为该结构在句法应用上的制约条件。在经济性原则作用下,"跑野马"习用语形成。

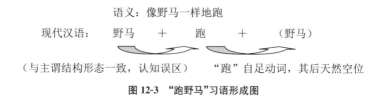

图 12-3 "跑野马"习语形成图

第二节 "跑＋N特征生命体"中 N 的转喻

在上节分类中,"跑龙套""跑单帮"被归入"跑＋N生命体"类的原因在于根据"单帮""龙套"的词典义,两者均指一类人。但他们指代成因各不相同,下面分别阐述。

一、"跑龙套"语义转喻与语用跨域

"龙套"的意思是"绣有龙的戏服",而当人穿上这戏服时,"龙套"成为这一种人的特征。"龙套"戏服的特征在于穿这类戏服的人属于戏剧演出中的群众演员或配角。这个特征将"龙套"与"群众演员、配角"关联在一起,成为转喻中相关性的契合点。通过转喻机制,"龙套"作为 N生命体 进入"跑＋N生命体"结构。

(一) 语义转喻

检索 BCC、CCL 语料库,"跑龙套"在古代与现代汉语的用例数量如下表。

表 12-3 "跑龙套"古今语例数量表

跑龙套	古代汉语	现代汉语（多领域）	现代汉语（文学）	现代汉语（报刊）	现代汉语（微博）	现代汉语（科技）
BCC	6	551	912	97	435	118
CCL	0	136				

从上表可见,"跑龙套"已是现代汉语常用结构。选取 BCC 古代汉语及现代汉语(报刊)①类语例为考察对象,分析其语义语用。

在古代汉语中"跑龙套"为戏剧表演术语的用法,在 6 个语例中占了 5

---

① 在 BCC 现代汉语语料库中选取"报刊"栏,主要是语料库多领域、文学、报刊、微博等各分类中,"报刊"相对是最为规范的语例来源。将其作为分析句法的对象,相对比较可靠。

例,例如:

(14)a 汉祖唐宗,也算一时名角,其余拜相封侯,不过肩旗打伞跑龙
套。(诗藏《诗话•雕虫诗话》)

例(14)为 BCC 语料库中"跑龙套"最早语例。从例句前文"名角"语境,可见
"跑龙套"为戏剧表演术语;后文副词"不过"衔接的是表述状态短句,可以插
入"是"测试。

(14)b 不过是肩旗打伞跑龙套。

例句(14)b 与(14)a 语义等值,均无时体助词表示时态,可见其为状态性表
述。而这种状态,是"跑"的一种动态呈现。其中"肩旗打伞"描述了"跑"的具
体动作,而该动作发出者为"龙套"。从常规句法结构表述,发出动作的施事
生命体应该位于动词之前,故例(14)的常规语序应该为:

(14)c 不过是龙套肩旗打伞地跑。

在例(14)c 中,将"龙套"恢复到常规句法位置,"龙套肩旗打伞地跑"结构中,
施事生命体"龙套"若置于动词之前,易被识解为主谓结构表达而非对"跑"状
态的描述,这种表达方式表述的句义与原句句义有差别。故原句为了表达这
是一种"跑"的状态,将"龙套"置于动词"跑"之后。这种结构得以形成的原因
在于:一方面,自足动词"跑"之后天然空位可容纳修饰谓词的次级句法成分;
另一方面,从语义契合角度,生命体与"跑"动作之间语义相关,两者可以并置
(collocation),故可将"龙套"放置在动词"跑"之后,以句法成分换位方式,起
到表状态的作用。这样,"以做配角的方式进行表演"这种表达状态、方式的
语义通过"跑龙套"非常规结构表达了出来。

在例(14)中,"跑龙套"整体结构充当述谓成分,而当"跑龙套"结构形成
可整体使用时,其在句中不仅可充当述谓成分,同时还可充当定语及主语成
分。例如:

(15) 戏园中有跑龙套者,其品格甚低,而其为用则甚大。(类书《清
稗类钞》)

在例(15)中,"有……者"意为"有……的人"。在句中"跑龙套者"可翻译为
"跑龙套的人"。在该结构中,"跑龙套"作为定语,描述这一类人的特征是:以
配角身份进行表演。

充当主语成分的用例如下:

(16) 当然是他,老袁一死,中国政治舞台上,就像走了个唱大轴子
的角儿,只剩些跑龙套跳打。(集藏小说《人海潮》)

例(16)"跑龙套"之前出现名量词"些",其后以"跳打"是述谓成分,故句中"跑
龙套"整体充当名词性施事主语。

(二) 语用跨域

在BCC古代汉语6例"跑龙套"中有5例应用于戏剧表演,可见"跑龙套"本义为戏剧术语。当"跑龙套"在现代汉语层面大量使用,其逐渐脱离戏剧术语范围,在各个语域泛化。首先,其作为述谓结构投射到其他语域。例如:

> (17) 马刺圆过一次冠军梦,只要他们继续生猛,其他队便只能跟着跑龙套。(《厦门日报·粗描》1999-10-06)

在例(17)中,"跑龙套"是"其他队"的动作,这个动作是指"在比赛中作为配角进行比赛","跑龙套"语域从戏剧域投射到运动域。语域之间的投射,是由隐喻机制作用而成。源域与靶域之间的相似点在于:实施配合主要动作发出者活动。这是"跑龙套"作为动性结构通过类推后在其他语域的泛化使用。

其次,其作为定语成分,在其他不同语域也进行投射。例如:

> (18) 李炜力已跳槽过好几家公司,可干来干去还是个跑龙套的"报关员"。(《厦门日报·私刻海关印章连闯关》2000-03-19)

在例(18)中,"跑龙套"作为定语对"报关员"工作进行了描述。在贸易行业内,报关员不是负责主要工作的人员,而是为配合贸易人员做事务性工作的人。"跑龙套"从戏剧语域描述"以配角身份进行表演"隐喻为职场"在公司次要身份进行工作",这两者的相似性成为其能隐喻机制得以实施的关键点。

再次,在戏剧语域"跑龙套"作为主语成分,其语义为"跑龙套的人"。"龙套"这一原作为名词在"跑龙套"结构中,在整体语义融合过程中,语义被逐步磨损,其指人的语义淡化,融合进"跑龙套"动作。而当语言表达需要指称"人"时,"跑龙套"又以动作相关性转喻的方式整体指称"跑龙套的人"。这是语言固化结构在使用过程中,整体结构内部磨损导致语义缺失,而后通过相关机制再重新识解使用,"跑龙套"指属于"龙套"的一类人语义叠加羡余。而当"跑龙套"作为"跑龙套的人"的语义出现后,其之前可以指称人的量词"个、位"进行修饰。"跑龙套"这种由句法位置形成的语义同样也存在于其他领域。例如:

> (19) 敲骨吸髓的少数人成了"伟大人物",辛勤劳作的多数人被形容为"跑龙套""小丑"。(《厦门日报·人》1951-01-14)

> (20) 可是文名比幼凤大一些,认识几位书买手下的跑龙套。(集藏小说《人海潮》)

例(19)(20)分别为"跑龙套"在BCC古代与现代汉语用例中充当指人名词使用。在例(19)中,"跑龙套"与"小丑"并列出现,"小丑"为对一类人的名词性称谓,由此可见与之并列的"跑龙套"也为一类人的名词性称谓。同时从前文

"多数人"也可得到语境印证。例(20)中,前文量词"位"明确"跑龙套"语义为"跑龙套的人"。这是"跑龙套"形成"跑龙套的人"语义后,在戏剧语域充当主语成分,在其他语域投射后充当宾语成分,这是"跑龙套"作为名词这一语义在其他语域中的泛化使用。

综上所述,"跑龙套"从最初形成的动名非常规结构在句中充当述谓成分,语义为"进行配合主角的表演";到在句中充当定语成分,语义为描述"作为配角进行表演的方式";而再后在"跑龙套"高频使用过程中,由于结构的整体识解,导致结构中的名词性成分"龙套"语义磨损,当句子中需要表达该名词性语义时,结构不是以倒退还原分解词汇的方式,而是将整体结构以动作相关性转喻的方式转而被整体识解为"跑龙套的人"。

"跑龙套"这些语义,在现代汉语中,通过隐喻机制,在不同语域都有所投射。根据 BCC 语料库报刊栏统计,"跑龙套"用于戏剧语域与其他语域语例数量见下表。

表 12-4 "跑龙套"不同语域数量表

跑龙套	戏剧/表演语域	其他语域
古代汉语	5	1
现代汉语(报刊)	52	45
现代汉语(微博)	136	297

以上将"跑龙套"在古代及现代汉语报刊及微博的用例进行了统计,选取以上三个类型原因是:第一,古代汉语与现代汉语具有时间上的界分,第二,同属于现代汉语的报刊与微博分别代表规范用语与现实自然语言,两者在语言演变过程中的角度同样具有时序性。从以上数据可见,首先,由于科技发展,影视艺术逐渐取代舞台表演艺术成为主流(我们将"跑龙套"在现代影视及舞台语域的用法均归入其本义)。其次,在古代汉语中,"跑龙套"用例以戏剧表演语域为主,占总数的83.3％,而当进入现代汉语中时,其使用语域在隐喻机制作用下,分别泛化进入生活、运动各种事件中,但"跑龙套"表演领域依然为其主要使用语域,占总数的53.6％;再次,微博语料是最接近当代自然语言的一类,在这一类语例中,"跑龙套"作为表演域的本义依然存在,但是在其他领域的使用量大大增强,导致其本义语例在总数用量中大幅缩水,只占总数的30.6％。由此可见,"跑龙套"结构整体语义日益固化,其本义与其他领域的使用数量比即为其逐步固化的成词的明证。

(三)"跑龙套"习语化

"跑龙套"作为表示方式义的惯用语,是从"跑"与"龙套"的非常规搭配组合后高频使用形成。我们来看例句：

(21) 他为人挑过赌担，为戏班子跑过龙套，小小年纪经历险杂。（《厦门日报·夏天最后一朵罂粟》2000-07-19）

(22) 这些天，自己一直在戏里在跑着龙套，虽然都是一些无关紧要的小角色，可也很有意思。（云天空《混也是一种生活》）

在例(21)(22)中，在"跑"与"龙套"之间插有体助词"过""着"，"跑过龙套"在句中的语义为"担任过龙套角色"；"跑着龙套"在句中语义为"担任着龙套的角色"。我们搜索所有BCC多领域、文学、报刊语料库，当"跑"与"龙套"之间能插入"着、过"等体助词时，该"龙套"皆为戏剧表演语域，指"配角"；而"跑"在该语境中能与"龙套"组配，原因在于舞台表演中"龙套"表演动作中具有"快速位移"的特点。而当"龙套"泛指戏剧表演中的配角时，"跑"在该语域引申出"担任"的临时语义。当该结构充当述谓成分时，语例全部应用于戏剧语域，可见其在戏剧表演中"跑"与"龙套"之间属于常规句法组合。

而当"龙套"直接与"跑"结合，两者在句法规则上不符合常规。其结构能够成形，与"跑野马"结构原理一致。而其结构形成后，当其整体充当定语，例如"跑龙套者、跑龙套的人"的过程中，将"龙套"中由特征转喻带来的生命性逐步淡化，促使"跑"与"龙套"语义直接融合成为"以配角方式进行表演"。而后，当其充当主语、宾语成分，说明其整体语义具有指称性，整体呈现名词化特点。而词性转化是词汇化的一个标志。

(跑龙套)句法成分：述谓成分————定语成分————主语、宾语成分
词汇化过程：动词性非常规结构——形容词性成分——名词性成分

以上过程，从古到今语例分布分析可见，彼此之间具有先后时间顺序，在隐喻作用下，"跑龙套"作为整体语义固化使用的语例数量比的增减情况，可见"跑龙套"动名非常规结构词汇化的过程。

二、"跑单帮"中"单帮"多义及整体语境制约

前文将"跑单帮"归入"跑＋N$_{生命体}$"一类。"单帮"词典义为"从甲地贩卖商品到乙地出卖的单人商贩"（《现汉》：253），明确"单帮"为一类人。但是，"单帮"并非事物名词，也并非像"警察""教师"这种人类称谓名词，其构成的特殊性，导致"跑单帮"结构词汇化过程中语义固化具有特殊性。

(一)"单帮"的多重语义

"单帮"的词典义指"单人商贩"，实现了"单"与"帮"组合义到整合义的转型。根据"单"与"帮"的单词语义："单"指的"一个（与双相对）"（《现汉》：

253),词性为形容词;"帮"指的是"群、伙,集团"(《现汉》:39)。那么,"单"作为形容词,修饰多人集团"帮",两者临时组合形成何种语义?

以下分析"单帮"多语义形成过程。从 BCC 古代汉语搜索到"单帮"用例 2 例。例如:

> (23) 就令该管指挥等官、分派各船食用。抵换原带食米上仓。不许故意单帮在后。(大明会典《史藏·政书》)

> (24) 德老爷说:"若问粮船到关,如单帮的,立刻开关叫他过去;若是三帮五帮,撞在关上,却又难了。"(集藏话本《施公案》)

以上语例为"单帮"最初合用。该句中"帮"来源于明清"漕运"制度,明代漕运由各地卫军承担,需要大量船只船工。清承明制,但改名,将明的一卫改为若干帮,每一帮拥有五六十只粮船①。以上例(23)(24)中的"帮"皆指粮船结成的"帮"。而"单""帮"组合语义,可以指"一帮",如例(24)与"三帮、五帮"对称,为名词性结构;也可理解为"单独行动",如例(24)中"不许故意单帮在后"。"故意"为副词,修饰的是行为动作,故该例句中"单帮"为"单独行动"义。句义为不允许一个单位的船帮单独行动,"单帮"具有方式义。以上两个语义在现代汉语高频使用中逐渐固化。

首先,从例(24)句的"单帮"名词性语义中,重心在"帮"。"帮"本由"人"组织而成的。故"单帮"向指称一类人的语义方向发展。例如:

> (25) 他们四人一路,我们仍旧还是三个"单帮"。(卧龙生《美人戟》)

> (26) 一个女单帮只要相貌长得好些,简直到处都是一重重的关口,单是那些无恶不作的"黑帽子"就很难应付。(张爱玲《沉香屑·第一炉香》)

例(25)中"单帮"之前可用数量词"三个"修饰,在句中充当宾语;例(26)"单帮"之前用数量词及区别词"一个、女"修饰,在句中充当主语。可见,"单帮"一词作为一类人的称谓,已固化为名词。

其次,例(23)中"单帮"指"单独行动"方式义,例如:

> (27) 近年来,港澳台黑社会对广东的渗透从主体成员的构成来看,人员有了一定的变化,已经从八十年代的单帮行为发展为组织行为。(《科技文献》)

> (28) 让演员们自己去搞钱,人员自由组合。秦二他玩单帮自由自

---

① 该历史中,"帮"的名称与内涵演变详见《上海青帮》,[澳]布莱恩·马丁著,周育民等译,上海三联书店 2002 年 9 月,第 5-8 页。

在惯了,几个组的人有些不敢组合他。(李志川《秦二走了》)

例(27)中,"单帮"与"行为"组配,是古代汉语例(24)中"单独行动"语义一脉相承。而例(28)中后半句"几个组的人有些不敢组合他",从反面说明"玩单帮"是施事主语"秦二"以"单独行动"的方式活动。这一类语义在现代汉语中固化,"单帮"指一种"本由多人进行的活动,现由一人单独进行"的行为方式。

而当"单帮"成为一种行为方式的指称,则其在句中可充当定语,形容具有这类行动方式的人。例如:

(29)那姓胡的单帮商人忙偏身躲避,脚掌却早被李黑踩住。(应天鱼《少林英雄传》)

(30)从而我便想到上面所说的这二位单帮客也许并不真的那么老实。(苏青《救命钱》)

在例(29)(30)中,"单帮"修饰"商人""客",说明这类人具有"单独行动"的行为方式。在BCC现代汉语多领域、文学、报刊类语料中,"单帮"作定语的语例与语义配比如下表。

表 12-5 "单帮"做定语情况表

语料库	BCC多领域	BCC文学	BCC报刊
"单帮"为定语	14	60	4
单帮商人	2	7	1
单帮客/客人/客商/水客	11	39	2
单帮生意	1	7	1
单帮贩子/小贩	0	3	0
单帮巫师	0	1	0
单帮豪客	0	2	0
单帮镖客	0	1	0

在所有"单帮"作定语的语例中,其后成分为"商人、客、水客、贩子、生意、巫师、豪客、镖客"等,其语义皆与获取金钱利益的职业人相匹配。由此可见,单独行动的"单帮"在与"获取利益的商人"高频组配的过程中,产生词义感染(contagion)。

"词义感染"是由于二词相连所产生的词义感染现象(伍铁平1984),也称为"组合同化"(张博1999),即通过词语组合关系衍生词义的现象。"单帮"中"单独行动"方式语义在修饰"获得金钱利益的人"的基础上,获得"单独方式经商"语义。从而形成"做生意"方式义,语言演化所经历的过程即为"词义感染"或"组合同化"。伍铁平(1984)认为词义的感染有一定规律可循,在组合感染中最常见的是"形容词＋名词"组合,形容词或名词获得整个词组的意义。而"单帮"在修饰"商人/客/水客/贩子/生意/巫师/豪客/镖客"过程中获得"单独方式经商"义,符合这条规则。例如:

(31) 小伙子不服气,他认为文化程度高不会捞钱有何用,碰碰运气,跑一趟单帮,胜过教授一年的收入。(《厦门日报》1987-10-25)

在例(31)中,"单帮"一词语义为"一个人做的生意",两者可相互替代,语义等值。同时由于在古代汉语中,"单帮"本身就具备指称一类人的功能,在认知固化基础上,"单帮"获得"单独经商"义。两义同形,极易在共时平面上转指为一类"单独经商的人"。由此,"单帮"作为生命体的指称语义完成,例如(25)(26)句的"三个单帮""女单帮"。这是语言在使用过程中,两义同时并行运用彼此互动影响的结果。

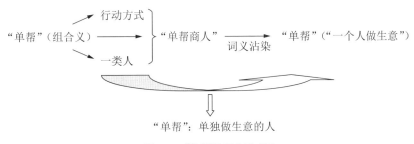

图 12-4 "单帮"多语义形成图

以上为"单帮"多义形成过程。可见,"单帮"本具有两种相关本义:"一类人的称谓、一种行动方式";在语言使用过程中,句法层面的线性组合,导致语义互相沾染,先后发展出各自不同词性相关语义:"单独做生意的商人、单独做生意"。在现代汉语中两种语义在认知中通过转喻机制转指的过程是基于最初的行为方式义与称谓义两种语义。这两语义中,"单独做生意的商人"收录进《现汉》,而"单独做生意"的语义则未见收录。

(一) 语境对"跑单帮"的语义语用制约

在以上对"单帮"语义从历时和共时角度探析的基础上,来观察"跑"与"单帮"的组合情况。第一种情况,现代汉语语料中"跑"与"单帮"之间在句法上呈现组合状态。例如:

(32) 麦先生的生意停顿了,佳芝也跑起单帮来,贴补家用,带了些手表西药香水丝袜到上海来卖。(张爱玲《色·戒》)

(33) 有一朋友,搞过养殖,跑过单帮,办过工厂,均告失败。(《福建日报》1992-10-08)

例(32)中受前句"老麦的生意"语境限制,能确认"单帮"语义为"生意";例(33)中"跑过单帮"与"办过工厂""搞过养殖"并现,也表明"单帮"为"生意"。"跑"与"单帮"之间插入"起、过"。"起"表示起始体,而"过"表示完成体,在句法层面,说明"跑"与"单帮"之间是动补结构组合义,这是"跑"动作在"单帮"行为中的体貌状态。"跑起单帮"表达"单个人开始做生意"的状态,"跑过单帮"表示"已经完成了单个人做生意"的状态;由于"跑"具有空间快速位移语义,因此"跑"与"单帮"组配,将"单帮"的"生意"行为语义进一步精细为"从甲地到乙地跑动,需要费力"的一种经商方式。也就是说,如果"做生意"分"行商"与"坐商",那么"跑"与"单帮"的组合义中,"跑"将"单帮"中"生意"语义界定为"行商"。

而在"跑"与"单帮"的组合情况中,只有一例为"跑着单帮"组合。例如:

(34)在反抗日本侵略者的年代里,元老和陈老一样,都是游击队员,只不过陈老加入了当时共产党的队伍,而元老则一直带着自己的一些弟兄跑着单帮而已。(湘妃竹《红尘有梦》)

而该例中,"跑"与"单帮"之间插入的是进行时体助词"着","单帮"语义为"单独行动"的行为方式。凸显谓语动词"跑"的时候是以"单独行动的方式"进行。从类型学角度,居于主要谓语前后修饰该谓语情状的内容都可界定为次级谓语(金立鑫 2011)。"单帮"作为"跑"的次谓结构,修饰"跑"的方式为"单独行动"的方式。

从以上"跑"与"单帮"的句法组合情况可以得出结论,该结构中"单帮"均非 $N_{生命体}$。

当"跑"与"单帮"直接组合后,"单帮"的语义词性有何变化呢?

考察"跑单帮"结构句法分布与语义。在 BCC 现代汉语语料库中,"跑单帮"可整体担任谓语成分、定语成分。例如:

(35)上岛比周琼波早一年的乔伟实际上一直没找到固定工作,一直跑单帮,自己找活儿谋生,好歹赚了些钱,收入状况比周琼波略为好一些。(雷达、白烨《海南无梦》)

(36)"烈哥就别戏弄小弟了,你不过是个跑单帮的生意人。"(寄秋《月刹朱雀》)

例(35)"一直跑单帮"中"一直"作为状语修饰谓语成分"跑单帮";例(36)"你不过是个跑单帮的生意人"中"跑单帮"作为定语修饰宾语"生意人"。

在 BCC 现代汉语多领域、报刊、文学类语料库中,从前后文语境观察,"跑单帮"语义用于生意语境与其他语境比例如下:

表 12-6 "跑单帮"不同语境数量比

跑单帮	BCC 多领域	BCC 文学	BCC 报刊
生意语境	85	267	39
其他语境	1	85	5

上表表明"跑单帮"作为"个人往来各地贩卖货物"(《现汉》:981)语义在现代汉语中使用,在 BCC 语料库多领域、文学、报刊分别占 98.8%、68.2%、94.9%。可见"跑单帮"结构语义主要来自"单帮"中"单独做生意"的内涵义,而动词"跑"是将其内涵义加以凸显。

从上文对"单帮"语义推导过程中可以发现,"单帮"复合结构,不管从词汇组合义开始还是最终达到整合义层面,均包含两种语义:一指人,一指行为。行为是人发出的,人是行为的承担者,两者语义融合不可分割。在现代汉语层面,"单帮"指"单独做生意的行为"或"单独做生意的人"。而在"跑单帮"结构中,"单帮"语义倾向于"单独做生意的人",证明如下:

假设"跑单帮"结构中"单帮"为单纯的行为方式,只是作为"跑"的次级谓语后置于"跑"形成的非常规结构,那么,该结构可以复原为:"以'单帮'的方式跑"这样的正常语序。但是,该正常语序在句法上成立,在语义上却与"跑单帮"不一致。我们通过真实语料还原测试:

(37)a"男人呢?"穆栩园又问。"在上海跑单帮。"(王心丽《落红沉香梦》)

(37)b"男人呢?"穆栩园又问。"在上海以单帮方式跑。"

例(37)a 中的"跑单帮"语义为"个人来往在各地贩卖货物",而(38)b 中的语义则是以"跑"的形式,两者语义相去甚远。由此可见,"跑单帮"结构中"单帮"并非"行为方式"。而根据前文"跑＋N_{生命体}"的形成途径中,把"单帮"理解为名词"从甲地贩卖商品到乙地出卖的单人商贩"后置于其能发出的动作"跑",构成"跑单帮"整体表示方式义的非常规结构较为合适。因此,在"跑单帮"结构中,"单帮"具有重叠语义,两语义之间可以互相转指,"单帮"作为生命体进入"跑＋N_{生命体}",以其与"跑"之间的语义相关性,构成非常规结构,"跑单帮"整体表达方式义。其整体语义在其他语域(走镖、杀手组织)投射,形成"辛苦独立进行某事"的语义。

三、"跑龙套""跑单帮"认知识解

以上从历时角度对"龙套""单帮"语义变化及其与"跑"从组合到整合、词汇化过程进行了阐述。那么,从共时认知角度,"跑龙套"与"跑单帮"语义如何

识解？

这是格式塔心理凸显"龙套""单帮"的低阶性。

在"跑龙套"结构中，"龙套"属于戏剧表演域术语，戏剧表演域术语很多，与龙套属于同一范畴的有"花旦""青衣"等。那么，为什么"跑龙套"结构能在语言系统存在，而未见"跑花旦""跑青衣"的出现？

原因在于"龙套、花旦、青衣"等角色名，在戏剧语域完整的理想认知框架（ICM）[①]中，"龙套"与其他角色存在地位高低的区分，"龙套"是该认识框架中地位最低的。而地位低的角色，在戏剧表现中具有"需要付出很多力气，很辛苦，却未必能有很多收获"的特征。而"跑"属于空间快速移动动词，其在戏剧表演领域中，不仅仅描述表演过程中真实快速位移的表演动作，其能与"龙套"整合成词最主要的原因在于其"位移-路径"意象图式中，由于其动作的"快速位移"性，动作发出需要生命体付出更多的力气，由此凸显出生命体辛苦，从而析出[＋费力]义素。而该语义特征与名词"龙套"在 ICM 认知框架中的地位相互契合。再在格式塔[②]效应下，戏剧表演中其他角色成为整体框架中的背景，而低阶位角色"龙套"得以凸显。两者能够搭配的语义可图示为：

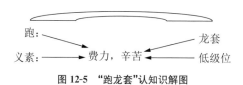

图 12-5　"跑龙套"认知识解图

而同属于戏剧语域的花旦、青衣，在表演过程中，即使同样也发出了空间位移动作"跑"，但是在语言结构中，没有构成"＊跑花旦""＊跑青衣"结构。原因在于"花旦""青衣"作为处于同一认知框架中的角色术语，在人们的认知中，其角色在付出努力与获得之间基本平衡，没有超出常规认知辛苦的点。可以图示为：

图 12-6　戏剧语域角色辛苦程度认知识解示意图

---

① Lakoff(1987)提出的基于社会规约性认知的"理想化认知模式"（idealized cognitive models, 简称 ICM）。

② 格式塔心理，也称为完形心理。即认为我们感官所知觉到的事体是综合统一体，具有整体结构（即完形结构）的特性，而不是个别的、孤立的成分，不能进行元素分析，应强调意识的整体性和综合性，整体不是其组成部分的简单相加。即"整体大于部分之和"。参见王寅的《认知语言学》，上海外语教育出版社 2007 年版，第 64 页。

同样,在"跑单帮"结构中,"单帮"两组合原词中,"单"是"单独";"帮"是"团体",这两个具有相反语义的词义组合在一起形成"本需要多人合作的事情一人单独去做",这种方式本身就很辛苦、很累。而"跑"陪义"辛苦、累"与之契合,"跑单帮"结构搭配成立,而无法形成"＊跑多帮"结构。

由此可见,在理想认知框架中,在阶位序列中,在行动时需要付出努力的那一部分,在格式塔效应下进行凸显,而这种"辛苦、累"特征,以义素［＋费力］被非常规结构从隐含中析出,表现为"跑"的属性陪义形式,成为两者能组配的语义理据,这也是人们在共时平面上能进行识解的出发点。

"跑龙套""跑单帮"本属于行业用语,是运用隐喻机制投射到其他语域,这说明该行业与人类整体生活运行或其他行业之间有相类的模拟框架。当使用语域的指称成分与"龙套""单帮"具有同等地位,才触发隐喻机制。例如在例(18)外贸公司的报关员,语言使用者对"报关员"一角色在公司所有职位的理想认知框架 ICM 中,属于付出多,得到少的一种职位的认知,其在格式塔效应下,在"跑"陪义"受累"契合下得到凸显,触发了戏剧语域与职场语域的隐喻机制。

第三节 "跑＋N_{部分生命体}"中的主观性

在"跑＋N_{部分生命体}"结构中,"腿"作为有生依存名词,是"跑"动作发出的具体部位,进入该结构形成"跑腿"。在句法形式上,"腿"并非"跑"的对象或目标,在句法结构并非充当"跑"的受事宾语,故该结构属于非常规搭配。在现代汉语中,"跑腿"作为词收录,语义为:"为人奔走做杂事"(《现汉》:982)。那么,"跑腿"结构在现代汉语句法中充当怎样的句法成分? 其"为人奔走做杂事"的语义是如何形成的? 其语义与结构之间如何在认知上匹配? 下面观察"跑腿"的句法分布。

一、句法分布

在现代汉语中,首先,"跑腿"用例最多的是充当述谓成分。例如:

(38)a 他经常唉声叹气地说:"搞农贷工作,要下乡去,天天跑腿,东一餐,西一顿,生活多么不安定!"(《厦门日报》1954-06-11)

在例(38)a 中,"跑腿"受副词"天天"修饰,在句中充当述谓成分。在其他语例中,"跑腿"还可以受"勤、多、不、不必、频频、再、不用、白、直"等副词修饰。在句中"跑腿"语义是"跑来跑去"与"跑"语义相似。其作为动词性述谓结构,来源于其结构中"跑"的动词性成分。我们可用删减法证明。

  (38)b 他经常唉声叹气地说:"搞农贷工作,要下乡去,天天跑,东一餐,西一顿,生活多么不安定!"

在(38)b 中,删除"跑腿"中的"腿"句法依然成立,句义基本等值。而"跑腿"充当述谓成分,其结构有多种变体,例如"跑趟腿、跑下腿、跑过腿、跑个腿"等。例如:

  (39) 他打发穗子爸给他跑趟腿,去供销社买盒火柴去。(严歌苓《穗子物语》)

  (40) "怎么可能? 我只会请教你一些问题,最多⋯⋯你跑下腿。"(主角总是邪恶的《重生之欺世盗名》)

  (41) 不行! 你们以前曾经替乌龙大帅跑过腿,我们不能收下这种有"前科"的人!(李凉《六宝江湖行》)

  (42) 我也办不了什么事,只是好为大家的事跑个腿帮帮忙,村长既然找到我名下,我就来了。(赵树理《李家庄的变迁》)

在以上例句中,"跑腿"之间插入量词及时体助词,除了例(41)"过"为时体助词,其语义表达与前句时间词"以前"构成过去时、完成体表达外,其他量词"趟、下、个"均可相互替换句法成立,句义依然表达"为人奔跑做杂事",彼此基本等值,可见"跑趟腿、跑下腿、跑个腿"为"跑腿"结构的同义形式变体。

  其次,"跑腿"可充当定语成分。例如:

  (43) 例如帮忙补交水电费,代领信件,预订车船票、电影票,找修理工修理家用电器等,都可以找跑腿公司。(《厦门日报》1986-03-16)

在例(43)中,"跑腿"修饰"公司",说明该公司的性质是"为人奔波做杂事"。在其他语例中,"跑腿"整体充当定语成分的结构还有如"跑腿业、跑腿员、跑腿先生、跑腿小姐、跑腿费、跑腿钱"等。在该类结构中,"跑腿"结构语义稳定,以其"为人奔波做杂事"的语义明确其形容词性质。

  再次,"跑腿"在句中充当主语和宾语,具有名词性质。例如:

  (44) 为了弄清情况,审判长也经常亲自跑腿去了解,这种跑腿是光荣的。(《厦门日报》1957-09-14)

  (45) "你呀,真倒霉,读了八九年的书还去给人家烧开水,当跑腿,真是'屈才',太没'前途'。"(《厦门日报》1965-11-30)

例(44)中"这种跑腿"整体充当主语成分,而"跑腿"前被"这种"修饰,使其具有名词性质;例(45)中"跑腿"充当"当"的宾语。同时,"跑腿"的形式变体,能在语例中充当定语、主语、宾语。那么,"跑腿"结构在句法中能够充当多种句法成分,其语义与常规表达之间有何不同? 下文具体分析。

二、语义表达的精确性

"跑腿"结构最初用例及变体,皆为充当述谓结构。从(38)a、(38)b删减对比中,也可知其语义主要来自"跑",而"腿"作为"跑"的动作具体发出者,作为修饰"跑"的次级谓语居于"跑"之后,起到突出"跑"的特性作用。那么,"腿"又突出了"跑"怎样的特性呢?

首先,我们认为"跑腿"结构比常规表达更具有形象性和精确性。观察"跑腿"典型用例:

(38)a 他经常唉声叹气地说:"搞农贷工作,要下乡去,天天跑腿,东一餐,西一顿,生活多么不安定!"(《厦门日报》1954-06-11)

在例句中,"天天跑腿"是对"搞农贷工作"的具体描述,"跑腿"实际语义为"干活,做事"。而当我们将"干活、做事"这两词替换入上例:

(38)c 他经常唉声叹气地说:"搞农贷工作,要下乡去,天天干活/做事,东一餐,西一顿,生活多么不安定!"

(38)c句法依然成立,但其语义形象性与确切性上却有所不同。首先"干活"是一个过程性动词,其语义涵盖很广,既可指体力劳动也可指脑力劳动,如搬砖或抄写文件皆可;可指用手在固定地点干也可指身体来回奔波干,如编竹筐或送快递。而"跑腿"语义将"干活"的具体形式框定在"需要用腿跑"的方式来干的活。其结构中"跑"作为动作性极强的动词,意象图式具有从起点到终点可来回位移的特性,突出了这类"活"中的"来回奔波"特点,增强了动词的形象性。而"腿"作为具象名词,在认知显著度①上高于抽象名词"活、事",比抽象名词更为形象。由此,非常规结构"跑腿"的形象性与精确性强于"干活、做事"等常规表达。

其次,我们认为,在"跑腿"结构语义中,具有"受累性"特点,析出[＋费力]义素。

在例(38)中,语言表达者"唉声叹气"的情状,说明"天天跑腿"是件很累的活。在例(45)中,感叹给人当"跑腿"的你"真倒霉",可见"跑腿"的辛苦和受累。另在句中大量出现"为……跑腿"结构:"为他跑腿""给我跑腿""替农

① 显著(salience)是知觉心理学的一个基本概念,显著的事物容易引起人的注意,这些事物是容易识别、处理和记忆的。用显著的东西来激活不显著的东西是一般规律。Langacker(1993)认为:在其他条件相同的情况下,显著度的原则大致是:

　　人类＞非人类　整体＞部分　具体＞抽象　可见的＞非可见的

由此,在认知事物显著度上,动态的事物比静态的事物更显著,具象事物显著度高于抽象事物,这是符合人类一般认知规律的。详见第八章分析。

民跑腿""替奶奶跑腿""为企业跑腿""替客户跑腿""为老板跑腿""为外婆跑腿""我给你跑腿""为财主老寨主跑腿""替人跑腿"。这类搭配,"跑腿"之前为目的性状语,且该状语为"他人",那么为他人服务的动作,使该动作中的"受累"语义特征进一步得到彰显。

三、语义中的主观性

"主观性"(subjectivity)是指语言的这样一种特性,即在话语中多多少少总含有说话人"自我"的表现成分。也就是说,说话人在说出一段话的同时表明自己对这段话的立场、态度和感情,从而在话语中留下自我的印记(沈家煊,2001)。我们来看下面语例:

(46)a 小米一向乐意为这些他所仰慕的艺术家服务,自告奋勇说:"那我跑一趟。"(李国文《体验生活》)

(47) 能不能不要老让我跑腿,我最烦这种事情了。(BCC 微博)

在例(46)与例(47)中,所做的事情都是需要通过"来回跑动奔波"才能完成。但从例(46)中就可以看到,小米对于给艺术家服务是乐意的,便自告奋勇说:"我跑一趟",说明当说话人认为这种奔波不辛苦,高高兴兴自愿去做时,在语言表达上,并不使用"跑腿",而使用中性表达"跑一趟"。而从例(47)使用"跑腿",是因为我"最烦"这种事情,可见"我"去做这件事的不情愿。而我们将例(46)里中性表达"跑一趟"改为"跑腿",则句义情感表达就有所矛盾。例如:

(46)b 小米一向乐意为这些他所仰慕的艺术家服务,自告奋勇说:"那我跑趟腿。"

前文小米是"乐意、自告奋勇",而后面语言表达时却用了"跑腿"结构,导致语境情感上不自洽,原因在于这是"跑腿"结构中体现出受累的主观性情感义。

由此可见,在语用上,话语表达者在使用"跑腿"一词时,带有自身主观性情感,而这种主观性情感来自该词语中具有"受累"语义特征。故在语言表达中,当表达需要对方"跑腿"时,在共时语境中,多出现表达感谢类的词汇,如"麻烦你、你真好"等用语。而当别人要求自己"跑腿"时,在共时语境中多出现"烦、累"等用语。

那么,"跑腿"语义中"受累"这一主观性成分是如何形成的呢? 我们就其语义形成途径进行剖析。

四、主观性义素凸显

"跑腿"在词典义为"为人奔走做杂事"。而在具体语料分析中,我们发现其还具有"受累"这一主观性语义成分。那么,该主观性成分形成的途径及原因何在？

　　首先，从语言内部动名组配角度而言。"腿"作为生命体的一部分，是"跑"具体动作的发出者，两者从义素契合角度，"跑"与"腿"能并置出现在句法中，"腿"常规以工具状语的形式出现在"跑"之前。例如：

　　　　我用腿跑

而"腿"后置于动词"跑"，原因之一，从"跑"作为自足动词其后天然位置空缺使名词成分进入成为可能；其二，在"跑"的意象图式中，由于其速度感导致发出动作的生命体花费更多的力气，而使生命体感受到"累"，而最直接感受到"累"的部分，便是发出"跑"这一动作的"腿"。而从句法规则的时间顺序原则来看，"跑"动作先发出，"腿"在句法位置上后置于"跑"，从动名结合的先后顺序上，动词对名词有致使作用①。使"腿"被致使"受累"的特点从句法形式上得以凸显。因此，从"跑"与"腿"内部结合的角度来看，其"受累"主观性成分首先由"跑"的陪义中析出［＋费力］义素成为两者搭配的契合点；其次，其语序位置的不合常规，则凸显了"受累"语义由动词"跑"致使名词"腿"而形成。

　　其次，从句法外部环境分析。

　　（48）为了每一个人的生命，各级干部和解放军宁可跑断了腿，磨破了嘴，也不让一位群众留在不安全的地方。（《报刊精选》1994-07）
在汉语常规句法中，有例（48）类"跑断了腿"的动补结构。在该结构中，"断了腿"作为补语补充说明"跑"的程度。补语"断了腿"语义并非字面义"腿断了"的状态，而是说明"腿"的"受累"程度很高，可见"跑"得很辛苦。而这种述补结构的存在，在外部句法环境中，说明动词"跑"与"腿"两者组配过程中，即使以"跑"为前，"腿"为后的语序，两者之间可以存在常规的句法表达。这为"跑腿"动名非常规搭配在语序上准备了外部环境。同样，该述补结构所表达出的语义，与"跑腿"具有一致性，只是其语言表达使程度进一步精确而已。

　　以上对"跑腿"语义中"为人奔波做杂事"及"受累"的主客观语义成分途径进行了分析。而从语言使用者选择该非常规结构进行表达，是语用中的适量原则②的推动。

　　语用中适量原则包括不过量原则与足量原则。不过量原则是从说话人角度，用尽量少的语言表达语义内容；而足量原则是从听话人角度，使语言包含尽量多的信息。"跑腿"结构，从不过量原则角度，利用"跑"属性陪义与

---

① 这就是动宾常规结构中，动宾关系的底层动因：名词是动词的作用对象、受动者等特点。

② 关于语用适量原则的论述，详细见第八章。

"腿"构成动宾致使关系,使两者契合并置成功,其语音、字数最为俭省,形象精确地表达了"奔波办杂事"客观语义。而从足量原则出发,则利用非常规搭配的有标记方法,将"腿"后置于动词"跑",凸显"受累"的主观性成分,使语言表达信息度更加充分。

第四节 结　　语

本章研究了"跑＋N$_{生命体}$"这一类非常规结构。N$_{生命体}$分为"整体生命体、特征生命体、部分生命体"三类,分别以"跑人/马/驴""跑龙套/单帮""跑腿"为代表进行了个案研究。

由于"走＋N$_{生命体}$"已经在前章有所研究,本章研究中首先在"走＋N$_{生命体}$"与"跑＋N$_{生命整体}$"之间是否具有承接变异关系进行梳理。对于具有承接关系中如何平行演化进行论述;对于变异类型也从其句法特征、形成途径等各方面进行剖析。

对于"跑＋N$_{特征生命体}$"这一类特殊类型,从N语义的历时与共时演变角度,对其成因途径进行研究。格式塔理论是共时平面结构得以成立、语义整体认知识解的理论依据。

对"跑＋N$_{部分生命体}$"结构,也从句法分布、语义特征剖析、结构成因几个方面进行研究,并对其语义中主观性成分的成因从语言内部非常规结构及外部语用适量原则推动进行解释。

在方法上,"跑＋N$_{整体生命体}$"与"走＋N$_{整体生命体}$"运用之间的平行演化运用系统梳理的方式;"跑＋N$_{特征生命体}$"与"跑＋N$_{部分生命体}$"运用的是个案分析与系统梳理结合的方式。

由此,将"走＋N$_{生命体}$"与"跑＋N$_{生命体}$"这两类结构在承继和演变方面作了梳理,发现通过非常规结构析出的义素[＋迫使]是形成"走/跑人"这一类结构的陪义因素;"跑"的个性义素[＋快速位移]在"跑＋N$_{特殊/部分生命体}$"非常规结构中由于具有主观性"受累"成分,析出相应附着义素[＋费力],成为"跑＋N$_{生命体}$"非常规结构整体识解的关键因素。

第十三章　意象图式变化下"跑+N"非常规结构

第一节　引　言

一、义素凸显搭配视角下"跑+N"结构分类

在前几章,论述了"V$_{走/跑}$+N"非常规结构能形成的基础在于"走/跑"的意象图式中体现共享义素为:[+生命体][+双脚与陆地接触][+水平位移],通过义素关联,使 V$_{走/跑}$与 N 并置成立,在"V$_{走/跑}$"的义位变体或陪义与 N 相互契合的作用下,使其在语言线性平面上并置后能成为可以识解的句法形式。

"跑"具有[+水平快速位移]这一义素,为三义素的核心,在前两者非常规结构中始终存在。而当"跑"的意象图式在空间域,只体现"快速位移"语义特征,或当其在空间域的意象图式中的元素变形、添加或在其他认知域进行投射,[+生命体][+双脚与陆地接触]两义素并非全部凸显,只以[+水平快速位移]义素构成"跑+N"非常规结构语义基础。本章将以"跑"意象图式在空间域的[+快速位移]义素特征为非常规结构内部关联点,将其分类为在空间域的元素变形、添加或其他认知域投射几类,对不属于"跑+N$_{空间处所}$""跑+N$_{生命体}$"之外的其他"跑+N"结构进行研究。

二、基于不同认知域投射的"跑+N"结构分类

本章内的"跑+N"属于第十章"跑+N"分类中的其他类,即只与[+快速位移]核心义素相关联,该意象图式在各认知域投射过程中,[+快速位移]作为"跑"的个体义素始终存在。"跑+N"在其他认知域投射后的语例主要有"跑项目、跑水、跑肚、跑舌头、跑汽车、跑路线、跑门子、跑业务、跑营销、跑材料、跑量、跑调、跑方阵、跑圈、跑外勤"等。而这些结构从组配方式及认知域角度,又属于不同的类别。根据"跑+N"所处的不同认知域可分成以下几类。

表 13-1　以[＋快速位移]义素关联的"跑＋N"结构不同认知域分类表

不同认知域	"跑＋N_{其他}"
空间域	跑方阵、跑圈、跑门子、跑 100 米、跑内圈、跑线路
事件域	跑业务、跑项目、跑材料、跑量、跑营销
时间域	跑水、跑肚、跑题、跑音

在上表中,第一类,"跑＋N"仍处于空间域,"N"为空间域具象名词,如"一百米、内圈、门子、线路、中锋"等。但这些 N 并非同一类别,其中有一部分为专属竞技语域名词,如"一百米、内圈"等,与"圈、线路、门子"类名词与"跑"的组合方式并非同一途径。前者为"跑"意象图式中添加了另一生命体,在"跑"个体义素[＋快速]作用下,构建竞技语域而成;后者则为"跑"意象图式中路径元素在空间域变形,N 作为其变形后的路径与"跑"组配。

第二类,是"跑"的意象图式从空间域向事件域投射。在前章我们将"事件域"界定为"事物在一定的时空发生变化的过程"。故"跑＋N"发生变化的时空范围,可界定为与之相应的"事件域"。而在第二类中的 N,属于不同权重比值的事件名词①。

"跑"从空间域中生命体双脚与陆地接触快速位移意象图式,投射到事件域中,发出动作的依然为生命体,但是其"跑"的动作不再是空间域的具象快速位移,而是"跑"的相应义位变体:"快速进行"义位是在[＋事件域]义素区别特征基础上形成,在事件域与事件名词相契合形成结构。

第三类是"跑"的意象图式从空间域向时间域投射。其在空间域的路径背景被时间流取代。因此,"跑"在空间域中[＋快速位移]义素投射到时间域后,表现为事物在时间流中的快速变化,以[＋时间域]义素为语义区别为特征构成"快速变化"义位变体。

下面,就这几类进行分类考察。

第二节　空间域意象图式变化下"跑＋N"结构

在空间域"跑＋N"结构中,"跑圈""跑方阵"与"跑内圈""跑第一棒"并不属于同一类型的结构。

"跑一百米""跑第一棒""跑内圈"等结构,N 可以是数量词,例如"一百

---

① "事件名词"在马庆株(1995)、储泽祥(2000)、吴春相(2005)等有概念界定,本书主要采用韩蕾《汉语事件名词的界定与系统构建》(2016)中的界定方法,下文详述。

米";可以是处所词,例如"内圈";可以是普通名词,例如"第一名";形式复杂。蔡意(2014)只对这种语言现象进行了语义描述,尹铂淳(2016)从行为事件概念框架将它们归入不同的类别,相对繁琐而没能得到统一的解释。在此,我们通过意象图式中元素添加、变体的角度,对该类结构进行统一解释。

一、元素添加构成"跑＋N比赛域"

观察"跑一百米""跑第一棒"这一类结构语例。例如:

(1) 令所有人吃惊。一九八八年她就是全美大学生跨栏冠军,而且兼跑一百米和四百米。(《厦门日报》1992-08-08)

(2) 不过世界冠军曲云霞今天代表大连开发区女队跑第一棒。(《厦门日报》1997-03-02)

(3) 但遗憾的是,这个比赛并不公平,因为康米契跑内圈,他跑外圈。(罗斯《碎梦天堂》)

在以上语例"跑＋N"结构中,N不管是属于何种类型的名词,首先,它们都是在空间具象存在的。如例(1)中的"一百米"并非简单的数量词,而是指在径赛赛场上具体从起点到终点之间距离为100米的距离,用作比赛区域;例(2)中的"第一棒"是在比赛跑道上具体的位置点;例(3)中的"内圈",则是比赛场地上针对"外圈"而言的区域。其次,它们都属于比赛领域的名词。例如:"一百米、二百米"属于径赛;"第一棒、第二棒"属于径赛中的接力赛;"内圈、外圈"属于径赛中的场地名词。以上在BCC搜索到的"跑一百米、跑二百米、跑第一棒、跑内圈"为例,其应用于比赛语境与非比赛语境语例数量比如下:

表 13-2　"跑＋N比赛域"不同语域用例数量表

语　　例	跑一百米	跑第一棒	跑内圈
BCC多领域总数	21	21	2
应用于比赛域	18	20	2
应用于非比赛域	3	1	0

从上表可见,在语言中有一类属于径赛类比赛范畴的名词,可以直接进入"跑"之后,构成"跑＋N"结构。那么,属于比赛域的名词很多,例如"秒表""发令枪"等,这些N并不能进入"跑＋N"结构,"跑＋N"中的N与它们的区别是什么?

(一) N的语义特征

属于比赛域的名词很多,"跑＋N"中的N的语义特征有哪些? 通过语料观察,"一百米、第一棒、内圈"等,它们共同具有的特征是[＋序列性]或[＋分类性]。有"跑一百米"结构,同样有"跑二百米"结构;有"跑内圈",就有"跑外圈"。这个序列性和分类性受到该类比赛的规格和比赛类型的限制。该类比赛是与"跑"有关的径赛。在径赛赛制中,有一百米、二百米、四百米、八百米、一千五百米、三千米等不同比赛规格,马拉松、长跑、短跑等不同比赛类型。因此,虽然语料中只出现了"跑一百米"这类组配,但是,其他同类形式亦均可进入该结构。同理,"跑第一棒/第二棒/第三棒/第四棒"也能够搭配使用。但由于接力赛一般不超过四棒,故"﹡跑第五/六/七棒"等结构不合法。"跑第一名"为高频使用结构,同时进入该结构的 N 可以有"第二/三名"等,但也限于参加该项目的人数。但语料中也有超出比赛域的用例,例如"跑第一个"。

> (4)"是啊,刚才明明还说不想去风马堡,现在竟然跑第一个。"(乔安《骄女擒鹰》)

例句中"跑第一个"并非出现在比赛语域,但"第一个"与比赛域中的"第一名"有语义上的类推关系,从而进入该结构。

由此可见,$N_{比赛域}$名词具有很大的限制性,与该比赛的赛制规格密切相关。属于该比赛规格内呈现序列状或类型系列的名词,可以进入"跑+$N_{比赛域}$"结构。那么,"跑+$N_{比赛域}$"的句法分布是怎样的?

(二)"跑+$N_{比赛域}$"的句法分布

在BCC"跑+N"语料搜索中,N 属于比赛域的有"跑一百米、跑第一棒、跑第二棒、跑第一名、跑第一个、跑内圈"几例。其中,以"跑一百米"为最高频,下文以此结构为例进行句法分布考察。

首先,"跑一百米"可充当述谓成分,例(1)所示,语义为参加"一百米"的比赛。其次"跑一百米"可充当定语成分。例如:

> (5)最后老吴也气喘吁吁了,想不到他年过半百,还有跑一百米的劲头!(禾丰浪《一边享受一边泪流》)

例(5)中,"跑一百米"作为定语修饰"劲头"。该"跑一百米"指的是在跑一百米这种比赛中花费的体力,从而可以修饰"劲头"。再次,"跑一百米"还可以充当主语或宾语。例如:

> (6)余芒娇笑,"跑一百米还是马拉松?"(亦舒《迷迭香》)

例(6)是一个选择问,"跑一百米"居于句首,句后的"马拉松"是"跑马拉松"的省略,由此可见"跑一百米"与"跑马拉松"成为平行的名词性词组。

在考察中,"跑"与"一百米"直接组合基本出现在比赛语域。若不是属于比赛语域,则其主要呈现在叙实性语境,"一百米"作"跑"的常规补语,在形式上出现"着""了""过"这些时体助词进入句法结构。例如:

(7) 神箭手拍拍阿卜杜尔的肩膀,开始向左方跑去。他跑了一百米,停下来再看那苏联飞机。([美]克兰西《克里姆林宫的红衣主教》)

(8)a 你今天跑一百米,明天跑两百米,你就在加强"我要健康"的信念!(BCC 微博)

例(7)中,在外界语境中,"神箭手""飞机"等说明该语境并非比赛域。以"开始"与"了"这样的体动词及体助词,说明这是一个叙实性语境。"一百米"在句法位置上是作为"跑"的补语,为常规句法结构。例(8)a 中,语境为对健康观念的表达,不属于比赛语域。因此,"一百米"虽然直接置于"跑"之后,但在语义上依然是数量结构作"跑"的补语。在句法形式上,为"今天""明天"对举出现,并插入体助词"了"并不改变句义测试:

(8)b 你今天跑了一百米,明天跑两百米,你就在加强"我要健康"的信念!

例(8)b 句法成立,句义基本与(8)a 等值。

"一百米"置于"跑"之后有名词充当非常规宾语和数量词充当补语两种同形异性表现。彼此之间的区别在于:当"一百米"为比赛域名词性结构时,在口语表达中,其可前置于"跑"并不改变句义。例如:

(9)a 这一听说点名,我感觉我跑得比院运会时候一百米跑得还快。(BCC 微博)

(9)b 这一听说点名,我感觉我跑得比院运会时候跑一百米的还快。

(9)a(9)b 句义等值,句中的"一百米"为 N$_{比赛域}$。而例(8)中"一百米"换位置于"跑"之前,则句义不通。例如:

＊(8)c 你今天一百米跑,明天二百米跑,你就在加强"我要健康"的信念!

因此,虽然 N$_{比赛域}$中置于"跑"之后的名词在形式上有的与数量结构词组同形,但是从句子变换角度,能辨明其为比赛域名称。

同理,在"跑第一棒""跑内圈"这种结构中,"第一棒"与"内圈"在口语中置于"跑"之前与其句义基本等值。而只有"跑第一名"这一结构无法讲入该变换规则。

(10)a 明年奥运会选拔赛是关键,成绩要在全国跑第一名,才能进入奥运会。(新华社新闻报道 2003-05)

＊(10)b 明年奥运会选拔赛是关键,成绩要在全国第一名跑,才能进入奥运会。

例(10)中"第一名"换至"跑"之前句法不成立,原因在于:"名次"是"跑"动作发出以后才能得到的结果,并非如"一百米、内圈"等属于客观存在的物性名词,根据语言表达中的时间顺序原则,"第一名"必须置于"跑"之后的句法位置才符合语言象似性原则。只是,在叙实性语境中,在"跑"与"第一名"之间可插入"了",在句法上"第一名"充当"跑"的补语;而在非叙实语境中,两者之间则不能插入任何成分,"第一名"则成为"跑"之后的非常规结构成分。例如:

　　　　(11)有个赛车手说过:"要想跑第一名,最基本的条件,就是您必须
　　　　跑完全程。"(《厦门商报》2002-12-09)

例(11)中,"跑第一名"之前的"想",说明该情况为非叙实性语境,则在"跑"与"第一名"之间无法插入"了""着""过"等体助词,说明"跑第一名"已经整体融合为一个概念。

　　在考察"跑+N$_{比赛域}$"结构句法部分后,我们发现其不仅可充当述谓成分,还能充当定语、主语和宾语。由此可见,其整体义在结构基础上产生并整体运用。那么,该结构义是如何产生的?"跑"与"N$_{比赛域}$"之间处于一种怎样的关系?

(三)"跑"对 N$_{比赛域}$ 的制约

　　在"跑+N$_{比赛域}$"中,如"跑一百米",在以往动宾结构研究中,从句法关系上往往对"一百米"的身份无法界定,不属于非常规宾语中的"工具、方式、目的、原因、处所"中任何一类。那么,"N$_{比赛域}$"这一类名词,到底与"跑"构成怎样的一种关系? 构成这种关系的原因又何在?

　　我们认为,"跑"能与"N$_{比赛域}$"相互组配构成非常规结构,与"跑"的意象图式中元素添加有关。

　　在"跑"的"位移—路径"意象图式中,核心元素为生命体、陆地与位移。而"跑"在意象图式中具有[+快速]个体义素。"快速"概念,使速度在量值上产生差异性的可能,而这种可能让当意象图式中出现多个生命体后得到实现。即当"跑"的意象图式中出现多个生命体,彼此都发出"跑"的动作,则产生两者速度快慢的情状。当多个生命体出现在"跑"意象图式中,彼此产生竞争关系,在"跑"中凸显"比赛"语域陪义①,该陪义在句中的映射,使比赛域名词进入"跑+N"结构。

　　而作为比赛域名词,从上文分析可知,必须属于与"跑"有关的比赛,这在比赛中以"径赛"为主。

　　而 N$_{比赛域}$ 能置于"跑"之后,是作为次级谓语对"跑"进行限制和修饰,说

----

　　① "跑"在意象图式中添加生命体后,凸显比赛域语域陪义,详见第十章第三节"跑"的语义分析。

明该"跑"的动作是在"N比赛域"这个范畴进行,体现"跑"的速度级差。N 作为"跑"的次级谓语,从类型学角度,其在句法位置上可与"跑"相邻自由居于其前后:

> 非常规结构:跑一百米
> 　常规结构:进行一百米跑的比赛

以上常规结构在上文例证中,可紧缩省略为"一百米跑",而非常规结构"跑一百米"与常规结构等值。那么,既然有"一百米跑"常规结构,出现"跑一百米"非常规结构的缘由何在?

根据端木三(1999)提到的"辅重论",西方 Duanmu(1990)提出,词以上的重音由句法关系决定:由一个中心成分和一个辅助成分组成的结构里,辅助成分比中心成分重,称为"辅重论"。Cinque(1993)也阐述了类似观点。在"一百米"与"跑"组合结构中,不管其处于"跑"之前的状语位置,还是处于"跑"之后的伪宾语位置,其均为"跑"的辅助成分,根据"辅重论","一百米"属于句法重音被指派成分。而在汉语句法中,赵元任先生指出:汉语普通句重音在句尾,"最后的最强"(the last being the strongest)"不论一个短语还是复合词……其中最末的一个音节最重"(赵元任,1979:23);周同春先生(1990)在《汉语语言学》中用实验的方法用图像描述汉语句尾重音现象。从汉语句法尾重规律出发,根据"辅重论",我们发现"跑一百米"比"一百米跑"更符合汉语句法韵律规则。这也是"跑一百米"非常规结构出现并成为普遍使用的原因。

"跑+N比赛域"表达既经济又稳定。在该结构中,N比赛域能置于"跑"之后,是 N比赛域 与"跑"在意象图式中添加生命体元素后,与比赛域陪义相互契合,从而形成"跑+N比赛域"非常规结构。

(四)"跑+N比赛域"的认知识解与类推

在共时平面上,"跑"与"N比赛域"之间并无形式联系。那么,我们是如何识解出其语义的呢?

在外部语境中,比赛场景的描述,能构建 N比赛域 理想认知模式(ICM)。例如在对"跑一百米"结构识解中,从外部语境对"一百米"比赛的相关描述中,在认知中构建比赛规则相关内容理想认知模式,在格式塔完型心理作用下,"跑二百米""跑三百米""跑八百米"等结构也同理识解。而在我们观察的语料中,还是出现了例外。例如:

(12)也不知道谁规定的,必须在一分钟之内背着五十斤的包裹跑三百米。(修梦人《完美职业之我是亿万富翁》)

例(12)中"三百米"不属于比赛规制,语境表达亦非比赛场景。但是,我们在外部语境中"一分钟之内背五十斤包裹跑三百米"这一描述中,这是言语者通过语言表述临时构建了一个比赛语境。而当该语境成立,"三百米"也能纳入"跑＋N比赛域"的范畴。由此可见,当具有序列性或类型性的 N 进入"跑＋N比赛域"结构,是类推机制的作用。而该机制是否能够发挥作用,则在于外部语境中,客观存在比赛认知域或语言表达者自建比赛认知域,触发类推机制。在该机制制约下,"跑＋N比赛域"成为半能产的开放式,例如"跑第一个"等。因此,这些 N比赛域 名词与"跑"结合后在非比赛域应用时,信息接收者基本都能从其外部语境中识解出表达者所构建的比赛理想认知模式,从而理解"跑＋N比赛域"非常规结构的语义。

从概念根本上看,是 N比赛域 与"跑"在意象图式中添加生命体元素;从其形成的语言结构与语义关系而言,该结构析出义素[＋多生命体],由此使"跑"形成比赛域陪义与"N比赛域"相互契合,以"跑＋N比赛域"非常规结构形式呈现语言的多领域表达。

二、元素变形构成"跑＋N路径"

在"跑"之后的 N 中,有一类如"圈""方阵""长途""短途""路线"与"跑"一起构成"跑圈""跑方阵""跑长途""跑路线"。在这种结构中,我们将"圈""方阵""长途""短途""路线"界定为 N路径。那么,为何能如此界定?"跑＋N路径"又是通过何种途径形成的呢?

(一)"跑＋N路径"与"走＋N路径"的平行演化

以"跑＋N路径"中最高频的两类为例:

(13)他依旧在一个人跑圈,间或来点身体素质的训练。(《厦门日报》2002-05-30)

(14)很多新手司机上午拿到驾驶证,下午就急着跑长途、上高速,怎么能让人放心。(《都市快讯》2003-01-23)

例(13)中"跑圈"充当述谓成分,语义为"他以一圈一圈的方式跑步"。该语境中,"跑"依然为双脚与陆地接触的空间动词。而"圈"是其跑动的经过路径的形状所形成的图形。而例(14)中,"长途"也是"跑"的方式。但是,该"跑"语义中,则只是抽取了其"快速位移"的语义特性,已经脱离"双足与陆地接触"义素基点。但"长途"是其打算快速位移通过的路径。由此,我们将 N 界定为路径。同样类型还有"方阵、短途、路线"等。

"跑＋N路径"整体语义表示"跑"的方式,这是与"走＋N路径"表示走的方式形成原理相同。"走"与"跑"同属于"行走"类动词,且其速度快慢在历时角度有承继替代过程。故在"走＋N路径"形成的基础上,"跑＋N路径"与之在历时角度承接替代。其从普通语言学角度,共时平行构成"跑＋N路径"非常规结构原理也与"走＋N路径"一致,在此就不再详细重复展开。

但将"走＋N路径"与"跑＋N路径"具体语例加以替换观察,发现有的可以同时并存,有的却不能替换。例如:

A. 走路① 　走小路　走水路　走人行道　走独木桥　走钢丝　走回头路
走楼梯

B. 跑路　 ＊跑小路? 跑水路　 ＊跑人行道　 ＊跑独木桥　 ＊跑钢丝
? 跑回头路　跑楼梯

而"跑＋N路径"结构中,若替代入"走",却全部能成立:

A. 跑圈　跑方阵　跑长途　跑短途　跑路线

B. 走圈　走方阵　走长途　走短途　走路线

以上示例 A 组均为该结构高频使用类型。从数量上看,"走＋N路径"形式比"跑＋N路径"更多。从两组替代关系中看,凡是能用"跑＋N路径"的均能进入"走＋N路径";而"走＋N路径"却不能全被"跑＋N路径"取代。明确反映了"跑"作为后起义,在语义上对"走"的分化取代。而"走"在语言演变过程中具有语义残留滞后现象。

(二)"跑＋N路径"中 N路径 特点

"跑＋N路径"结构形成,从认知上,在"跑"的意象图式中,在注意力作用下,将背景中的路径元素前景化,与前景中的动作置于同一层面。这与"走＋N路径"结构形成具有相似性。原因在于"跑"与"走"同属于"行走"类动词,且彼此之间具有语义承继替代关系。但是"走/跑＋N路径"结构中,N不全相同,那么,哪些 N 能进入"跑＋N路径"而哪些不能?

从两者同属于"位移—路径"意象图式中的对比分析可见,由于"走"个体核心语素为"位移",速度不快不慢,这说明动作在路径上持续较长时间,当言语者将"走"的动作与背景元素共同前景化时,背景中起点、路径、终点三部分中,以路径最容易与动作居于同一注意力层面。"走"对路径无特殊要求,这在"走＋N路径"结构中,表现为由于路径的无要求且容易提升为前景,导致多类型 N路径 能进入"走＋N路径"结构。而在"跑"的意象图式中,由于"跑"个体核心义素为"快速位移",当语言表达者选择"跑"动作与背景元素"起点、路径、终点"置于同一注意力前景时,由于"跑"中[＋快速位移]义

---

① "走路""跑路"语义同形异义或异形同义的过程在第四章"走路"结构形成,从历时与共时平面论述时已有所涉及。

素,路径由于其速度快而被相对忽视,最容易进入其注意力前景的是"终点"。"跑＋N_{终点}"结构在第十一章已经进行了数量与性质上的充分论述。而相对 N_{路径}进入"跑＋N"结构类型数量较少。这表现在第十三章第二节第二小点的替换对比中,从数量角度,N_{路径}能进入"走＋N_{路径}"的大于"跑＋N_{路径}"。

其次,由于"跑"动作对路径维度的要求:宽阔、距离长。导致进入该结构的 N_{路径}受限。因而"跑＋N_{路径}"的 N_{路径}的词汇表达相对比较单一。从路径角度来看,不能进入"跑＋N_{路径}"结构的 N,往往是比较危险、狭窄,或者常识规定不能快速行进的路径,例如"独木桥、钢丝、人行道"等。而"跑"图式中路径就不会表现出这些具象性特征,而呈现通畅条状。因此,N_{路径}进入"走/跑＋N_{路径}"结构,还是受到"走/跑"的速度制约。具象的、需要缓步通过的路径能进入"走＋N_{路径}"结构。而进入"跑＋N_{路径}"结构的路径往往已被抽象化,这与上文论述在"跑"的意象图式中,背景中"路径"相对不是语言表达的注意力有关。在具体语例中,"跑圈"的"圈",并非路径通道,而是路线:"跑方阵"的"方阵"也并非路径通道,而是"跑"后形成的路径轨迹。

由此可见,"跑＋N_{路径}"形成,从认知角度,是空间域"跑"意象图式中,语言表达者将前景中的动作与背景中的路径置于同一注意力前景层中形成的结构。而由于"跑"的快速位移特点,使其路径在背景中被相对抽象化,变形为线条状,故进入"跑＋N_{路径}"的 N_{路径}词汇相对较少而以线条状为主。

第三节　事件域 N_{事件}进入"跑＋N_{事件}"途径

"跑"在常规用法中,能脱离空间域在其他认知域投射,这在第十章已有详细论述。而在"跑＋N"结构中,也出现"跑"脱离空间域的语例,例如"跑业务、跑生意、跑买卖、跑项目、跑材料"等等。在这一类结构中,"跑"并没有生命体的双脚与陆地接触在陆地上快速位移的语义,而是保留了意象图式中三核心要素中最核心的"快速位移"特点,在事件认知域进行投射。下面我们就该结构中"跑"与"N"的语义特点及结构的句法分布进行考察。

一、"跑＋N_{事件}"句法分布

在 BCC 语料库检索到该类语例"跑业务、跑生意、跑买卖、跑项目、跑材料"等结构中,以最高频的"跑项目"为例进行观察。

(15)a 宁文锋在分管工业、交通工作期间,到太原跑项目、买衣服、买书之事的可能性是存在的。(《科技文献》)

在例(15)的"跑"与"项目"插入"着、了、过"这些时体助词,测试"跑"的动词性特点。

＊(15)b 宁文锋在分管工业、交通工作期间,到太原跑着/了/过项目。

在(15)b 句中,句法不成立,说明"跑"在该句法结构中动词性特点已经减弱。

"跑＋N"结构中的 N 成分,属于名词中的事件名词。事件范畴是由事物与动作两个基本范畴构成的复合范畴。事件语义范畴,可以跟事物归入一类,也可以跟动作归入一类,概念空间的切分是模糊的、渐变的,是一个连续统(continuum)。事件范畴映射为名词,与映射为句子或动词相比,是一种不够原型、更倾向于带标记的语言现象。由此,韩蕾(2016)在综合前人观点的基础上,以句法分布为原则,提出了对事件名词的三套权重测定规则。将事件名词与动词及普通名词区分开来。

　　Ⅰ组　体量化结构

　　Ⅰa　一＋动量词＋N

　　Ⅰb　一＋时量词＋的＋N

　　Ⅱ组　体介词(方位词)　短语结构

　　Ⅱa　(在)＋N＋前(之前、以前)/后(之后、以后)

　　Ⅱb　(在)＋N＋中(之中、时、期间)

　　Ⅲ组　体动词谓语结构

　　Ⅲa　N＋正在＋虚义动词①

　　Ⅲb　主语＋正在＋虚义动词＋N

以上以 Ⅰa 组为更优先框架。而"项目、生意、买卖"等都能进入这些结构测试,在韩蕾(2016)归纳中,这些名词属于节目类、活动类典型事件名词。

　　当"跑"与"N事件"结合后,在句法中充当述谓成分为主。例如:

(16) 当前一些领导为了追求"政绩"和单位利益,往往热衷于到上级有关部门跑项目、争资金。(《科技文献》)

在例(16)中,主语为领导,谓语为"跑项目、争资金"。在语料中,"跑＋N事件"在整体指称化后,也有充当定语与主语成分的现象,但以充当述谓成分为主。以下为各语例在 BCC 多领域语料库中充当各成分比重。

---

① 虚义动词,包括体动词(如"开始、持续、结束"等)、发生动词(如"进行、发生")及少量泛义动词,如"下雨(雪、霜)"里的"下",虽有一定的词汇意义,但只能搭配非常有限的名词。转引自韩蕾《汉语事件名词的界定与系统构建》一文。

表 13-3 "跑＋N事件"句法分布表

语 例	跑项目	跑业务	跑生意	跑买卖
总语例数	220	148	96	50
充当述谓成分	200	116	76	44
充当定语成分	7	17	11	4
充当主语(话题)成分	12	6	3	1
充当宾语成分	0	7	3	1
充当状语成分	1	2	3	0

二、"跑＋N事件"结构成因

从以上对"跑"、N事件及"跑＋N事件"句法分布描写可见,首先,"跑"在该结构中动作性明显减弱。原因在于:"跑"本属于空间域生命体发出双脚接触陆地或腾空向前快速位移的动作,其意象图式从空间域向事件域投射。在事件域中,发出动作的依然是生命体,但事件域特征在于复合了时间、空间域,时间流的加入使具有空间性的具象性动作抽象化,保留的是意象图式中具有时间性"快速位移"个体核心元素。因此,当"跑＋N"投射到事件域后,"跑"的动作性减弱,在句法表现为无法插入时体助词。

其次,"跑＋N事件"中 N 为事件名词。而作为事件名词的 N 很多,哪些N事件能进入该结构呢?

作为事件名词的 N,是事物与动作两个范畴的复合。也就是说,在 N事件中,包含一定的动作性。例如"生意"这个事件名词中,包含"做生意的人、货物"这些事物范畴内容,同时也包含"从甲地到乙地的运输、谈判"等动作性内容。而 N事件能进入"跑＋N事件"结构,是该 N事件中的动作范畴内容中必然包含需要"跑"这个动作,当然,在事件域中的"跑"是对空间域"跑"的具象动作进行了抽象概念化。

同时,"跑＋N事件"结构从整体上而言,与空间域"跑＋N目的地"具有投射关系。在空间域中,N目的地是"跑"这个动作快速位移希望达到的地点,为了达到这个目的地,实行"跑"这个动作,需要花费很多力气;在事件域中,N事件中的事物性内容,是"跑"这个动作希望获得的目标,而为了达到这个目标,同样也需要花费施事者很多力气。"跑＋N事件"结构的形成,在"跑"与N事件之间表现为双重契合:第一,"跑"动作与N事件中表动作概念重合,第二,N事件中表事物概念与"跑"的目标重合。这种双重契合,在语言表象上体现为"跑"的附着义素[＋目标][＋费力]通过结构析出,叠加形成属性陪义,成为两者组配的语义依据。

$$
\text{跑} \\
\text{陪义} \atop \text{(费力进行)} N_{事件} + \begin{cases} \text{动词性概念} \longleftrightarrow \text{跑} \\ \qquad\qquad\qquad + \qquad\qquad\text{(陪义：费力到达)} \\ \text{事物性概念} \longleftrightarrow N_{目的地/目标} \end{cases}
$$

由此可见，"跑＋N$_{事件}$"成为非常规结构，从整体上，是空间域意象图式基础形成的"跑＋N$_{目的地}$"在事件域的投射。在事件域中，语言表层契合在于"跑"的陪义作用，及 N$_{事件}$中动作范畴中隐含"跑"的内容，"跑"与"N$_{事件}$"之间深层契合在于"跑＋N$_{事件}$"结构析出"跑"的附着义素［＋目标］［＋费力］为链接点。

从对以上结构内成分及整体结构分析可知，在"跑＋N$_{事件}$"结构中，"跑"不仅具有基础意象图式中的附着［＋费力］义素形成的属性陪义，同时还在与N$_{事件}$组配的过程中，强化了 N 中的某一动作性内容。因此"跑＋N$_{事件}$"整体结构在句法成分中以作述谓成分为主，这是"跑"的动性语义叠加作用所致。当然，由于 N$_{事件}$中始终蕴含着"事物"范畴，故在句法成分中，当"跑＋N$_{事件}$"整体指称化后，同样也可充当话题主语、宾语等句法成分。而其充当定语及状语成分，是该结构复合时间与空间域后，不同领域在结构中侧重凸显所致。

三、"N$_{事件}$"中事物部分 N 的转喻

在事件域"跑＋N"结构中，有的 N 并非属于事件名词，而是典型的事物名词，例如"材料""新闻""化肥""钢材""贷款""资金"等。这些名词能进入事件域"跑＋N"结构，是在两个因素促使之下。从结构角度，上文论述事件域"跑＋N"是空间域"跑＋N$_{目的地}$"通过认知域投射而来，其能够投射的原因在于空间域 N$_{目的地}$向事件域 N$_{目标}$转化，N$_{事物}$作为"跑"的目标，在空间域"跑"的意象图式中凸显的［＋费力］［＋目标］义素形成陪义的关联下形成。从理论角度，能够很好地解释"跑新闻""跑贷款""跑资金"这类结构。这是"跑＋N$_{事物}$"这类结构形成的一种途径。但周领顺(2015)认为"跑钢材""跑化肥"这类结构，在理解时要考虑社会语境，例如，社会上钢材、化肥紧俏，那么"跑化肥""跑钢材"是"费力获得"化肥、钢材；但若"化肥、钢材"滞销，则"跑化肥、跑钢材"还可理解为"费力推销化肥、钢材"。这种现象无法从以上意象图式投射的角度得到解释。若排除社会语境，语言内部"跑"与"钢材、化肥"的结合原理何在？

我们认为，这是在转喻机制作用下，N$_{事件}$中的事物性内容借代 N$_{事物}$，进

入"跑＋N$_{事件}$"结构所致。

从"跑钢材"结构中，"钢材"是"贸易、生意、买卖"这些事件名词中属于事物范畴的内容，而这一事物是该事件的特征事物，当"跑＋N$_{事件}$"结构成立，N$_{事件}$中的动作概念在"跑"中得到强化，N$_{事件}$中的事物成分自然而然成为"跑"的主要后置成分。故其N$_{事件}$中的事物成分能作为N$_{事件}$的代表，都作为"跑"的目标存在，在义素角度表现由结构析出义素为［＋目标］，在特征关联下，通过转喻，进入该结构。这也就是解释"跑钢材"类结构不受语境制约时具有歧义的合理性。

由此，我们认为"跑＋N$_{事物}$"在事件域构成非常规结构途径来自两个方面，这两个方面都是在"跑"陪义"费力"的作用下得以形成，人们也通过此进行认知识解。这种非常规结构在语言系统中成为普遍使用结构。

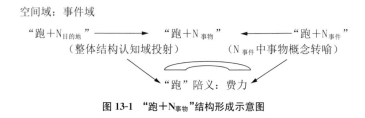

图 13-1 "跑＋N$_{事物}$"结构形成示意图

第四节 时间域"跑＋N$_{变化体}$"中"跑"对N的制约

在"跑＋N"中，有一类"跑题""跑肚""跑肥""跑油""跑水""跑料""跑调""跑音""跑味"等结构，我们把N界定为"变化体"。这一类结构，在"走＋N"中有相类似的"走＋N$_{变化体}$"，例如"走题""走样""走调""走音""走扇""走味"。在第七章，以"走样"为例，通过"走样""变样"非常规结构与常规结构的对比，论述了"走＋N$_{变化体}$"结构中N与话题主语之间具有物性内含关系；"走"具有"变化"义位变体；而"走＋N$_{变化体}$"非常规结构表现在语义上具有不可控性和递增性，且具有贬降性语用情感义。而"跑"与"走"在古今语言演变中存在语义更迭替代状况。这些是"跑＋N$_{变化体}$"与"走＋N$_{变化体}$"具有平行演变关系的条件。因此，本小节从两者对比角度，对两者由于平行演化而具备的相似性不再展开赘述，而侧重其在演化过程中的变化和不同点。

一、"走＋N$_{变化体}$"与"跑＋N$_{变化体}$"异同

从结构角度，将"走＋N$_{变化体}$"与"跑＋N$_{变化体}$"进行对比。

走＋N_{变化体}：走样 走音 走味 走油 走题 走扇 ＊走肚 走水① 走肥 走料

跑＋N_{变化体}：＊跑样 跑音 跑味 跑油 跑题 ＊跑扇 跑肚 跑水 跑肥 跑料

通过以上在现代汉语共时平面"走＋N_{变化体}"与"跑＋N_{变化体}"语例对比,可见两者共有的语例有"走/跑音、走/跑味、走/跑油、走/跑题、走/跑料、走/跑水、走/跑肥"等。而只能进入"走＋N_{变化体}"的 N 为:样、扇;只能进入"跑＋N_{变化体}"的 N 为"肚"。

通过对比观察,两者共同的"走/跑＋N_{变化体}"结构,在 N、走/跑的语义特征及"走/跑＋N_{变化体}"结构的语用语义特点上均具有一致性,其成因同属于平行演化。而对于两者不能兼容的部分,则是"走"与"跑"的个体特征语义不同导致与 N 搭配关系不成立。

从相同角度,均能进入两结构的 N 为:"音、味、油、调、题、料、水、肥",这些名词指称的事物,在人们的认知中,"音调、味道"往往具有难以空间维度方法精确计量的特点。而"油、题、水、料、肥"虽然可以用"一斤油、一个题目、一桶/杯/盆水、一顿/肥料"等量词来计量,但在"走/跑＋N_{变化体}"结构中的 N 与施事话题主语之间具有物性包含关系。也就是说,"油"往往是管道内的、月饼里的;"题目"是属于讨论会的;而"水、肥、料"往往是田里的。这种被包容在话题主语内的物体,不具有维度计量特点。而"走/跑＋N_{变化体}"结构其本质是"走/跑"空间意象图式在时间域的投射,在附着义素[＋时间域]的语义区别特征下获得的义位变体为"变化"。而"走＋N_{变化体}"与"跑＋N_{变化体}"之间获得的"变化"义位变体差别来自其空间域意象图式中,"跑"的速度比"走"快。那么,在时间域中,"跑＋N"获得的是"快速变化"的义位变体。由此,N 都具有变化的可能性,而这些不能由空间维度计量的 N,其变化的程度难以精确度量,其变化的快慢也难以精确把控。故这些 N_{变化体}均可进入"走/跑＋N_{变化体}"结构。

二、"跑"语义对"N_{变化体}"的制约

在语例中我们注意到,有"走样"而没有"跑样"结构:有"走扇"而没有"跑扇"结构。那么,这是什么原因造成的呢?

---

① "走水"语义复杂,从词汇搭配角度,"走水"与"跑水"可以统一解释,都为"没法阻挡水漏出来"的语义。只是"走水"在文化环境中进行词汇化,另形成"着火"和"流苏"两种语义,见《现汉》第 1747 页,这不属于本研究范畴。

"走"在古代具有"快速移动"语义,因此,现代汉语很多时候"走""跑"通用及引发的平行演变与"走"的古代"快速位移"语义滞留与现代汉语"跑"语义重叠所致。在"走＋N$_{路径}$"结构能蕴含"跑＋N$_{路径}$"就是明证。那么,为什么这种现象在"跑＋N$_{变化体}$"中没有发生呢? 下面从"走/跑＋N$_{变化体}$"两者相异的角度进行论述。

第一例"走样"出现在元代:

(17) 佛且未出世,弥勒尚未下生,此一大事,出模走样,昭一天烁地。(《道藏·上阳子金丹大要》)

到明清时期,"走样"出现语例增多,搜索到 20 例。在杜翔(2004)对"跑、行、走"的相互替换中论及,"跑"出现于唐代,在元代"走、跑"在"快速奔跑"语义上通用,且"走"的"快速位移"义逐步被"跑"挤兑。到明清时期,"走"为"匀速行进"义,而"跑"为"快速行进"义。两者语义功能分化。而第一例"走样"出现于元代,由此可知,在"走样"出现时,"跑"已经通用,而在语言结构中只出现"走样"而不出现"跑样",可见在该结构中,在"走样"第一例出现的元代时,"走"和"跑"的语义已经分化。而第一例"走扇"出现在明清小说《歧路灯》中。

(18) 绍闻跟的看屋漏,偏偏走扇门儿,自会掩关。(集藏小说《歧路灯》)

由上两例可知,从历时角度,"走样、走扇"均出现在"走"与"跑"语义分化之后,因此,"走"古代语义中"快速行进"无法覆盖"＊跑样、＊跑扇"结构。

那么,"样、扇"为什么不能进入"跑＋N$_{变化体}$"结构? 这是"跑"在时间域义位变体"快速变化"对 N$_{变化体}$的制约。

从上文论述可见,"跑＋N$_{变化体}$"与"走＋N$_{变化体}$"结构中,"跑"与"走"在时间域投射后产生的语义差异在于变化速度。变化的快慢,在无法精确形状计量的液体、气体、粉尘颗粒状物体或抽象事物中,两者因难以区分,则都可进入"走/跑＋N$_{变化体}$"结构。但是"样"的意思为"样子";"扇"的意思为"门"。这两者均为可以用长宽高空间物理维度可计量的具体事物。其在外在形状的制约下,无法发生快速变化。即使产生变化,其变化也相对比较缓慢。而"跑"中的[＋快速位移]义素在叠加[＋时间域]义素的作用下,义位变体则为"快速变化",从并置理论语义契合角度,导致"样、扇"只能进入表示缓慢变化的"走＋N$_{变化体}$"结构,而无法进入"跑＋N$_{变化体}$"结构。

三、典型非常规结构"跑肚"研究

在第十三章第四节第一小点的对比中,在"跑＋N$_{变化体}$"有一例"跑肚","肚"也为具有形状性的名词,那么,为何"肚"能进入"跑＋N$_{变化体}$"结构却没有进入"走＋N变化体"结构？我们认为,其结构的形成,依然与"跑"在时间域的义位变体"快速变化"有关。

以下为"跑肚"在BCC古代汉语出现的第一例及现代汉语中的语例:

(19)和尚说道:"三爷,我跑肚啦。屋中还有一个大卸八块的死尸呢。"(集藏话本《三侠剑》)

(20)范青稞怕有人跑肚拉稀,突然闯了进来,想赶紧结束会谈。(毕淑敏《红处方》)

"跑肚"第一例出现在明清小说中。从其上下文语境推断,以及从现代汉语"拉稀"与"跑肚"并置出现,可知,"跑肚"语义为"泻肚"(《现汉》:981)。"跑肚"在古代汉语中共7例,在BCC现代汉语多领域类语料库中共41例。

首先,从词汇形式上,"肚"为具象有形状的物体。而从"跑肚"语义可知,起变化的是肚子里的大便因为生理不正常,其形状从固体变为液体,从而快速从肚子里出来。"大便"从生理学角度位于人体内大肠处,但是从普通常识认知角度,即在人体的肚子里。"肚子"是大便的外在容器,"肚子"与"大便"之间存在关联性。在关联性作用下,能够被人们视觉直接接触的具象事物"肚子"就成为内在物体"大便"的转喻,从而进入"跑＋N变化体"结构。

其次,"泻肚子"中的"大便"已经从固体转为液体,其快速及不可控性,与"跑＋N变化体"语义一致,也是该词汇能进入"跑＋N变化体"的另一原因。

再次,"跑肚"一词能成为现代汉语常用词汇,不仅具有"跑＋N变化体"结构语用上的通用情感贬降陪义。而且其转喻机制发生的另一动因在于外在语用心理中对"大便""拉稀"这些语言的避讳。在人们情感中,"拉稀"等排泄行为都是不洁的,不愿提起的,因而在语言表达中,人们往往会使用其他词汇代替转指。那么,大便的容器——肚子,成为其相关转指的内容,而"跑"这一相对中性的动词,使其与"肚"进行非常规组配,成为有标记形式,从而表达"拉液体大便"这一人们不愿诉之于口的内容。在委婉的语用心理作用下,"跑肚"结构形成后能在语言系统得以普遍使用。

第五节　结　语

本章对"跑＋N"结构在不同认知域投射的非常规结构进行了研究。

首先,"跑"本身属于空间域,在"跑＋N"结构常规与非常规演变过程主要存在"跑＋N处所"结构中,该处所指的是空间域目的地。对空间域中特殊类别"跑＋N比赛域"与"跑＋N路径"分别进行了探讨。其构成的原因在于"跑"的空间域原型意象图式中元素的添加与变形。在前概念领域的元素添加,在语义概念中成为[＋多生命体]义素的语域区别特征。

对于"跑＋N_{生命体}"结构的讨论主要建立在与"走＋N_{生命体}"的承继演变上,探索"走/跑＋N"非常规结构系统的演变因素。

其次,"跑＋N"结构在事件域中的情况,主要探讨了 N 作为事件名词对结构形成的影响与制约作用。同时,事件域"跑＋N"结构形成途径不一,一为空间域"跑＋N_{目的地}"在事件域的投射,二为"跑"在事件域投射后直接与N_{事件}的结合。从语义与结构互动角度,体现为从"跑＋N_{事件}"结构中析出的[＋费力][＋目标]义素,成为该非常规结构成立的依据。

再次,在时间域的投射,由于"走"构成的非常规结构"走＋N"也同样在时间域投射。因此,在研究方法上与"走＋N"同类结构进行了比对。"走"与"跑"语义区分为速度快慢,两者所构成的"走/跑＋N_{变化体}"都在时间域发生投射,两者的异同受到动词语义速度快慢的制约。其共同的义素[＋时间域]是两类结构形成共同的义位变体"变化"的依据,但是,由于N_{气体/液体/抽象事物}容易变化("味、音、油、题")而固体不容易快速变化,因此"快速变化"语义无法跟 N_{固体}("样、扇")契合,这也就是"＊跑样""＊跑扇"不成立的理据。

总而言之,"跑＋N"非常规结构通过在空间域意象图式中元素添加、变形,在其他认知域投射,形成多种类型的非常规结构,其由于能进一步将语言表达精细化,在经济性原则与足量原则作用下,该结构进入普遍使用语言系统。而通过对"跑＋N"非常规结构的句法、语义、语用分析,归结其结构的形成途径,从而将"跑＋N"非常规结构运用意象图式变化这一统一理论进行解释,而前概念意向图式变化通过义素、陪义、语义与语法结构逐层推进,从而从语义角度诠释语法结构的形成。

在方法上,侧重从"行走"类系统角度,关注由于"走、跑"的语义承继演变对"V＋N"结构所带来的影响,同时辅助个案剖析证明。

第十四章　非常规结构形成的途径、机制和动因

第一节　常规与非常规结构的认知区分

通过前几章对"V_{走/跑}＋N"结构研究，我们发现，虽然"走、跑"为自足动词，在句法结构中其后出现名词成分不符合句法常规。但在现代汉语中，依然存在大量的"V_{走/跑}＋N"结构，他们有的属于常规结构，有的属于非常规结构。我们试图从认知角度进一步明确常规与非常规结构区别根源，并探索总结"走、跑"构成的非常规结构形成的途径、机制和动因。

途径，指的是该结构是通过何种方式一步步形成的；机制，指的该结构在形成过程中是哪些条件在起制约作用，而动因在于为什么这些机制会发动。

一、涉身哲学背景下常规结构认知识解

从认知语言学角度，莱考夫（Lakoff，1999）提出的"涉身哲学"，认为语言具有涉身性（Embodiment）。人类语言离不开具体的身体感知，人类对于世界的经验在很大程度上制约着语言的结构和意义，语言的形成是基于身体感知和主客互动。在"V_{走/跑}＋N"常规与非常规结构区分中，其常规性根植于人们认知中对动词 V 的肌动行为的认识。莱考夫（Lakoff，2017:6）认为人们在有意识地进行一类活动，如铅笔写字、用锤子敲打东西，或者用熨斗熨烫衣服之类的日常活动，这种活动（即写字、敲打、熨烫等）是一种肌动活动（motor activity）。每一个活动都不可能以完全相同的方式进行。尽管具体活动有种种差异，但是都属于同一种类的活动，而且我们都知道如何进行。这所谓同一种类活动，指的是人们在活动时具有肌肉记忆①的活动。

---

① 肌肉记忆：指肌肉本身也具有一定的"记忆"功能，是一种通过神经冲动程序化，肌肉收缩程序化，本体感觉程序化的"惯性"活动。肌肉记忆功能实际就是从感受刺激、神经冲动的发放到肌肉收缩一系列较少大脑意识控制的程序化、自动化活动能力。具有肌肉记忆活动是比肌动运动更"惯性"的活动。这为语言哲学涉身理论中肌动运动找到神经学方面的论据。详见白连明、陈青的《浅谈"肌肉记忆"》一文，《西北师范大学学报（自然科学版）》1993 年第 1 期。

在"走、跑"所表示的行动中,由于其作为生命体在空间发出具体位移动作,其常规动作属于肌动行为。这种肌动行为的发出,无法规避动作发出者在发出该动作时的脑、视觉、感觉综合运作。因此,在"行走"类动词原型"走"中,当其为古代汉语语义"快速位移"时,在动作发出者的整体意识中,目的地是"快速位移"需要达到和能够达到的目标。这在语言线性排列中反应为"走＋$N_{目的地}$"为古代汉语"V＋N"常规结构,例如"走鲁"。当"走"在现代汉语中语义演变为"匀速",在由前概念构建的"位移—路径"意象图式中,发出动作的生命体,视线所及只为双脚接触的路径。那么,"走路"成为常规结构。

这些结构,从"走、跑"类自足动词角度,后接名词不符合常规句法,但是从语言涉身哲学角度,这些由于肌动行为主导下发出的动作,在语言线性表达中,为动词动作发出后,自然所感、所见、所希望的N,两者搭配属于常规自然结构。这在语言应用上,表现为高频使用;从句法形式上表现为:$V_{走/跑}$与N之间能插入其他句法成分或移位后句法语义基本等值;在识解上,不需要语境支撑而自然识解。

二、非肌动行为下非常规结构识解

而其他"$V_{走/跑}$＋N"结构,如"走钢丝""跑钢材""跑龙套"等,即使有的结构业已高频使用,但并非通过行走动词的肌动行为发出,故这些结构属于非自然组配。在句法形式上,其表现为 $V_{走/跑}$ 与 N 之间无法或有限插入句法成分,移位后句法不成立或语义不等值。这些非常规结构,高频使用后,人们在认知中倾向于整体识解,在形式上表现为融合成词;当其为短语结构时,需要外部语境协助识解,在语言形式中表现为其在不同语境中"走、跑"与名词的形式错配。"$V_{走/跑}$＋N"结构在语言表现形式上,常规与非常规结构之间并非泾渭分明,常规结构是非常规结构的底层,在不同认知机制作用下,逐步发展成不同类型的非常规结构。

第二节　非常规结构形成的系统路径

"$V_{走/跑}$＋N"非常规结构各类形成途径主要在两个领域发生:一类是 $V_{走/跑}$ 居于空间域;一类为 $V_{走/跑}$ 脱离空间域。"走"与"跑"的语义承继替代形成"$V_{走/跑}$＋N"的范畴系统性,在"走＋N"非常规结构基础上形成一系列"跑＋N"非常规结构。

当 $V_{走/跑}$ 居于空间域，$V_{走/跑}$ 的语义为空间域"双足位移"语义时，其非常规结构形成的途径是通过 $V_{走/跑}$ 前概念所构成的意象图式中要素变形而成。如路径前景化、元素拆分、添加、重叠等。

而当 $V_{走/跑}$ 脱离空间域，$V_{走/跑}$ 语义在各个认知域投射后，在[＋认知域]义素区分下，形成相应的义位变体，在各个认知域与该认知域的 N 形成"$V_{走/跑}$＋N"非常规结构。这些各个认知域非常规结构途径又分原型"走＋N"与次"行走"类动词构成的"跑＋N"不同两条。在原型"走＋N"向各个认知域投射过程中，结构内部，是"走"空间域"位移行进"义位在各个认知域投射形成义位变体与 N 的组构而成。可图示为：

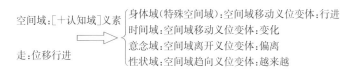

在语言外部，进入"走＋N"结构的 N 与话语主语之间存在关联关系。例如时间域中的 $N_{变化体}$ 与话题主语是义域所含的元的关系；意念域中的 $N_{感官}$ 与话题主语是领属关系，性状域中的 A 与话题主语之间属于变化相关属性关系。这种话题主语与 N 的关联关系，是 N 进入"走＋N"的制约条件，也是"走＋N"在各个认知域投射形成的途径。

"跑＋N"在其他认知域投射过程中形成的非常规结构，则主要是 $V_{跑}$ 中的属性陪义与 N 语义相关契合而成。$V_{跑}$ 在空间域通过前概念构成的意象图式凸显快速个性语义，在生命体发出该动作的主观性作用下，空间域[＋快速]义素在各种认知域投射过程中附着[＋费力]义素，蕴含于相应的属性陪义中。当"跑＋N"从空间域向各个认知域投射后，$V_{跑}$ 与 N 之间的结合契合点是该义位所附着的属性陪义。即"跑"由于其快速义附着[＋费力]义素；而当"跑＋N"在各个认知域投射时，外部句法成分对该结构的挤压，促使"跑"义位中陪义被分离出来，成为其与 N 结合的语义契合点，而形成"跑"陪义的附着义素，也随之析出。这是"跑＋N"结构形成的系统途径。

一、空间域意象图式元素变化

Langacker(2000:24)认为，句法构造来自概念化了的典型事件模型，典型事件模型又是来自对现实世界的体验。这里的典型事件模型（Canonical Event Model)也可视为一种意象图式。通过"始源—途径—目的"的认知可映射成一个"物体—在空间移动—到达目的地"的以不及物动词为中心的原型句式。其中物体为主语，谓语为移动动词，其他成分可由运动的来源、路径、目标等充当。那么，具体到 $V_{走/跑}$ 所构成的意象图式中，通过注意力在理想认知模式中的作用，意象图式元素中生命体与位移动作为意象图式的前景，而路径等其他元素为背景。根据 Langacker 的观点，映射而成的原型句式为发出动作的生命体充当主语，位移动作为谓语，意象图式的其他元素若在句法结构中出现，则在表达中表现为定、补、状等辅助成分。$V_{走}$ 在句法中的常规结构表现为：

  （1）他走在大路上。

  （2）他从学校走出来。

在例（1）中，生命体"他"、行走动作"走"表现为主谓成分，而"大路"作为补语出现。而例（2）中，"他""走"为主谓结构，"学校"作为地点状语出现。"走"作为自足类动词，其在句法结构中的映射，无须宾语可自足成句。而在 $V_{走}$ 原型意象图式存在的空间域，"$V_{走}$＋N"非常规结构是如何形成的呢？我们认为，在底层空间域，"$V_{走}$＋N"非常规结构的形成，与其意象图式中各元素的变化有关。

（一）"路径前景化"（基本义素凸显）——常规向非常规转变

在空间域"$V_{走/跑}$＋N"结构中，N 基本由处所名词充当。这是意象图式中路径在语言中多样性的体现。当路径出现在 $V_{走/跑}$ 之后，这是意象图式中注意力将背景路径前景化，在句法上表现为句法位置的提升，从状语、补语进入宾语位置。我们以 $V_{走}$ 为例。例如：

  （3）他走路。

从句法结构角度，例（3）中将背景路径提升到前景位置，使"路"进入宾语位置。从 $V_{走}$ 自足动词不需带宾语可成句规则，这种结构在形式上属于非常规搭配。但在肌动行为中，"路"是"走"动作自然涉及点。因此，从语义角度，两者属于自然语义搭配。句法与语义之间的交错，为"$V_{走/跑}$＋N"非常规结构的出现奠定了形式基础，其结构也从自然搭配常规角度可向非常规转变。但是，"路径"本为背景，将它前景化在句法结构中地位提升，将原来置于动词前的状语后置于动词，或原来补语成分缩减介词形式提升为宾语，这必定是以语言表达需求为前提。因此，"$V_{走/跑}$＋N_{路径}$"语义兼有动作义和方式义。例如第四章论述，在不同语境中，"走路"具有"动作义""方式义""能力义"三种语义。其中"能力义"是"走"的肌动行为决定的。而当同样表示路径的"小路""大路""水路""山路"进入该类格式，这是意象图式中背景"路径"逐步具体化。在语料中，"走小路""走大路""走水路""走山路"兼具动作义和方式义，而能力义消失。以"走水路"为例：

　　(4) 自辽阳往南,一路军走水路,从太子河顺流而下,到牛庄。(李文澄《努尔哈赤》)

　　(5) 走陆路还是走水路? 李克农颇费脑筋。(1997 年《作家文摘》)

　　(6) ＊长大了,我能(会)走水路了。

例(4)为动作义,例(5)为方式义。而例(6)不成立。在 CCL 现代汉语语料库中,59 例"走水路"中,兼具动作义和方式义为 9 例,其语义为即时方式义。单独表示方式义的为 50 例,其语义为惯常方式。从例(6)"走水路"中"走"中能力义的消失,可见当"路径"逐步具体化,动作的肌动行为中对 N 的肌肉记忆逐步消失,这是非常规结构逐步脱离自然搭配的表现。而其在结构形式非常规性的基础上,语义搭配逐渐向非常规过渡。表现为整体结构"$V_{走/跑}$＋$N_{路径}$"消失了能力义,动作义逐步消解而方式义逐步形成,而方式义是从其整体结构识解出来的。

　　由此可见,$N_{路径}$从意象图式背景在注意力强化作用下,从状语或补语辅助成分提升进入宾语位置,是语言表达中为表达惯常性方式需要而进行的非常规句法配置操作。

　　当"路径"在空间上变形,路径体现为平面化(走台)、细长化(走钢丝)、特征化(走独木桥、走后门),在空间域"走＋N"结构中,其方式义根据 N 的特点进一步强化。而 N 语义上的鲜明,使"走＋N"结构中 V 的动词地位进一步弱化,导致该结构的整体性进一步加强。

　　而当"路径"中,将路径端点纳入"走＋N"结构。也就是路径变形为点的形式进入该结构。由于"走"的动作自然后置名词组配为其肌动行为中视线所涉的"路",那么路径端点进入该结构,使"走"的常规动作与路径端点相互联系,两者之间产生的是方向性概念,故"走＋$N_{目的地}$"整体结构必定产生新的构式义。在"走极端、走天涯"等结构中,我们发现其整体语义为趋向义。这符合"走"意象图式中其动作与路径端点之间的方向性关系。

　　在 $V_{跑}$ 中,由于其快速性,在其肌动行为中,生命体关注点为路径的终点,故路径变形为端点进入其结构为常规,例如"跑厕所""跑医院",而路径若变形为其他,则该结构的非常规度增强。

　　意向图式中"路径"元素前景化在与语义链接层面,表现为基本义素的显化,即[＋路径]从义素层面上升到具体词汇后置于 $V_{走/跑}$,从而形成非常规结构。

(二)"元素拆分"——非常规结构显化 $V_{走/跑}$ 陪义

　　在空间域"位移—路径"意象图式中,主要三元素为:生命体、位移动作及路径。在空间域构成"$V_{走/跑}$＋N"非常规结构,除了路径从背景提升到前景进入宾语位置,及其相关变形构成非常规结构以外。其他元素中,生命体的变形也是构成非常规结构的一条途径。

在空间域"位移—路径"意象图式在句法上映射,发出动作的生命体与动作之间具有时间先后顺序而常规位于动词之前。而在"V$_{走/跑}$＋N"结构中,有一类结构,N为部分生命体,从元素角度,它属于生命体元素的拆分部分。在意象图式中,通过生命体元素拆分,但其依然属于意象图式前景部分,在线性句式映射上,唯一能容纳的位置便是动词之后。这在语句表达上,言说者是为了强化V$_{走/跑}$中除了位移之外的个性语义,通过意象图式中生命体元素拆分形式,将隐含语义加以显化。例如"跑腿""走人"。

在"跑腿"结构中,"腿"作为"V$_{跑}$"中生命体发出动作的具体执行者,由于其快速位移义,该执行者会感到劳累。因此,虽然"V$_{跑}$"在常规已经隐含了[＋费力]义素,但是需外界语境加以显化。例如:

(7)a 由他们出面统一核实房价、签订协议、交付房租费,用不着我们跑腿,就把事情办了。(《人民日报》1993-03)

(7)b 由他们出面统一核实房价、签订协议、交付房租费,用不着我们跑,就把事情办了。

例(7)b是将例(7)a中的"跑腿"去掉了"腿"后,语句成立,句义等值。两者的区别在于:在例(7)中,"跑腿"这一结构,将意象图式中生命体中发出"跑"这个动作的执行者"腿"显化进入前景,置于句法结构动词之后,强化"跑"动作中使生命体受累这一陪义,这一陪义在"跑腿"结构中是通过析出[＋费力]义素形成。而例(7)b中,"跑"同样具有让生命体受累这一陪义,但是需要通过语用推导而得。"走人"中的"人"与发出动作的生命体语言形式一致,它置于动作之后,从发出动作的生命体倒置句法结构角度,析出了[＋迫使]义素,从而使"走人"中的"走"显化了言说者的语用情感陪义。因此,V$_{走/跑}$通过意象图式中生命体元素的拆分,以非常规结构的形式,将V$_{走/跑}$中蕴含的义素显化,从而形成情感或属性陪义,使语言表达更加精确细致。

(三)"添加元素"——特定语域中的非常规结构

这一类意象图式变形形成的非常规结构主要体现在"跑＋N"结构中。

在空间域"跑"的意象图式中,通过增加前景中生命体个数。多个体与"跑"的快速性组合,导致这种意象图式变形,构成了"比赛"语域。在语言表达中,该语域以上下文形式出现。而在该语域中,属于"比赛"范畴的一系列名词,均可在该意象图式中以注意力强化突出的手段将其前景化置于动词"跑"之后,以非常规结构形式,实现语言经济原则下的语义表达。例如:

(8) 冬奥会多国代表火炬接力活动,王秀丽将跑第一棒。(《人民日

报》1994 年第 1 季度）

例(8)中"跑第一棒"这一非常规结构,从上下文语境中,可见是"比赛"语域。而该语域的形成,是在"跑"的意象图式中,增加发出动作的生命体个数途径实现的。作为前概念的意向图式中添加生命体元素方式,在与语义映射的过程中,已出现[＋多生命体]义素形成比赛域语域陪义。在非常规语言形式上,"跑"与 N$_{比赛域}$ 之间的语义契合是通过"跑"的语域陪义实现的。

(四)"元素重复"——走班

在空间域 V$_{走/跑}$ 意象图式中,还有一个主要元素为"位移动作"。从意象图式角度,该动作是从"起点"到"终点"单向位移。但当该"位移"元素在路径背景中反复运作,注意力会将起点与终点同时强化,在语言形式上表现为"走＋N$_{起点/终点}$",具体语例为"走亲戚""走班"这类非常规结构产生。这种非常规结构的特点是:作为起点与终点的 N 在语言形式上能够重合,这是"位移"元素反复运行变形所致。

总之,以上在空间域中的非常规结构形成途径中,第一、第四类为路径元素变形。路径元素为原意象图式先存成分,故由该种途径形成的非常规结构,在句法形式上能够还原为常规结构,只是会使语言表达比较冗余累赘而已。如"走水路"的方式义,可以常规方式表达为"采取从小路走的方式"。而第二、三类属于元素拆分和添加,这些拆分和添加的元素为原意象图式新增部分,故这两类非常规结构,无法还原到常规表达的形式。意向图式的元素变形、添加、拆分、反复,则以义素为表现方式,由义素形成语域陪义、凸显属性陪义,从而成为非常规结构形成的语义理据。

二、意象图式在各认知域投射

本章第二节第一小点是 V$_{走/跑}$ 在底层空间域,通过意象图式变化形成非常规结构的具体途径。而"V$_{走/跑}$＋N"非常规结构形成的第二条路径是该空间域底层结构意象图式在各个认知域投射。这种投射方式,具体又分为两条路径:一条是 V$_{走/跑}$ 在意象图式中,在前景生命体和动作与背景中的路径共同作用下,在空间域形成不同义位。该义位在各个认知域投射后,与该认知域的相关 N 组合成"V$_{走/跑}$＋N"结构;第二条是 V$_{走/跑}$ 在底层空间域意象图式已经通过上小节所述方式形成了非常规结构,该结构整合后所具有的构式义在其他认知域进行整体投射。下面我们分别就这两条路径举例说明。

(一) V$_{走/跑}$ 意象图式形成义位在各认知域投射

在第三章第二节中对"走"的语义分析中,就详细论述了"走"在底层空间

223

意象图式基础上形成常规义位后,在各个认知域投射形成不同义位变体的情况。

"走"在空间域形成的"行走动作""离开""去""通过""反复来回"等义位在事件域投射为"进行""消失""去""经历过"等义位变体;在时间域投射为"变化""死""去""经历过"等义位变体;在意念域投射为"偏离"义位变体。这些义位变体,是意向图式在各认知域投射而形成的,因此在语义分析层面,这些义位变体,分别出现了[+认知域]这一义素。而该义素是通过不同认知域的非常规结构析出,并根据该认知域与空间域的远近,体现出层级性特点。

在时间域和事件域,由于"走"之后能容纳名词成分在底层空间域已经实现,在表达形象化的驱使下,通过句子尾重焦点方式,在时间域与事件域,"走+N"结构以"走"在时间域、事件域投射的义位变体,凸显"N"的变化或进行状况。当然,该"N"受到具体语言环境的制约。例如"走样、走味"结构,是空间域中"行走"义位投射在时间域为"变化"义位,N置于"走"之后凸显不可控性和递增性,并伴随贬降情感陪义;"走眼、走神"是空间域"离开"义位在意念域的投射,N置于"走"之后是言说者为分担施事主语主观责任所致。

"走"从底层空间域意象图式形成义位在其他认知域投射后再与N组合成"走+N"结构现象,由于进行了认知域转换,"走"义位进行了变体,与N之间直接的语义联系需要外界语境支撑,这个外界语境在语义层面,体现为[+认知域]义素,"走"的义位变体才能显现,从而成为"走"与N结合的语义契合点。

而"跑"在底层空间域形成义位后,在投射到其他认知域形成的非常规结构有"跑生意""跑肚"等。这些结构中的N能进入V$_{跑}$之后,还受到V$_{跑}$的特征语义——[+快速位移]义素的制约,V$_{跑}$与N语义契合点——陪义,也需要通过语境得以显化。因此,这种途径形成的非常规结构,一旦脱离语境,就难以组合推理识解。在认知过程中,倾向于整体识解,这是该结构词汇化的动因。

(二)空间域"V$_{走/跑}$+N"结构在其他认知域的投射

认知域投射的第二条非常规结构形成途径来自空间域中已经形成的"V$_{走/跑}$+N"结构,其空间域已经形成的构式义在其他认知域的整体投射。

在底层空间域,有的"V$_{走/跑}$+N"为非常规结构,例如"走水路""走天涯",其体现出构式义"方式义""趋向义",当该结构整体构式义在其他认知域进行投射,形成相同构式义的非常规结构。例如"走心""走红"类结构分别是"走+N$_{目的地}$"空间域趋向义构式在身体域、性状域的投射。"走江湖、走天下"

是"走＋N$_{路径}$"方式义在事件域的投射。而"走＋N$_{起点/终点}$"结构在空间域为"走班""走亲戚"等,其从空间域向事件域投射时,形成的非常规结构如"走空"。例如:

(9) 李华不是没有经验的"愣头"。见两个少妇朝卖服装的摊位凑过去,心里就想:"贼不走空,想要下手啦……"(《作家文摘》1997)

在例(9)中,事件域中贼去偷东西的起始状态是"空手",而若没偷到,事件的结果状态也是"空手"。这种开始与结果重合的特点,使空间域的"走＋N$_{起点/终点}$"结构能在事件域发生相应投射,形成"走空"非常规结构。

若这些结构在空间底层是常规结构,例如"跑医院",在投射过程中,由于认知域的不同,它们在其他认知域则不可能保持常规结构特点,而是由原结构固化后产生构式义,成为非常规结构。例如"跑项目"是"跑＋N$_{目的地}$"底层常规结构在事件域的投射为"跑＋N$_{目标}$",在投射过程中,形成趋向义的构式义。

三、V$_{走/跑}$动词之间的语义承接替代

"走"与"跑"古今语义承接替代特点,能使从系统角度总结"V$_{走/跑}$＋N"结构的形成途径。

从历时角度,"走"在古代汉语语义为"快速位移",与现代汉语"跑"语义一致。而现代汉语的"走"语义为"匀速",其"快速"语义在历时演变过程中被"跑"取代。故"走"与"跑"之间的语义呈现承接替代关系。而这种关系使所形成的"走＋N"与"跑＋N"之间具有平行演化关系。也就是说,当"走＋N"非常规结构形成后,相应的"跑＋N"非常规结构也会相应出现。但是在使用中,人们往往由于其语义更迭过程中的语义滞留而不加区分,例如"走/跑江湖、走/跑天下""走/跑上海""走/跑基层""走/跑味""走/跑音"等。

其平行演化呈现两个特点。首先,由于"走"先于"跑"出现,故"走"语义中由"快速"向"匀速"演变过程中,势必残留快速语义。因此,在古代汉语中已经形成的"走＋N"类结构,例如"走＋N$_{目的地}$""走＋N$_{处所}$",在现代汉语平面能相应出现"跑＋N"结构。也就是"走＋N$_{目的地/处所}$"能囊括"跑＋N$_{目的地/处所}$"的原因。其次,如果说"走＋N"非常规结构形式形成于近代汉语"跑"已经出现取代"走"之后,如"走音、走味"类结构。那么,该结构同样与"跑"具有平行演化关系,相应的"跑音、跑味"出现。但是,在语言事实中,"走样"该非常规结构没有对应的"＊跑样","跑肚"结构没有对应的"＊走肚"。这是由于"走""跑"在共时平面上个性语义中速度不同的制约。

总而言之,"V_{走/跑}+N"非常规结构形成的途径主要可以图示为①:

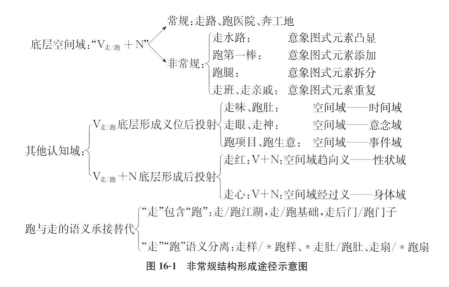

图 16-1　非常规结构形成途径示意图

第三节　非常规结构形成机制

非常规结构与常规结构的区分主要为两点:一为句法形式上的符合传统句法规则,二是语义组配不合规约,不能组合推断。因此,在探索非常规结构形成机制时,不仅需要在句法结构上考虑自足动词之后为何能进入 N 成分,同时需要考虑的是该整合义如何产生。从"V_{走/跑}+N"非常规结构形成途径中,我们发现,在句法结构中,该形式形成主要是在类推机制作用下,而其整合义产生则涉及类推、重新分析、转喻和隐喻。转喻与隐喻是从语义生成角度而言,在语言外化形式中属于修辞;从转喻与隐喻发生的内部机制,转喻与重新分析有关,而隐喻与类推有关,而重新分析与类推属于句法内部作用机制。在此,语言修辞的形式或需求,与句法内部机制发生了相互运作。

一、类推

梅耶《语法形式的演化》(Meillet,1965[1912])一文中提出类推是语法形式建立的主要机制。"类推"(analogy),即一个形式因类似于另一个形式而产

---

① "走兽、奔鹿、跑马"这一类结构,在古代汉语层面已经结合成词,该类非常规结构途径是在古代汉语语言并置过程中重新分析所形成,因此没放入现代汉语非常规结构形成途径中展示。在机制阐释中会涉及。

生。Harris & Campbell 用"扩展"(extension)来描述与"类推"相似的语法演变机制。认为"扩展指的是一个句法模式的表层形式发生改变但它并不涉及底层结构直接或内在的改变"。(Harris & Campbell 1995:51)该概念与历史学家对"类推"的描述大致相同。而国内对"类推"机制的应用,在词汇语义演变方面居多。根据朱彦(2011)对语义类推的界定,"语义类推"(semantic analogy)指的是"由语义关系引起的语义类推。语义类推是一种基于聚合关系的词义同(类)化现象"。汉语学界对语义类推也称为"相应生义",蒋绍愚(1985)的定义是:"如果甲词有①、②两个义位,乙词和甲词的①义位同义(或反义)。那么人们在语言运用中,在类推作用下,认为乙词既然和甲词的①义位同义(或反义),就应该和甲词的②义位也同义(或反义)。这样,乙词就取得了甲词②义位的意义(或与甲词②义位相反的意义)。这是语义类推的典型方式。"在非常规结构形成过程中,句法类推和语义类推交互作用,其中隐喻的实质是语义类推。

(一) 句法类推

从语法形式建立层面,类推的本质特征是通过去除规则条件从而将某种新生的演变推广到更大的语境。规则的条件指的是使用某个规则所必须满足的前提,这类条件指明一个规则能被使用的明确环境。规则的例外也是规则的一种"条件",它表明某个规则只用于特定条件不能满足的环境。例外和前提其实是事物的一体两面:例外是陈述规则不能使用的条件,前提是陈述规则能被使用的条件。类推是作为消除规则的前提。这在对非常规结构的界定中,指其内涵就与普通语法规则冲突。因此,在其形成及高频使用进入日常语言使用过程中,类推机制起到重要的作用。

"$V_{走/跑}$＋N"非常规结构的底层是常规结构,例如"走路、跑医院"等。这些通过肌动行为确认的自足动词 $V_{走/跑}$ 后可接名词性成分。这种"$V_{走/跑}$＋N"形式在同一认知域与不同认知域两个方向类推。同一认知域指的是行走动作发生的空间域。在底层空间域,在"走＋$N_{路径}$"结构中,以"走路"常规结构为原型,路径下位概念:如"水路、山路、陆路、羊肠小道"类推进"走＋$N_{路径}$"结构,形成"走水路、走山路、走陆路、走羊肠小道"结构;$N_{路径}$ 变形后形成"走台、走(跑)江湖、跑天下";路径端点进入结构后形成"走天涯、跑上海",在与$N_{路径}$具有各种相似关系的 N 通过类推进入该结构,逐步使该结构从常规向非常规结构演变。

纵向类推存在于各认知域投射中。在空间域形成"$V_{走/跑}$＋N"非常规结构后,该结构在外界语境辅助下,投射到其他认知域,整个语法结构在不同认知域扩展应用,同样是类推机制起作用。例如"走+N目的地"表示趋向义这一类结构,分别在事件域、时间域、性状域投射,彼此之间通过类推达成。例如"走梁"(空间域)、"走上海"(空间域/事件域)、"走极端"(时间域/性状域)、"走红"(性状域)。

各认知域句法类推

空间域: "走+N目的地"
↓
事件域: "走+N目的地/目标"
↓
时间域: "走+N目标"
↓
性状域: "走+A"

图 16-2　非常规结构句法纵向类推示意图

在各个认知域中,各种类型"走+N"非常规结构,是在类推机制作用下形成。

(二) 语义类推

语义类推在非常规结构"V走/跑+N"中主要发生在两个层面:一是 N 进入"V走/跑+N"结构后,在结构影响下,在不同语域、语境中,语义呈现系统变化,使"V走/跑+N"结构在语域产生新语义;另一类是在 N 不变的情况下,V走/跑在语义相关条件下被类推进"V走/跑+N"结构。

朱彦(2011)通过对"沉、浮、灌水、水车、潜水、潜水员、冒泡"等主题词群从水域到网络论坛域的讨论,将语义类推的定义进一步归纳为:"一个包含词语 A、B、C 的聚合体中,A、B、C 在某一意义上有聚合关系;其中 B、C 在类推作用下,又依照 A 的意义模式(如多义、同形异义等)获得其他新义的过程,称为语义类推"(朱彦 2011)。特定的聚合关系联系着特定的概念域,因而语义类推过程本质上是一个跨域的系统投射过程,发生投射的最根本动因是不同概念域中语义关系的同构,即是语义关系结构的同构性驱动(motivate)了语义类推的发生。这同样存在"V走/跑+N"非常规结构中。例如,"走+N目的地"作为空间域结构在句法类推基础上,可投射到身体域,形成"走+N脏器"类结构(走心/肾/胃/脾/肝/胆)等。而该类身体域主题词,在现实网络应用中,"走心"获得"用心、令人感动"语义,"走肾"获得"性爱"语义,以及"走胃"获得"好吃,味美"语义(该类语义论述详见第六章)这是"心、肾、肝、胆、脾"在身体域具有"停留点"的共同语义,而"心"具有具体物象与抽象思考功能的双重语义,该抽象思考功能,成为网络语域引申"用心,令人感动"

义的转喻点,从而导致"肾、胃、肝、胆、脾"都朝着表示其抽象功能方向聚合类推。由此"走＋N脏器"在网络语境逐步复活。这类从底层空间域"走＋N目的地"句法类推到身体域"走＋N脏器"到网络新义产生的过程,是句法类推与语义类推机制先后作用的结果。可图示为:

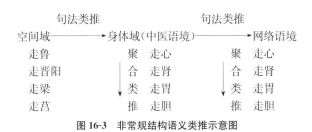

图 16-3 非常规结构语义类推示意图

以上"聚合类推"就是语义类推的表现形式。

非常规结构形成的另一条途径中,"走＋N"与"跑＋N"由于"走"与"跑"之间的语义古今承接更替而产生新的结构,则是句法类推与语义类推的综合作用。在"跑"与"走"由于其语义承接更迭产生非常规结构的过程中,如"走江湖"在近代汉语通行时,在现代汉语平面,"跑"承接取代了"走"的快速义,那么,"跑"就能被类推进入"走江湖"结构形成"跑江湖"这个非常规结构。同理,"走/跑味、走/跑音"也具有相同的原理。也就是"跑"与"走"的语义承接更替的相关性,导致这两种结构具有"同步引申"(许嘉璐,1987;王小莘,1998)关系。这种非常规结构的出现,是动词语义类推的结果。

二、重新分析

在非常规结构形成的过程中,语言内部起作用的另一个机制是重新分析。传统对重新分析的界定是指"词在句中经常处于某一特定的语法位置,使得人们对它与其他成分语法关系的理解发生了变化,从而使它的意义和作用发生了变化"(李宗江,1999:14)。Langacker(1977)认为重新分析是句法演变的主要机制。Harris & Campbell(1995)对重新分析的界定是:"重新分析是指改变了一个句法模式的底层结构但不涉及其表层形式的任何直接或内在的改变。"这里的"底层结构"(underlying structure),按照 Harris & Campbell(1995)的说法,包括成分组构(constituency)、层次结构(hierarchical structure)、语类性质(category labels)、语法关系(grammatical relations)以及粘聚性(cohesion);而"表层形式"(surface manifestation)则包括形态标记(morphological marking)和语序(word order)(参见吴福祥 2013)。在非常规结构形成过程中,重新分析涉及底层结构中"成分组构、层次结构、语类性质、语法关系、粘聚性"各方面的改变。

（一）成分组构重新分析

在成分组构方面，首先，V$_{走/跑}$作为自足动词，其后一般不衔接名词成分。而所有的"V$_{走/跑}$＋N"结构在句法形式上，都在动词后添加了名词成分，改变了V$_{走/跑}$独立充当述谓成分的特性。其次，进入"V$_{走/跑}$＋N"结构的N，由于与本不接名词的V$_{走/跑}$组配成结构，需要将自身形式进行适当改变，最典型的就是在语音形式上的简省。例如，"走样"中的"样"，本指"样子、形状"，但为了进入该结构，语音进行了省略。类似的例子还有："走穴"中的"穴"（洞穴、穴位）"跑肚"中的"肚"（肚子）等。因此，从句法成分组构角度，"V$_{走/跑}$＋N"形式的形成是对V$_{走/跑}$原型进行了重新分析的结果，并且通过进入该结构的N组构成分的重新分析，使"V$_{走/跑}$＋N"结构整合义产生。

（二）层次结构重新分析

层次结构上，在非常规结构中，一些能恢复到常规的句法结构，例如"走小路"，"小路"在句法上能恢复到"走"之前的状语位置，复杂表达为"采取从小路走的方式"。那么，当"小路"从状语位置后置于动词"走"，从状语辅助句位提升到宾语句位，这实现了句法层次结构上的提升。同理，当"跑腿"从句法层面上，能恢复补语位置"跑断了腿"同样表达辛苦受累语义，那么"跑腿"结构从句法层次上，也是将补语"断了腿"进行提升和成分简省。由此可见，能恢复到常规句法位置的非常规结构，在其非常规结构形成过程中，是在句法位置置换后，句法层次结构进行了重新分析。

（三）语类性质重新分析

在语类性质上，"V$_{走/跑}$＋N"从形式角度，V$_{走/跑}$为动词，N为名词。当某些非常规结构结合成词的过程中，其语类性质发生了改变。例如"走兽"结构。从古代语义考察：

（10）鹿为善走之兽，以喻逋者。（台湾语典《史藏·志存记录》）

在常规句法中，"走"为动词，"兽"为名词。但是当其两者并置，且将动词"走"置于名词"兽"之前：

（11）集于羽鸟，与为飞扬；集于走兽，与为流行。（战国《吕氏春秋》）

例（9）中"走兽"与"羽鸟"对应，意为"奔跑得快的野兽"。这种语义的获得是由于该结构在句法形式上为非常规结构，人们在语义识解上进行了重新分析。重新分析的结果是将"走"分析为形容词性成分。而当发展到现代汉语，"走兽"结合成词，整个结构作为名词使用。例如：

（12）狴犴本是传说中的一种走兽，古代常把它的形象画在牢狱的门上。（《倒序现代汉语词典》）

例(12)中的"走兽"前可被数量词"一种"修饰,其整体已经融合成词。那么,从语类性质角度,从两个单独的句法成分:动词和名词,在非常规结构组配过程中,被重新分析为定中结构,动词"走"的语类重新分析为形容词性,在进一步词汇化过程中,整个结构分析成为名词。"走"的动性、形容词性彻底消失。由此,在非常规结构形成过程,其组构成分的语类性质进行了重新分析。

(四) 语法关系重新分析

在非常规结构形成过程中,语类成分的重新分析往往是由语法关系的重新分析引起的。非常规结构在句法线性层面上外显特征是句法成分的增加与语序的不合常规。而认知中的普遍句法规则与非常规结构中的不合常规语序冲突,人们往往将其纳入固有库藏的普遍语法规则中,导致非常规结构中本身特殊的语法关系需要被重新分析。如"走路"结构。在古代汉语中"走"与"路"并置。例如:

> (13) 城高难平,湮之以土,开之以走路,俄传器橹。(战国《逸周书》)

在例(13)中"走"与"路"并置,"走"语义为"用来'走'的",在句法关系上可分析为"开之以走/路"。而当"走"与"路"时常并置出现,"路"的名词性特征,使其之前的成分形容词化,使两个不具有语法关系的成分具有定中结构关系。例如:

> (14) 孙权遣将潘璋逆断羽走路,羽至即斩。(裴松之注《三国志》)

例(14)中的"走路"已经具有句法关系,为"逃跑的路",两者为定中结构。而至宋代,该语法结构又随着"走"作为动词谓语在句中的重要地位而重新分析。例如:

> (15) 婆娘哭哭啼啼,将孩子寄在邻家,只得随着众人走路。(南宋《话本选集》)

例(15)中的"走路"的语义为"走","路"作为形式宾语后置于动词,两者之间的句法关系为动宾结构。以上例(14)(15)结构,在现代汉语中均存在。由此可见,当一个词常出现在某个特定语法位置,人们会根据它与其他语法成分的惯常性共显,对它与其他语法成分的理解协同发生变化,从而反过来使它的意义和用法发生变化。"走路"在现代汉语中可以作名词:"一条走路",是两个句法成分重新分析为定中结构结合成词的结果;可以作为方式义"我走路去医院",是两者重新分析为动宾关系形成的非常规结构。

(五) 粘聚性重新分析

粘聚性(cohesion)指的是一个语言序列(linguistic sequence)所具有的语法地位(status),比如它是一个独立的词、附着词(clitic)、词缀,或者是词内成

231

分(词中不可分析的组成部分)(吴福祥 2013)。在英语中,一般而言,粘聚性的排序是:词内成分高于词缀,词缀高于附着词,附着词高于独立自由词。重新分析涉及词的粘聚性的改变,在语言形式上指的是一个独立的自由词变为附着词或附着词变为词缀或词缀变为词内成分的过程。在非常规结构中,粘聚性的改变这一类重新分析最为明显,主要体现在习语的产生与词化的过程中。

在习语层面,当非常规结构形成,其结构具有意义,例如"V$_{走/跑}$＋N$_{目的地}$"所形成的趋向义。V$_{走/跑}$与 N 在空间域底层或许为常规结构("跑上海"),或许为非常规结构("走天涯"),当"V$_{走/跑}$＋N$_{目的地}$"在空间域为常规结构,在句法上表现为 V$_{走/跑}$与 N 之间粘合程度不高,为组合关系,可插入其他句法成分依然成立。如:

跑上海——跑到上海——跑到举行世博会的上海

但是当该结构在各个认知域投射后,其非常规性逐步加强。"跑＋N$_{目的地}$"投射到事件域后,其结构的趋向义凸显,形成"跑生意""跑项目"等结构。这种非常规结构中,"跑"与"生意、项目"之间的粘合程度就相对提高。在句法表现上,该结构还可整体充当主语或定语成分。这些都是"V$_{走/跑}$"与"N"粘聚性提高的表现。当 V$_{走/跑}$与 N 之间的粘聚性进一步提高,表现为结构固化。如"走钢丝、走后门、跑龙套、跑单帮"等结构,当"V$_{走/跑}$＋N"结构通过部分转喻或整体隐喻在各类语境使用,由于其整体语义已经通过转喻或隐喻固化,那么,在 V 与 N 之间几乎不能插入其他句法成分,此时粘聚性为最高。

在词化层面,当"V$_{走/跑}$＋N"结构由 V$_{走/跑}$从空间域义位投射到其他认知域,与该认知域的 N 组合而成,如"走题、走眼、跑肚",由于 N 进入 V$_{走/跑}$之后受外界语境制约,当其调适为双音节模式后,其结构中 V$_{走/跑}$与 N 之间在语境促使下,析出[＋认知域]义素,形成陪义进行相互关联,在语义系统中,陪义不是一个显性语义身份,因此以陪义相关联,说明 V$_{走/跑}$与 N 之间的关联性是很弱的。但因为[＋认知域]这一义素存在,说明它们之间的语义关联是必然存在的。陪义显现的弱关联性驱使两者需要强粘聚才能表达整体语义。而双音节形式利于词化,两者导致这种非常规结构在识解中往往不加分析整体认知,故这类结构中的 V$_{走/跑}$与 N 之间的粘聚性为最高,不可插入任何句法成分,且语义为整体识解。也就是说,V$_{走/跑}$和 N 都已经成为词内成分。同样,通过其他途径词化的非常规结构,如"走狗""走红",当其词化后,V$_{走/跑}$与 N 也成为词内成分,粘聚性为最高,这是重新分析机制作用下形成的。

三、转喻与隐喻

类推和重新分析,是语言内部存在的演变机制。而语言作为交流工具,语用表达是其工具性外显。在外部语境促使下,转喻与隐喻,成为触发语言内部演化的辅助机制。从语言本质而言,隐喻与类推、转喻与重新分析,是分别从侧重语义概念与句法结构两个角度对相似语言机制的不同命名。触发隐喻与转喻机制,与语境或文化常识有关。

(一) 隐喻机制

隐喻一直被看作是修辞学范畴的一种修辞手段,长期以来并不被主流语言学学家重视。Lakoff & Johnson(1980)在 *Metaphors We Live By* 中首先提出概念隐喻(conceptual metaphor),把隐喻从修辞学范畴带入认知语言学范畴。认知语言学所认为的隐喻不仅仅表现在语言表层中,而是人们普遍的认知模式。语言中所表现出的各种隐喻现象只不过是整个隐喻概念系统的外在表现。隐喻是人们概念化认识世界的一种基本模式,也就是指人们通过具象的、内部结构清晰的概念去理解和其有一定相似性的、抽象的、内部结构明了的概念。这里所说的概念指人们认识事物的概念或范畴领域。即认知域(cognitive domain)。具体的理解过程是通过在不同的认知域之间进行投射(mapping)而完成的(齐沪扬,2014:145)。

在非常规结构中的隐喻,主要发生在结构习语化过程中,例如"走钢丝""走独木桥""走后门""跑门子"等。这些结构在空间底层已形成非常规结构,可以在空间语域应用。但当该结构中 $V_{走/跑}$ 与 N 抽取其特征语义整合后,与结构本身具有的方式义相结合,在其他认知域投射,这就是隐喻机制在起作用。例如"走钢丝"在底层空间域,可以表示"走"的一种方式。例如:

(16)据新华社北京1月3日电(记者江红)不久前走钢丝跨越长江三峡夔门、创造了吉尼斯世界纪录的新疆"达瓦孜"传人阿地力,本月下旬将来京表演在两座约 20 层楼高的塔柱之间走钢丝的惊人绝技。(1998 年《人民日报》)

在例(16)中"走钢丝"是空间域一种"走"的方式,这是隐喻认知域中的基域,人们能从具象角度认识这种活动。

(17)在这样一类形同走钢丝的报道中,要确保不掉下来,稳稳当当地前进,很重要的一条是要在大局下思考。(《报刊精选》1994-07)

而在例(17)中,为新闻报道语域,为了表示做有的新闻是一件危险的事情,以"走钢丝"的语言形式表达,是把抽象概念以具象的方式隐喻出来。当"走钢丝"在各种认知域多次应用后,其结构中被赋予了"危险"的概念。那么其非常规结构不仅仅是语言内部机制作用下形成的方式义,隐喻机制使其结构义与组构成分语义进一步紧密结合,同时也使其整体语义固化,在句法应用中整体应用,其非常规性也得到了进一步加强。

同理,"跑龙套"惯用语语义,是在转喻基础上形成。当其脱离戏剧表演基域,应用到其他语域。例如:

(18) 前些日子笔者去某市采访,见到熟识多年的该市市长,谈起近来的工作安排,他苦笑着说:"我现在是忙着跑龙套啊。"(《人民日报》1995-01)

例(18)为工作语域,"跑龙套"在该语域中表达的语义为做次要工作。这是把"做次要工作"这种较为抽象的语义以"跑龙套"这个戏剧域的语言结构形象表达。"龙套"是戏剧演员中配角所着服饰,以"龙套"转指配角,是转喻的方式。这个非常规结构是在"龙套"转喻的基础上,再以整体语义"做配角"在各个认知域投射。这种转喻与隐喻共同作用的方式,使非常规结构中的具象语义向抽象概念化发展。

隐喻机制是语言表达中抽象语义形象化表达的需求下发生的。触发隐喻机制与民族性的文化常识有关。例如上文示例中的"走钢丝""跑龙套",在汉民族文化常识中,"钢丝"作为走的路径,因其细窄而隐含"危险"语义;"龙套"从其戏剧语域的地位而隐含"配角类"语义;这两种文化常识认知给语言表达者对其他认知域相类似的抽象语义表达形象化提供契机,隐喻在空间域与其他认知域发生。隐喻机制作用,从语言生成本质而言,是属于类推机制。隐喻与类推是从侧重语义概念和句法结构角度进行命名。那么,同为语言机制,这两个不同的命名区别何在? 这需要从语言生成与应用两个不同的视角进行阐述。从语言生成角度,当一种语言形式形成,然后其在不同认知域投射,这使语言结构的相似性得以在不同语境中生成不同的语义概念,是类推机制;而从语用角度,为了将抽象的概念表达得具体、形象化,在语言使用上,寻找该概念与人们认知常规更接近的表达形式,两者之间以概念相似性为契机,在不同认知域或不同语域,通过投射或聚合类推的方式进行,乃为隐喻机制。类推与隐喻只是从语言两个不同的端口对同一种机制的不同阐述。从视角上,隐喻机制属于修辞层面;类推机制属于语法层面。由此,可以看到修辞与语法的相叠加交叉之处。

(二) 转喻机制

"转喻是一种认知过程,就是'一个概念实体提供理解另一个概念实体的通道'(Koveoses & Radden,1998:39)并指向或'指示'彼此间的关系"。([英]劳蕾尔J.布林顿[Laurel J. Brinton]、[美]伊丽莎白·克洛斯·特劳戈特[Elizabeth Closs Traugott],2005,罗耀华等译,2013:45)。邻近性(contiguity)是转喻产生的基础,这种邻近性具体可分为空间、时间和因果邻近性,这与词义之间的意义邻近相一致,是转喻的重要特征(Ullmann,1962:218)。

在非常规结构形成过程中,转喻机制主要在组构成分中的 N 中起作用。当 N 发生转喻,其与 V$_{走/跑}$ 的结合就更加无法从语义表层进行识解,进而引发该结构进一步固化成惯用语或词。例如"走穴、跑龙套、跑肚、走心"等。其中"穴"从动物"洞穴"转喻到人演出的"地点";"肚"从"肚子里面的大便"转喻到"肚子",是空间邻近性作用下发生的。"龙套"从"戏服"转喻为"人"是因为人穿了绣有龙的戏服;"心"从具象的心脏器官转喻为"抽象的思考"是因为在中国古人认知中"心"是思考的器官,可见"龙套、心"的转喻是在因果邻近性的基础上发生。

而转喻机制基本在组构成分 N 上发生,且触发转喻机制往往与语境及文化因素有关。在文化因素方面,"走心"中的"心"能从"身体器官"向"思考"转喻,是古代中国人对思考器官的错误认知;而"穴、龙套、肚"的转喻,往往是文化心理中委婉表达的需要,例如"大便"为不洁事物,为了避讳,用"肚"表述;"穿龙套的人"为演员中低阶位者,为礼貌,用"龙套"代指;"走穴"是对演员不务正业的形象描述,原因在于将本用于动物庇护所的"穴"用于人,隐晦的类比中暗含对这种行为的贬义情感。由此可见,触发转喻机制同样与文化因素有关。而语用的礼貌原则结合文化因素,共同以外部语境的形式作用于转喻机制,因此,转喻机制属于语言外部机制。

由于表达上委婉或形象性的需求,要求 N 发生转喻,而转喻的本质,就是将 N 与其相关的事物进行了语义上的重新分析。由此,就语言机制本质而言,转喻属于语义层面的重新分析。从视角而言,转喻属于修辞层面,而重新分析是语法内部语言演变的机制,在词汇化过程中起到重要作用。由此,我们也可以看到,修辞中的转喻与语法中的重新分析有一定的重叠和交义,这也是笔者打通修辞与句法、词法进行研究的方法的体现。

非常规结构形成的机制中,类推、重新分析、隐喻与转喻是在同一认知域或不同认知域之间共同起作用。从研究方法论视角,隐喻与转喻是为修辞服务的,而类推与重新分析是语言演变的内部机制,其中的重新分析机制,在词汇化方面起到重要作用。由此,我们观察到,在语用驱使下,修辞中的隐喻机制与句法中的类推机制、修辞中的转喻机制与句法中的重新分析机制产生叠加区域,从而促使修辞、句法与词法之间的互通。

第四节　"V$_{走/跑}$＋N"非常规结构形成的动因

当一种新的语言形式出现,必然需要具备两个条件:一是这种语言形式的需求必要性，二是能出现这种形式的可行性。在"V$_{走/跑}$＋N"形成过程中，必要性是语言交际的总原则决定的，即语言表达中希望以最简省的语言形式，表达最丰富形象的语义。非常规结构形式出现的可行性是 V$_{走/跑}$在句法结构中，V$_{走/跑}$作为自足动词，其后的句法空位，给名词提供了进入的可能性。而且"走"在古代汉语中的常规形式遗留，类推 V$_{跑}$也能形成动名搭配。在语言表层，通过 V 的义位变体及相关陪义使"V$_{走/跑}$＋N"结构成立。

一、语境外部动因

语境指的是语言使用的环境，包括内部语境与外部语境。内部语境指一定的言语片段和一定的上下文之间的关系，外部语境指存在于言语片段之外的语言社会环境。在语用表达的驱使下，语言内部环境的可操作性给非常规结构的产生提供可能。

语言从功能角度，最根本是传信功能。在语言交际中，言语者在表达中需要达到两个要求：一是语言在内容上要充分表达信息；二是在形式上越省力越好。这两个要求在言语表达中处于矛盾的状态。从语用的适量原则（Grice，1975）而言，一是"足量"，即传递的信息要充分；二是"不过量"，即传递的信息量不能过多。而非常规结构正是为满足语用表达中这一需求产生的。

从"足量原则"（Levinson 2000）出发，指传递信息要充足，其对应的是Zipf(2016)的"尽力原则"(the principle of sufficient effort)。这是从听话人角度，为对方尽力，尽量使语言复杂变化，语言包含信息足量充分，达到精细化的表达效果。足量原则，表现在外在形式上要求语言形象化，同时要求语言信息量丰富。而"V$_{走/跑}$＋N"则很好地体现了这两点。

"V$_{走/跑}$＋N"非常规结构整体呈现出形象化的特点。例如"跑腿""跑龙套"语义形象刻画了忙碌奔波的"辛苦"状态。这种形象化特点是由于 V$_{走/跑}$具有很强的动作性，当与其他 N 结合后，即使在彼此组配过程中，由于非常规结构的形式特点，语义已经进行了多次引申转移，但其非常规结构析出的附着义素——［费力］而导致的形象感，是 V$_{走/跑}$动态性的残留体现，使整个结构具有形象化特点。这一特点，还可以通过其与常规结构的语义比较获得。例如"走眼"与"看错"、"走样"与"变样"等结构，在词典中基本是同义互训，但是在具体语用中，非常规结构"走样、走眼、走账"都体现出"疏忽""变差"等形象化的特点。

语义的丰富性，从非常规结构的结构不合句法常规中体现出来。第一，当 N 出现在自足动词 V$_{走/跑}$之后，其组配的不合常规性说明言语者通过这种有标手段，试图在表达中注入另外更多的语义。例如"走小路"结构，从句法层面,"小路"作为方式状语在句法中应该置于"走"之前为常规,但其置于"走"后,虽同为方式状语,在语境中却不仅能表达即时时体范畴内的具体方式,同时也可表达惯常时体范畴内惯常方式。多层次语义,通过这一句法手段得到添加整合。第二,在有的"V_{走/跑}＋N"结构中,整体结构产生构式义,如"走＋N_{路径}"的方式义;"走＋N_{目的地}"的趋向义;"走＋N_{生命体}"的致使义等,这些都是非常规结构导致语言表达中的语义更为丰富。

在语用中的不过量原则,要求语言信息不要过多。而过多的信息往往是过多的语言形式成分带来的。不过量原则要求语言尽量简省,以减轻言说者的负担。那么,当词汇层面已经不能再简省的前提下,既需要语义丰富,又需要形式简省,那只能通过改变语法结构来实现。在汉语中,语序是语法的主要手段,特殊的语序能以简省的形式体现丰富的语义。例如在自足动词"V_{走/跑}"之后添加名词成分,以形式上的动宾结构达到语言表达上的多层次理解,以非常规搭配这种手段来实现这种语用原则。

而非常规结构的识解,又需要依赖外部语境中听话人与说话人共同的社会文化认知,才能在语言形式的非常规中识解出形象、丰富、多重语义,从而达到非常规结构高效的传信目的。

二、语言内部动因

虽然在语言表达中,语用原则是驱动语言演变发展的重要因素,但是,若语言内部没有相应的可行性条件,也无法实现语用目标。而"V_{走/跑}＋N"非常规结构,在语言内部,恰恰具备实现这种语用目标的可行性。

首先,V_{走/跑}作为自足动词,其后宾语位置天然空缺,名词进入该位置具有现实可行性。在普通语言学中,复杂句由简单述谓句叠加而来(金立鑫,2011)。与动词有关的修饰成分可置于其前或其后。那么,与 V_{走/跑}语义有关的语言成分进入其后也符合普通语言学规则。

其次,在古代汉语中"走"具有快速语义,故"走＋N_{目的地}"为常规结构。而在古今语言演变过程中,"走"语义从快速向匀速变化,汉语类型从 V[1] 型向 S 型语言发展,导致现代汉语中"走"与 N_{目的地}之间需要路径介词衔接。但由于语言形式演变常常滞后于语义演变,由此在现代汉语中留下了"走＋N_{目的地}"形式模。当语言表达中言说者需要表达新的或更丰富的语义,旧的语言形式模结合新的词汇,能翻出新的整体语义。

汉语演变从古代向现代发展,两者之间并没有明确截然分开的界限,

---

① 　V 型语言与 S 型语言详见第三章论述。

"跑"与"走"在语言古今发展过程中具有语义承继更迭性,因此,"跑＋N$_{处所}$"也容易从"走＋N$_{处所}$"中类推成功。

因此从语言内部来看,共时平面与历时演变,都具有形成"V$_{走/跑}$＋N"非常规结构的可行性。

总而言之,语言外部的需求与语言内部潜能,两者结合,促使了"V$_{走/跑}$＋N"非常规结构的出现。

第五节　结　　语

本章论述了非常规结构形成的路径、机制及动因。路径从认知层面,分为从底层空间域意象图式变化和不同认知域投射两个角度梳理;从语言演变角度,则梳理出"走"与"跑"通过古今语义承接更迭形成一系列相关非常规结构的路径。

机制是非常规结构形成路径中起作用的原理。在语言内部,主要为类推和重新分析机制;在语言外部,主要为转喻和隐喻机制。两者中以前者为决定性机制,后者为外部语境、文化因素影响下的辅助性机制。也就是说,类推与重新分析,已经能形成非常规结构。而非常规结构语义用法的进一步多样化及固化,则依托隐喻与转喻。

"V$_{走/跑}$＋N"非常规结构动因来自语言外部与语言内部两个方面。语言外部是语言适量原则这个语用原则推动下,而语言内部是 V$_{走/跑}$其后宾语位置天然空缺,及"走"在古代汉语具有"走＋N$_{目的地}$"常规结构,在现代汉语层面成为语言形式模槽,为"V$_{走/跑}$＋N"非常规结构形成提供可能。

第十五章　义素层级析出对语法结构的影响

第一节　"V走/跑＋N"非常规结构义素析出

一、"V走/跑＋N"的义素界定

"V走/跑＋N"非常规结构从语法层面,没有遵守传统句法规则。那么,我们只能从并置理论角度,探索其非常规结构得以成立的语义因素。句子层面最重要的语法单位是词和语素,而词和语素也是语义单位,汉字是词和语素的表现形式。而从句法角度,能触及的语义层面只能与语素并级。但从语义角度,还有比语素更小的语义单位——义素。而当"走眼、跑肚"等结构无法从主构成分语素义角度通过语义关联分析,那么必将深入到构成义位的最小意义单位——义素层面。

"V走/跑＋N"结构中,"走、跑"属于行走范畴,因此会涉及"范畴义素与特征义素"概念;而非常规结构中析出的义素是在结构中才存在。因此,还会涉及"固定义素与临时义素"一组概念;"走、跑"的意象图式中的元素根据注意力凸显形成常规结构,而非常规结构中的构件义素(若该结构未词化)或词汇义素(已词化)则潜隐在结构和词汇中,是语法结构与语义不一致将其激发出来。

因此,从非常规结构中激发的义素,与周一民及张志毅、张庆云的显性义素与隐性义素概念[①]有所区别,我们以"表层义素"与"潜隐义素"一组概念来表述"V走/跑＋N"结构中析出的义素。"表层义素"指的是通过"走、跑"意象图式分析出的基本义素,这些义素蕴含在"走、跑"的常规句法结构中,是"走、

[①]　周一民论文中的"显性义素"基本与语素同义,也就是义素直接充当语素在汉字表层显示,"隐性义素"指的是不在语素层面显示,需要分析而出的义素,这与张志毅、张庆云的表述概念一致。

跑"的固定义素。而"潜隐义素",是在"V_{走/跑}＋N"结构激发而出的义素,属于临时义素,而潜隐义素的析出,与非常规等级度有关。

二、"V_{走/跑}＋N"结构中的义素析出

在第三章与第十章,我们通过意象图式理论,借助词汇语义学术语,确定"走、跑"的义素构成形式为:

{走}=[＋生命体][＋双脚与陆地交互接触][＋水平位移][＋匀速]

{跑}=[＋生命体][＋双脚与陆地腾空或接触][＋水平位移][＋快速]

以上"走、跑"义素均为固定义素,其中[＋生命体][＋水平位移][±双脚与陆地接触]属于范畴义素,[＋匀速]是"走"的特征义素,[＋快速]是"跑"的特征义素。

而当"走、跑"与"N"组合成为"V_{走/跑}＋N",该结构有常规与非常规之分。在常规结构中,"走、跑"语义由固定义素组成;而当形成非常规结构后,不管"走、跑"在行为动词的原始域——空间域,还是投射到其他认知域,在认知识解下,都析出了与该非常规结构相应的临时义素。

在空间域,"V_{走/跑}＋N"非常规结构表现为"走＋N_{处所}""走＋N_{路径}""走＋N_{目的地}""走＋N_{经过点}""走＋N_{生命体}""跑＋N_{处所}""跑＋N_{生命体}""跑＋N_{部分生命体}""跑＋N_{路径}""跑＋N_{比赛}"几类,用图表表示为:

表 15-1　空间域"V_{走/跑}＋N"非常规结构义素析出分布表

认知域	V	非常规结构	示　例	析出义素
空间域	走	"走＋N_{路径}"	走路	[＋方式]
			走小路	[＋类方式]
		"走＋N_{目的地}"	走上海、走天涯	[＋趋向]
			走穴	[＋趋向][＋贬降]
		"走＋N_{经过点}"	走后门	[＋不正当]
		"走＋N_{生命体}"	走人	[＋迫使]
	跑	"跑＋N_{处所}"	跑医院、跑厕所	[＋处所功能]
		"跑＋N_{生命体}"	跑人、跑龙套	[＋迫使][＋贬降]
		"跑＋N_{部分生命体}"	跑腿	[＋受累]
		"跑＋N_{路径}"	跑圈、跑长途	[＋类方式]
		"跑＋N_{比赛}"	跑一百米	[＋多生命体]

当"V_{走/跑}＋N"非常规结构从空间域向其他认知域投射后形成的非常规结构形式,有特定空间域"走＋N_{脏器}"、时间域"V_{走/跑}＋N_{变化体}"、意念域"走＋

N_{感官}"、事件域"跑＋N_{事件}",可用图表表示如下：

表 15-2　其他认知域"V_{走/跑}＋N"非常规结构义素析出分布表

认知域	V	非常规结构	示　例	析出义素
特殊空间域	走	"走＋N_{脏器}"	走心、走肾	[＋身体域]
时间域		"走＋N_{变化体}"	走样、走味	[＋时间域][＋贬降]
意念域		"走＋N_{感官}"	走眼	[＋意念域][＋推责]
时间域	跑	"跑＋N_{变化体}"	跑肚、跑味	[＋时间域][＋贬降]
事件域		"跑＋N_{事件}"	跑项目、跑买卖	[＋费力]

那么,在非常规结构中,潜隐义素析出的途径、方式是怎样的？ 它们与语法结构之间又具有怎样的关联？

第二节　义素析出途径与层级

"走、跑"的固定义素是通过意象图式的建立分析而出。在论述非常规结构形成的途径、机制与动因章中,区分了"走、跑"常规结构与非常规结构之分,论述所得非常规结构形成的途径主要为空间域意象图式中元素变形、添加、隐退和向不同认知域投射两条途径。那么,非常规结构中"走、跑"的义素析出同样与意象图式中的元素有着密不可分的关系。

一、"V_{走/跑}＋N"义素析出途径

"走、跑"的固定义素蕴含在由该动词构建的正常的语法结构中,而非常规结构中析出的义素主要与三个方面有关,一是"走、跑"固定义素成分的部分凸显、变形及引申;二是受到进入"V_{走/跑}＋N"的 N 的语义影响;三是该非常规结构在不同认知域整体投射后与该认知域近义常规结构的认知情感区分。

（一）固定义素凸显、变形与引申

在空间域中,首先,当进入"V_{走/跑}＋N"中的 N 为"走、跑"中固定义素中[±双脚与陆地交互接触]中的"陆地"具有线状特征时,如"路""小路""水路""圈""长途"等,那么,在不符合传统句法规则的"V_{走/跑}＋N"的结构促使下,析出[＋方式]及[＋类方式]义素。而当在认知中"陆地"具有点状特点时,如"上海、北京、天涯"等以地点出现,那么,同样在"V_{走/跑}＋N"结构促使下,析出[＋趋向]义素。另一固定义素[＋生命体]作为"N"进入"V_{走/跑}＋N"中时,从

动作发出者先天居于动词前的句法规则,这种将生命体置于动词"走、跑"之后的结构,使[＋迫使]义素析出,该义素是句法结构倒置导致潜隐义素显化①。

其次,部分义素凸显及与个性义素的引申结合。在"跑"的固定义素[＋双脚与陆地腾空或接触]突出"双腿",与另一固定义素[＋快速]结合引申,快速双腿位移,使发出动作的直接生命物——腿有累的感觉,则在"跑腿"中析出了[＋受累]义素。而在时间域与空间域结合生成的事件域中,由于一部分语义传信内容与空间域有关,那么在"跑生意、跑项目"结构中,亦析出与"受累"相似义素[＋费力]。

再次,固定义素的变形与个性义素的结合。在"跑龙套""跑单帮"等结构中,在历时层面,作为 N 的"龙套""单帮"语义在形成过程中,代指生命体,在结构中作为生命体的引申,而后与个性义素[＋快速]结合,同样析出[＋迫使][＋费力]义素。固体义素变形还体现在"跑＋N比赛"结构中,该结构依然属于空间域,而该结构能成立的原因在于固定义素[＋生命体]打消了默认单个的局限,变形为多个生命体,才使该结构能在比赛语域进行表达。因此,"跑＋N比赛"结构中析出[＋多个生命体]义素。

(二)"N"的语义影响义素析出

当"N"作为"陆地"具有一定的功能时,譬如"医院"的功能是"治病";"厕所"的功能是"大小便",那么,"N"进入"V走/跑＋N"结构,"走、跑"在该结构中就析出[＋处所功能]义素。当"N"作为"陆地"的相关内容且具有一定的文化含义时,与之有关的情感义素由此析出,例如"穴"本是动物居住点,而与发出动作"走"的生命体为"人"共现,那么"走穴"中不仅析出[＋趋向],还析出了[＋贬降]与情感有关的附着义素。当"后门"被理解为不正当手段,那么,"走后门"结构中则析出[＋不正当]义素。从而形成相应的陪义,成为非常规结构得以成立的语义关联。

(三)其他认知域义素析出途径

当"V走/跑＋N"非常规结构投射到其他认知域,而其他认知域已经存在与该结构相似语义的常规结构,例如,在时间域,存在常规结构"变样"与非常规结构"走样",在意念结构存在常规结构"看错"与非常规结构"走眼"。那么,这些认知域中义素如何析出?

这仍然与"走、跑"固定义素及语法结构有关。

---

① "走兽""走狗"词汇化过程结束在古代汉语阶段,其词化过程中,同样运用以上途径。因其已经成词,在现代汉语层面不列入举例范围。

"走、跑"在空间域中都有[＋水平位移]这一固定义素,而认知域之间的投射,主要是这一固定义素在不同认知域的变体。可以下图表示:

身体域:(特殊空间域:身体内位移)

空间域:⇨ 时间域:(时间流位移)

走、跑:[＋水平位移] 意念域:(意念中位移)

这一固定义素在不同认知域的变形,从义素作为语义的区别性特征而言,确切的表达是"走/跑"在不同认知域析出了表示认知域特征的义素,例如[＋身体域][＋时间域][＋意念域]等。

在不同认知域中,固定义素[＋水平位移]的变体与其他义素相结合,在不同认知域形成不同的义位,在身体域中形成"行进"义位;在时间域中形成"变化"义位;在意念域中形成"偏离"义位。

而由于这些认知域中,已经存在近义的常规结构,那么,非常规结构存在的必要性又何在呢? 我们在前文论述中可知,通过在"走、跑"后置名词 N 的手段,在[＋时间域][＋意念域]义素作用下,形成"贬降"陪义和"推卸责任"陪义,使"走样"(时间域非常规结构)与"变样"(时间域常规结构)、"走眼"(意念域非常规结构)与"看错"(意念域常规结构)之间的语义有了区分,达到了语言精细化表达的需求。

由上述论证可见,"V$_{走/跑}$＋N"的义素析出方式,一方面是主构成分"走、跑"固定义素在空间域的凸显、变形、引申及各个认知域的投射;另一方面是"V$_{走/跑}$＋N"这个语法结构激发了潜隐义素的析出,而这些析出的潜隐义素,铺垫在语言传信的底层,在语言表层以陪义的形式,成为非常规结构形成的链接点。

二、义素析出的层级性

义素析出的层级性与语法结构的非常规度正相关。由于"V$_{走/跑}$＋N"结构的主构成分 V$_{走/跑}$其常规语义意象图式存在于空间域,由此,在空间域的"V$_{走/跑}$＋N"存在常规结构与非常规结构同构异类的现象。在空间域"V$_{走/跑}$＋N"常规结构,如"走路""走小路"结构中"走"可从其意象图式析出[＋空间位移]固定义素,属于义素析出的底层,我们将其命名为第一层级。

而空间域的"V$_{走/跑}$＋N"非常规结构在非常规度上,是与常规结构最接近的一类。例如"走路""走小路"存在常规与非常规的区分,例:

(1) 有一次我自己也不知道为什么就想要自己安静一下,然后就一直走路,走走走走累了,就拦了辆车……(电视访谈《鲁豫有约开心果》)

243

（2）他就一个人先离开了江荣华的红云酒店，走路到他的公司。
（《女记者与大毒枭刘招华面对面》）

例（1）中"走路"中的"走"析出的义素为[＋空间位移]，为固定义素；例（2）中"走"则与"路"结合析出[＋方式]义素。该"走路"结构的同形异类中的非常规结构类析出的义素，是与常规结构最相近的一类义素，其非常规度最低，我们将其命名为第二层级。

而同在空间域，同样在"V走/跑＋N"结构的驱使下，N 具体呈现为"北京、上海""人、腿"等两类与 V走/跑 语义的意象图式中[＋双脚与陆地交互接触/腾空][＋生命体]中两个义素部分内容（陆地、生命体或部分生命体），则是"V走/跑＋N"非常规结构将 V走/跑 固定义素进行凸显、引申或变形后加以析出。例如在"走/跑＋上海"中析出[＋趋向]义素，"走/跑＋人"中析出[＋迫使]义素，而"腿"作为部分生命体，是生命体的引申，与"跑"的个性义素[＋快速]结合，在"跑腿"结构中析出的是[＋受累]义素。这些结构语义理解上逐渐趋于不透明化，其非常规度也有所提升。我们将在空间域通过非常规结构中结构前构成分析出的固定义素，以后构成分汉字显化的形式，析出的义素作为第三层级。

而在"跑龙套""跑单帮"结构中，"龙套""单帮"在文化语境促使下，指代了生命体，是作为[＋生命体]义素变形的汉字形式体现，在"跑＋N比赛域"（例"跑一百米"）、"走＋N脏器"（例"走心"）结构中，则将空间域限定在特殊领域，前者析出义素是固定义素[＋生命体]在比赛空间域，从默认单个到多个的变形，变形为[＋多生命体]义素；后者则是[＋位移]义素在身体域变形为[＋用心思]义素。在这种类型的义素析出过程中，"V走/跑"的底层义素由于特殊空间域的设定导致变形为新义素，虽然与固定义素同处空间域，但是义素的变形，覆盖了固定义素，从语言表层无法再直接识别到固定义素。这种在特定空间域固定义素变形析出的这一层级义素，我们将其界定为第四层级。

而当"V走/跑＋N"结构脱离空间域，进入时间域、意念域等其他认知域，如时间域的"走样""跑味"，意念域的"走眼"等，析出义素不仅有固定义素[＋位移]，且添加了认知域区分语义特征[＋时间域][＋意念域]义素，从而形成"变降""推责"等陪义，成为非常规语法结构形成的语义链接。这种析出义素不仅体现固定义素变形，还在认知域的作用下，增加义素析出，我们将这一层级界定为第五层级。

不同层级的义素析出，体现了非常规结构从常规结构逐步过渡的连续统。其析出的义素，不仅受到不及物动词后置名词的非语法结构形式的影响，同时还受到"V走/跑＋N"结构内部"N"语义的影响。在这些非常规结构中,析出义素,使语言实现了精细化表达,而正是通过义素析出,使非常规结构能够打破语法常规得以形成,而析出的义素也是该非常规结构得以成立的必要因素。

第三节　义素层级析出对语法结构的影响

在语言表达中,语法结构规则使具有意义的语言成分能线性呈现表达整体语义。义素,作为构成语义的最小结构单位,在语法结构中,隐匿在语言成分的语义中。当语法结构为常规结构时,构成语法结构的语言成分析出的义素为固定义素。例如"走/跑"在常规句法只析出[＋生命体][＋双脚与陆地交互接触/或腾空][＋水平位移][＋匀速]固定义素。而当语法结构为非常规结构时,结构的非常规性与并置理论相冲突,彼此达到和谐能从该非常规结构中识解出语义的关键在于:构成该非常规语法结构在并置过程中析出了形成该结构的潜隐义素。而非常规结构与常规结构之间存在演变承继的连续统,在语义识解上,非常规结构从组合向整合过渡,透明度层级降低直至需要整体识解(词汇化)。非常规结构从其形成途径呈现等级梯度。而义素的层级析出中,潜隐义素析出多寡及意义上与固定义素的关联,与非常规结构等级度有关。

一、"$V_{走/跑}$＋N"非常规结构等级度构建

在前文对"$V_{走/跑}$＋N"研究过程中可见,即使"$V_{走/跑}$＋N"在句法形式上不符合自足动词后不能接名词宾语的句法常规,但在语义组合过程中,该类形式不仅具有常规与非常规之分,且两者之间存在过渡。同时,在非常规结构语义识解过程中,两者难易程度不一,该难易程度即该类结构的语义透明度。当"$V_{走/跑}$＋N"为常规组合义,人们能从 V 与 N 的语义组合中推断出该结构的整体语义,其语义透明度最高;而当"$V_{走/跑}$＋N"非常规等级逐步提高,V 与 N 组合后趋向于通过整体识解,其语义透明度呈现逐步降低趋势。语义透明度高低与非常规结构形成路径有关。

因此,对于"$V_{走/跑}$＋N"非常规结构等级度的构建,我们在依据其构成途径的基础上,设计出相对的权重系数,由此计算出每个具体结构的非常规等级度的数值,以此方法来测定该类结构中具体每一个语言形式的非常规等级度。

从"$V_{走/跑}$＋N"结构形成途径,非常规结构存在底层空间意象图式变形,

及不同认知域投射两条总体途径。在这两条总途径中，在底层空间"位移—路径"意象图式中，非常规度又与其个体元素变形数量、变形度有关；不同认知域投射中，与投射顺序、是 $V_{走/跑}$ 先投射再与该认知域的 N 结合还是"$V_{走/跑}＋N$"在底层形成构式后整体投射有关。同时，认知域与空间域关系的远近，也对语义透明度有一定的影响。这些都是设计非常规等级度考虑的权重因素。

（一）空间域非常规结构非常规等级度设计

1. "$V_{走/跑}＋N_{路径}$"类

在底层空间非常规结构形成中，主要途径为通过"位移—路径"意象图式中元素的变化实现。在意象图式中，发出动作的生命体与位移动作为前景元素，路径等其他元素为背景。在句法表现上，前景实现为主谓主干成分，而背景实现为定、补、状辅助成分。那么，在意象图式中，其他元素稳定，只是路径从背景提升到前景，进入在句法位置上尚为空缺的主要成分之一——宾语位置，为非常规结构的最低等级。但从 $V_{走/跑}$ 语义与路径是否属于肌动行为角度，泛化途径"路"的提升与"走"构成的"V＋N"结构中属于常规结构——"走路"。而下位路径概念，如"小路""水路"在句法表现中，则根据语言表达的时体状况，分别属于常规表达（叙实语境）与非常规结构（非叙实语境）同构兼义。

因此，我们在"位移—路径"意象图式中，将与该动词基本意象图式区分的路径提升设置非常规等级度为 1。例如，"走"之后常规不接名词，而"走路"属于常规结构与非常规结构兼类，它的等级度为：0.5。依照"走路"结构，在类推作用下，"小路、水路"进入该结构，其在语用上属于常规与非常规结构兼类，故"走小路、走水路"等结构其等级度也为 0.5。而后，路径在前景中，路径提升后在二维与三维空间每一步变形步骤，则均设置为 1。其非常规等级度为这些系数的叠加。例如"走钢丝$_1$"，是路径提升在空间二维平面变形，故其非常规度等级度可计算为：0.5＋1＝1.5。而当路径中的某经过点或路径终点进入"走＋N"结构，那么，$N_{经过点/终点}$ 则视为路径变形，其非常规系数为 1。

而在底层空间域非常规结构形成过程中，路径有时会在外部语境或文化影响下发生转喻或隐喻。如第四章所论述的"走后门$_2$""走钢丝$_2$"的形成过程。在"走后门"形成过程中，经历了路径提升、路径转喻两个步骤，当其在具体语境应用时，则还经历整体隐喻过程。那么，其非常规度在其一步步变化过程中逐步提升。在每一步骤非常规系数设置为 1 前提下，"走后门$_2$"惯用语的非常规等级度为：0.5＋1＋1＝2.5。

"V_{走/跑}＋N"非常规结构通过这条途径形成的非常规等级度过程可图示为：

常规结构—非/常规兼类—N_{路径}提升—N_{路径}变形—N_{路径}转/(隐)喻—整体隐喻
　0　　　　+0.5　　　　+1　　　　　+1　　　　　+1　　　　　+1

并非所有的非常规结构都会经历这些步骤,有的会停留在某一阶段,如"走水路"停留在 0.5 度;而有的会跳过几个步骤,或兼在几个阶段或插入步骤。插入步骤主要指有的 N 在该步骤还经历词形语音简省过程,语音词形简省步骤设置的非常规系数也为 1。例如"走回头路"经历了"路径提升"后跳过"路径变形"直接能够进行"路径转喻",在应用过程中,还可能进一步进行"整体转喻"这一步骤。例如:

(3) 毛泽东喜欢散步;但散步时不喜欢走回头路,曰:"好马不吃回头草!"(《作家文摘》1993 年)

(4) 她如果不往下滑,就必须爬回雪山顶。走回头路不是她的性格。(《从普通女孩到银行家》)

(5) 对于这样的改革要回头看,不过,不能走回头路。(吴晓波《激荡三十年:中国企业 1978—2008》)

例(3)中,"走回头路"是对具体走路情况的描述,是对具有回还特征的路径的提升,其非常规属于+0.5。而例(4)中从"走回头路不是她的性格"小句分析,首先,在该爬雪山语境中,"走"作为具体行为动作切实存在;其次,"走回头路"成为一种性格的描述,可见"回头路"已经在特征相关性作用下,转喻为"重头再开始做"语义。故例(4)中,"走回头路"在经历了路径提升这一步骤后,直接跳转至"路径转喻"。其非常规度则仍为:0.5(路径提升)+1(路径转喻)=1.5。而例(5)则是将"走回头路"结构整体应用于"改革"语境,在语例中隐喻为在改革中不能"重新再来"语义。因此非常规度又提升一度。其非常规计算值为:0.5(路径提升)+1(路径转喻)+1(整体转喻)=2.5。而"走回头路"结构,在现代汉语中三种语境都同时并存使用。

可见,一个结构的非常规度计算,根据的是非常规结构形成途径中的每一个步骤。具体某一个结构的非常规结构等级度的计算,根据其经历了几个步骤,跳过或插入几个步骤,然后在具体语境中,停留在哪一个步骤进行计算。

2. "V_{走/跑}＋N_{生命体}"类

在底层结构意象图式中,第二种非常规结构的形式为发出动作的生命体置于动词之后,例如"走兽、走狗、走人"等。首先,从并置(collocation)理论出发,从 V 与 N 的语义契合度,N 具有可置于 V 之前与之后并置出现的可能性。但动作需要由生命体发出，故 N 置于 V 之前为常规结构，而一旦 N 置于 V 之后，从汉语语法以语序为主要手段的角度，其非常规性产生。这一类非常规结构，是对汉语语序手段的彻底颠覆，故其非常规等级度从其语序改变即刻产生，而随着"V$_{走/跑}$＋N"之间的一步一步重新分析，其非常规等级度逐步提升。例如"走人"结构中：

  (6) 马伯乐的烤鸭子是在一条小水流的旁边吃的，那条水流上边架
  着桥。桥上面走人，桥下边跑着鸭子。(萧红《马伯乐》)

在例(6)中，"人"依然是发出动作的生命体，且"走"的动作在时体范畴中依然成立。但是，由于其语序的倒置，导致其结构对主语"桥"而言，整体产生"供用义"。在此，非常规度已经出现，且将其设置为1。

  其次，由于语序在汉语常规句法中的显性地位，倒置语序必然导致其结构的重新分析。在底层结构中，"V$_{走/跑}$＋N$_{生命体}$"在固化时逐步重新分析过程，是设置非常规结构等级度的依据。例在"走狗"结构，从"V$_{走/跑}$＋N$_{生命体}$"形式角度，出现非常规系数1。例如：

  (7) 田猎驰骋，弋射走狗，贤者非不为也，为之而智日得焉，不肖主
  为之而智日惑焉。(战国《吕氏春秋》)

例(7)中，"狗"置于"走"之后，产生驱使义：让狗跑。这是第一度非常规结构步骤。而当"狗"结构由于其名词后置于动词的形式重新分析为偏正结构后，这个步骤为第二度非常规结构系数产生，每一步骤设定为1。例如：

  (8) 景公欲以人礼葬走狗。(战国《晏子春秋》)

例(8)中"走狗"为猎犬。是通过重新分析所得。该非常规结构度为：1＋1＝2。而在现代汉语中，"走狗"通过隐喻，成为"恶人帮凶者"。

  (9) 他被人利用了，扣的南京，结果变成蒋介石走狗了。(《1982 年
  北京话调查资料》)

例(9)中就是"走狗"为"恶人帮凶者"用例。那么，该例句中的"走狗"是在重新分析基础上进一步隐喻，其非常规步骤又增加了1。例(9)中"走狗"的非常规等级度为：1＋1＋1＝3。另一种类型，当"走狗"在语序倒置后，没有走上重新分析为偏正结构进而演化为名词的途径，而是直接固化为表示一种娱乐活动的名词"走狗"。例如：

  (10) 仍是斗鸡走狗，赏花玩柳。(清小说《红楼梦(上)》)

那么，该结构经历的这一步骤也体现非常规等级系数1。例(10)中，"走狗"的非常规等级度计算为：1(语序倒置)＋1(名词固化)＝2。

  同时，与"V$_{走/跑}$＋N$_{路径}$"类非常规等级度设计相类似，若"V$_{走/跑}$＋N$_{生命体}$"结构在演化过程中，跳过某些步骤，则该系数可以省略。总体根据其演化步

骤来计算其非常规等级度。可图示为：

$$V_{走/跑}+N_{生命体} \quad 语序倒置\text{——}重新分析\text{——}整体隐喻$$

非常规等级度设置：　　　　　　$+1$　　　$+1$　　　$+1$

3."$V_{跑}+N_{比赛域}$"类

在底层空间域形成的非常规结构中，有一类途径较为特殊，即"跑一百米"这类结构。这类结构的形成，是"位移—路径"意象图式前景中添加了能发出动作的生命体，构建比赛语域，从而形成"$V_{跑}+N_{比赛域}$"这一类结构。这一类结构仍属于空间域，其特殊性在于意象图式中增添了前景元素。首先，从无到有的过程，人们在识解中明显难于从有（背景）到有（前景）、元素变形或元素位置语序换位。其次，进入 $V_{跑}$ 之后的 N，并非添加的新生命体，而是由该新生命体与原意象图式一起构成新意象图式中元素，即"比赛"语域中的各种名词。故在"跑一百米"形式构成中，经历步骤二步：第一，添加其他生命体，形成"比赛域"意象图式；第二，"比赛域"意象图式中各背景元素的提升。故将这种变化的两个步骤非常规系数设置为 $1+1=2$。

（二）其他认知域"$V_{走/跑}+N$"非常规等级度设计

"$V_{走/跑}+N$"非常规结构在向不同认知域投射中，其投射方式分两类，一类为在底层空间域形成"$V_{走/跑}+N$"后整体向其他认知域投射；另一类为 $V_{走/跑}$ 在底层空间域意象图式基础上形成义位后向各个认知域投射形成义位变体，然后再与该认知域 N 组合，在外部语境的迫使下，将 $V_{走/跑}$ 义位中的属性陪义显化，通过陪义与 N 内部关联契合而成。

这两类在其他认知域形成的"$V_{走/跑}+N$"非常规结构，其等级度设计并非一致。我们先设定"$V_{走/跑}+N$"整体投射到其他认知域途径形成的非常规等级度系数。

1."$V_{走/跑}+N$"整体投射其他认知域非常规等级度计算

对于认知域投射的非常规等级度系数，与各个认知域有关。原因在于从空间域向其他认知域投射的过程中，在人们的认知中具有不同的认知难度。

第一，空间作为人们身体能够感知且行走动作发出的具体领域，处于认知的基层，难度系数最低，我们将其系数设置为 0。

第二，在 $V_{走/跑}$ 投射的认知域中，身体域属于特殊空间域，内蕴于空间域。从广义角度而言，仍为空间域，我们将其系数设置为 0.5。

第三，"事件域"为空间域与时间域的复合体，其概念中包含空间域成分，这部分概念降低了事件域的认知难度，但是它已经属于独立的认知域，我们将其难度系数设置为 1。

第四,在抽象化认知域中,如时间域、性状域、意念域等。这些认知域中,时间域和性状域为客观存在,而意念域为主观设置。时间域、性状域与空间域的关系是具体到抽象的过程,而空间域、时间域、性状域到意念域则是客观到主观的过程。彼此之间的距离远近可图示为:

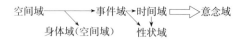

我们将这些认知域根据识解难度分别设置难度系数归结为下表。

表 15-3　其他认知与空间域远近等级表

认知域分类	认知域	难度系数
具象认知域	空间域	0
	身体域	0.5
具象、抽象过渡认知域	事件域	1
抽象认知域	时间域	2
	性状域	2
	意念域	3

下面举例说明。首先,如"走＋N$_{脏器}$"(中医语域)结构非常规度计算。在古代汉语中,底层空间域非常规结构中"走＋N$_{目的地}$"[1]系数为 0,身体域投射为在空间域"走＋N$_{目的地}$"基础上,加上 0.5。"走心、走肾"等(中医语域)结构的非常规等级度为:

"走＋N$_{脏器}$"(中医语境):0(常规结构)＋0.5(身体域投射)＝0.5。

而当"走＋N$_{脏器}$"在现代汉语网络语域复活后,N$_{脏器}$通过转喻,其"走"的语义由于其速度古今变化,"走＋N$_{目的地/经过点}$"在现代汉语中为非常规结构。那么,当代网络新词"走＋N$_{脏器}$"的非常规等级度为:

"走＋N$_{脏器}$"(网络新词):1(路径终点/经过点提升)＋0.5(身体域投射)＋1(N 转喻)＝2.5。

其次,当"V$_{走/跑}$＋N"结构在空间域形成后,投射到事件域,事件域具有部分空间域成分,其认知难于具体认知,但易于抽象认知,故将其难度系数设置为 1。例如"走社会主义道路",底层非常规结构为"走＋N$_{路径}$",其非常规等级度为 0.5(路径提升),整体体现出方式义。"走社会主义道路"是

---

① 这里将"走＋N$_{目的地}$"非常规系数设置为 0,是从古代汉语"走＋N$_{目的地}$"为常规结构出发,其结构为常规结构,非常规度为 0,而"走＋N$_{脏器}$"(中医语域)结构也全部在古代汉语中,因此从同一时间段角度,这种投射后形成的非常规角度等级度只能是 0.5。

"走＋N_{路径}"从空间域投射到事件域,非常规度系数为 1。故该结构非常规等级度为:

"V_{走/跑}＋N_{事件域}":0.5＋1＝1.5。

而时间域、性状域为抽象认知域,故"V＋N"结构在底层形成后,再投射到这些认知域,其识解难度大于事件域。在第九章论证中,性状域投射经历了从空间域到事件域到性状域的过程,从步骤叠加角度,将其非常规系数均设置为 2。这种投射类型最典型的为"走红""走强"等"走＋A"结构,是空间域底层非常规结构"走＋N_{目的地}"在性状域的投射。"走＋A"非常规结构等级度的计算方式为:

"走＋A":1(走＋N_{目的地})^①＋2(性状域)＝3

2. 底层 V_{走/跑}义位投射各认知域"V_{走/跑}＋N"非常规等级度计算

在该类非常规结构形成路径中,V_{走/跑}在底层空间域,根据意象图式中注意力不同,在常规句法中可分析出各种义位。这些义位在不同认知域投射后形成义位变体,与该认知域的 N 在外部语境制约下形成"V_{走/跑}＋N"结构。该类结构在形成途径上步骤较多,故其非常规度也相对提高。

首先,V_{走/跑}需在底层意象图式基础上形成不同义位,形成义位的过程虽然相对复杂,如涉及意象图式中注意力对前景与背景各个部分共现突出,发出动作的生命体与位移动作与路径起点、经过点、终点或整条路径的不同纳入等,但是由于其在句法映射上的常规性,我们将这种义位形成的途径非常规系数标注为 0。

其次,该义位在各个认知域投射遵照上文中各认知域系数设定,而最后一步非常规等级度系数则由该认知域的 N 决定。若 N 为该认知域普通名词,则"V_{走/跑}＋N"结构的非常规度等同 V_{走/跑}认知域投射形成的非常规等级度,若 N 在该认知域有转喻、语言形式简省等变化步骤,那么,该认知域的"V_{走/跑}＋N"结构非常规度由"V_{走/跑}"的投射认知域的非常规度与 N 变化步骤叠加而成。下面以"跑肚"说明。

在"跑肚"结构中,"跑"从空间域形成"快速位移"义位投射到时间域,形成"快速变化"义位变体。根据认知域难度,非常规系数为 2。而"肚"在该认知域由其相关物"大便"转喻而来。其变化步骤系数为 1,且其在组合过程中,"肚"进行了语言形式上的省简(从"肚子"到"肚")。那么,"跑肚"结构的非常规度计算值为:

---

① 这里的"走＋N_{目的地}"非常规系数设置为 1,是从现代汉语平面角度,"走"速度放慢,路径终点变形为路径而来。

"跑肚":2("跑"时间域投射)+1("肚"转喻)+1(语言省简)=4。

从以上非常规等级度系数设置,遵循两方面规则:一是根据其非常规结构步骤形成过程构建系数,每一步为1,多步骤则系数叠加;二为在认知域投射过程中,根据认知域识解难度设置系数,然后根据不同投射方式进行叠加或删减。在计算过程中可见,非常规等级度、语义透明度与数值成正比。

由于"V走/跑+N"非常规结构形成路径不一致,影响因素纷繁复杂,兼具语言内外部因素部分或共同作用,而且具体非常规结构构成过程中,N的省略、转喻等各种变化步骤,也作为步骤系数设置在内。但在构建非常规等级度系数的规则制约下,其结构理解从透明到不透明,从组合到整合及词汇化的过程,基本能从非常规等级度算法体现出来。

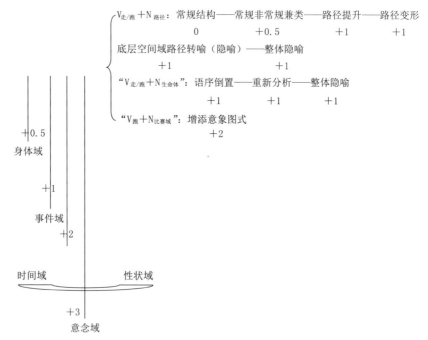

图 15-1　非常规等级系数设定图

二、义素层级析出与非常规等级度正相关

(一) 非常规等级度测定

根据以上非常规等级系数的计算方法,我们对"V走/跑+N"结构中各种具体结构形式随机抽取进行测试。从前十四章研究出发,我们在"V走/跑+N"结构中,分别抽取"走+N"8 例,"跑+N"5 例进行测试。

表 15-4　非常规等级测试表

非常规结构	语例	非常规形成途径	非常规等级度
走＋N	走小路	空间域 N路径 提升，非常规与常规兼类	0.5
	走台	空间域 N路径 提升＋N 变形＋N 省略	0.5＋1＋1＝2.5
	走后门$_{1/2}$	空间域 N路径 提升＋N 转喻＋/－整体隐喻	0.5＋1＋(1/0)＝1.5/2.5
	走兽	空间域 N生命体 与 V 句法位置倒置＋重新分析	1＋1＝2
	走社会主义大道	"走＋N路径"整体事件域投射	1
	走样	"走"义位时间域投射＋N 简省	2＋1＝3
	走红	"走＋N目的地"性状域投射	1＋2＝3
	走眼	"走"义位意念域投射＋N 简省	3＋1＝4
跑＋N	跑机关	空间域 N 转喻＋词形简省	1＋1＝2
	跑龙套	空间域 N生命体 与 V 句法位置倒置＋N 转喻＋/－"跑＋N"整体隐喻(事件域)	2＋1＋(1/0)＝4/3
	跑腿	空间域 N生命体 与 V 句法位置倒置＋N 转喻	2＋1＝3
	跑项目	"跑＋N目的地"整体事件域投射	1＋1＝2
	跑肚	"跑"义位时间域投射＋N 转喻＋N 省简	2＋1＋1＝4
	跑第一名	空间域意象图式添加元素	2

　　从对以上"V走/跑＋N"非常规结构等级度测试，从易到难可整理出语义透明度等级如下表。

表 15-5　"V走/跑＋N"非常规结构语义透明度等级表

非常规等级度	具体样例	语义透明度/非常规等级度
4	走眼、跑肚、跑龙套	低/高
3	走样、走红、跑龙套、跑腿	
2.5	走后门$_2$、走台	中/中
2	走兽、奔鹿、跑项目、跑第一名、跑机关	
1.5	走后门$_1$	
1	走社会主义大道	高/低
0.5	走小路	

　　从以上非常规等级度列表，可见，等级度低的非常规结构，如 0.5 与 1级，在对 V 与 N 语义有了基本了解后，若在语境配合下，能基本推测其语义，其语义透明度最高；而等级度较高的非常规结构，如 3 与 4 级，则需要整体识解，语义透明度为最低，这在语言事实中表现为词汇化倾向。

(二) 义素的层级析出与非常规等级度关系

从本章第二节义素析出的层级性与第三节上文非常规等级度的测定,我们可以发现,义素的层级析出与非常规结构的非常规性呈现正相关。

首先,在空间域,常规句法结构中,$V_{走/跑}$析出的是固定义素[＋生命体][＋双脚与陆地交互接触/腾空][＋水平位移][＋匀速],这在非常规结构等级中系数表现为0,这是义素析出的第一层级:空间域通过常规结构析出固定义素。

其次,在空间域,"$V_{走/跑}$＋N"非常规结构析出义素[＋路径](例"走台")、[＋多生命体](例"跑一百米")、[＋迫使](例"走人"),前两类义素与$V_{走/跑}$固定义素相关度高,是固定义素[＋生命体][＋双脚与陆地交互接触/腾空]的凸显或变化,而[＋迫使]义素则是由句法结构倒置析出。这是义素析出的第二层级,表现为析出义素与原固定义素相关度高,或是由句法结构变化析出义素。

再次,在"$V_{走/跑}$＋N"通过不同方式投射到不同认知域后,非常规结构析出[＋事件域][＋时间域][＋性状域][＋意念域]等义素,这些义素是空间域义位得以变体的语义区分特征,同时由于[＋认知域]义素出现,在非常规语法结构的作用下,叠加产生[＋贬降]等义素。这在义素表达上表现为与固定义素不同的义素出现及义素数量的增多。这是义素析出的第三层级。

另外,义素在"$V_{走/跑}$＋N"非常规结构中的析出,还与N的语义相关,在"跑医院、走穴、跑龙套"等结构中,N的语义也促使新义素的析出,例如[＋处所功能][＋受累]等。

而以上的义素析出层级,与非常规结构语义透明度呈现负相关、与非常规度呈现正相关,也就是说,在低级层次析出的义素,句法结构的非常规度低,句法结构透明度高;而在高层级析出的义素,句法结构的非常规度高,句法结构的语义透明度低。而正是句法上的高非常规性,迫使结构中的潜隐义素析出,成为构成该类结构的语义依据。这两者均可落实到非常规结构形成途径这一底层逻辑上。

第四节 结 语

本章通过对义素的界定、义素析出的界定、义素层级析出的分析及"$V_{走/跑}$＋N"非常规结构等级度的设计,从两者的正相关性可见义素与非常规结构之间存在密切的关联,这正是义素的层级析出对语法结构的影响。

非常规结构语言现象存在，能被人们正确识解，必然存在语言成分并置成立的底层语义关联，而该关联为蕴含在语言成分内部的义素。在常规语法结构中，义素可以通过语言成分分析析出其固定义素；但在非常规结构中，由于结构的非常规性，导致析出潜隐义素不仅与各语言成分存在的认知域有关，还与该结构的句法位置有关（"走/跑"后出现名词性成分）。这种潜隐义素，在语义表层成为该结构语言成分的陪义，成为形成非常规结构的依据。

非常规结构存在于语言现象中，是为了达到语言精细化表达与经济性原则共同实现的目的。语言表达经济原则通过句法结构违反常规得以实现，而语义的精细化表达则通过非常规结构致使潜隐义素析出得以实现。非常规句法结构驱使义素从隐性向显性浮现，浮现出的义素反向支撑非常规语法结构的成立。潜隐义素参与了非常规结构的形成，使语法以最经济的形式呈现。非常规结构析出了潜隐义素，使之成为语义精细化表达的外显意义（陪义）。而非常规结构语义识解的透明度相对应的非常规等级度，与义素的逐层析出相互印证，这从"认知—语义—句法"角度，论证了语义与语法结构互相成就、彼此推动的演化方式。

语言的根本功能是传信，而传信功能的体现，从底层向表层具有"认知—语义—句法"一条垂直的逻辑通道。底层认知以前概念意象图式的形式出现，而意象图式中的元素与有义无形的义素形成一定的对应关系，从而建立语义与意象图式的联系。语言的表层传信通过句式完成，不符合传统句法形式的非常规结构能在语言系统中存在，并表达出特定的语义，其句法与语义之间存在相互成就、互相影响的关系，这个关系由义素联系起来。

在"V_{走/跑}＋N"非常规结构得以成立且能够进入常规语言系统的现象中，非常规结构形式"V＋N"中并置成分打破了常规语法结构，若线性语言需得以整体呈现，则 V 与 N 之间必然需要语义上的链接。这种关联语义，在词汇语义学中表现为义素成分。由此可见，语法规则制约线性语言表达，但在语言表达的根本目的是传信功能的作用下，语义对语法规则有"形成—破坏—重建"滚动推行的作用。

总　　结

第一节　主要研究内容

非常规结构是语言中存在的一类现存语法规则难以容纳的现象，它们的构成，一方面不符合既成的语法规则，一方面又确为语言事实。本研究的研究对象为"V$_{走/跑}$＋N"非常规结构，以下就本研究所涉及的研究对象以表格形式进行梳理呈现。

表总-1　"V$_{走/跑}$＋N"非常规结构研究对象梳理表

认知域	V	非常规结构	示例
空间域	走	"走＋N$_{路径}$"	走路
			走小路
		"走＋N$_{目的地}$"	走上海、走天涯
			走穴
		"走＋N$_{经过点}$"	走后门
		"走＋N$_{生命体}$"	走人
	跑	"跑＋N$_{处所}$"	跑医院、跑厕所
		"跑＋N$_{生命体}$"	跑人、跑龙套
		"跑＋N$_{部分生命体}$"	跑腿
		"跑＋N$_{路径}$"	跑圈、跑长途
		"跑＋N$_{比赛}$"	跑一百米
特殊空间域	走	"走＋N$_{脏器}$"	走心、走肾
时间域		"走＋N$_{变化体}$"	走样、走味
意念域		"走＋N$_{感官}$"	走眼
时间域	跑	"跑＋N$_{变化体}$"	跑肚、跑味
事件域		"跑＋N$_{事件}$"	跑项目、跑买卖

本书通过对"V_{走/跑}＋N"的非常规结构的研究,从语言现象入手,思考该类结构形成的底层原理,从语义与语法互动视角切入,探究其形成途径、机制及非常规等级度,挖掘作为语言表达目的——意义传递,与其手段——语法规则之间的本质关系。发现该非常规结构析出的义素,成为形成该类结构的语义链接。义素,成为语义与句法互动的链接因素。义素的层级析出与非常规结构的非常规度有关。同时,本书的研究方法为其他类型的非常规结构研究提供方法参考。

本研究以认知语言学涉身哲学为背景,运用认知语言学理论中的运动意象图式、原型理论、隐喻转喻理论,语义演化、词汇语义学等方面相关理论以及语用学中的合作原则,以 V_{走/跑} 意象图式与句法映射之间产生的语义为接口,从语义与语法互动的角度进行研究。通过系统研究及个案分析相结合的方式进行。

在个案研究中,一类为非常规结构与常规结构的同义辨析,例如"走眼"与"看错"、"走样"与"变样"等。在这类常规与非常规共存的语言现象中,着重分析非常规结构在语言系统中的存在理据。说明语言的精细化分工及表达上的主观性需要,使非常规结构能稳定地进入语言系统。

另一类为非常规结构形成规律探索,如"走穴""走心""跑龙套""跑单帮""跑肚"等。这些"V_{走/跑}＋N"非常规结构几乎都以词汇的形式存在于语言系统中。其形成途径的特殊性成为其词汇化的必然因素。

在系统性研究中,"走"是"行走"类动词原型,"跑"是其语义历时承继相关的快速类动词。研究方法上,以"走"为原型,"跑"相对居于边缘性状态。"跑"与"走"在历时语义演变过程中,古代汉语"走"的"快速位移"语义由现代汉语"跑"取代,而"走"在现代汉语中为匀速位移,这种语义在历时中的承继更迭,使"快速"语义古今演变中有重叠接口。

由于"走"的原型性,语义呈现多样化,故由"走"与 N 构成的非常规结构也呈现类型的多样性。从同属于"行走"类动词构成的"V_跑＋N"非常规结构角度,"走＋N"与"跑＋N"在非常规结构形成的途径上具有一致性。均由空间域前概念构成意象图式中路径各部分注意力凸显,形成空间域常规或非常规结构。而"跑"在"跑＋N"非常规结构中,呈现与"走＋N"既具有系统承继的一面,同时也具有个性变异的一面。其个性变异与"跑"的个性义素[＋快速位移]有关。在对"V_{走/跑}＋N"非常规结构研究过程中,有以下研究所得结论。

第二节　研究所得结论

一、结论一：非常规结构的形成途径、制约机制与识解

"V＋N"非常规结构历来是语言学界研究的重点。V 与 N 组合及其在语言线性上的先后排列，使很多研究者对于这类非常规结构的研究，着眼于动词是否具有及物性及名词担任各种类型宾语的区分。而本书根据汉语句法形态不显著的特点，跳出述宾句法关系，单纯从动词与名词并置入手，以语义与句法互动为视角，以"走/跑"为例，探索"V_{走/跑}＋N"非常规结构得以成立的语言表层组合语义理据、形成途径及动因机制。

第一，在句法表层，"V_{走/跑}＋N"非常规结构的形成，动词与名词得以并置，是 V_{走/跑} 的义位变体及属性陪义与 N 之间的契合。非常规结构析出的义素，是构成陪义的基础，是该类非常规结构成为语言事实的底层链接。义素的层级析出与非常规结构等级度之间存在关联。

V_{走/跑} 的固定义素为［＋生命体］［＋足部与陆地交互接触］［＋水平位移］，与这三义素相关联的 N 在语言线性排列中能进入 V_{走/跑} 前或 V_{走/跑} 后与之并置。而 N 能在 V_{走/跑} 后出现形成非常规结构，条件之一是 V_{走/跑} 作为自足动词，句法位置上其后具有空位；其二为汉语语法形态不发达，语序成为句法显化手段之一，在 V_{走/跑} 之后并置 N，是通过句法标记的手段达到充分、精确表达语言的手段。

第二，V_{走/跑} 在语义上具备义位变体或特有属性陪义，与该动词前概念中所构成的"位移—路径"意象图式有关，这是"V_{走/跑}＋N"非常规结构形成的底层基础。V_{走/跑} 前概念所建构的"位移—路径"意象图式，映射到常规句法中，形成不同的义位。这些义位在不同认知域使用过程中产生义位变体。如"走"空间域"位移"义，在时间域表现为义位变体："变化"义。而这些动词具备的属性陪义，例如"跑"由于其快速，在动词内部蕴含"生命体受累"这一属性陪义。这在 N 后置于"跑"的非常规组配中得以显现，如"跑腿"。

在空间域意象图式中，在注意力作用下，意象图式中起点、路径、终点等不同元素的凸显及元素变形、增加、减少、重叠，在 N 与 V_{走/跑} 组配过程中，以后置于 V_{走/跑} 的形式，形成空间域"V_{走/跑}＋N"非常规结构，例如"走人""走台""跑江湖"。空间域非常规结构在其他认知域的投射，例如"走社会主义道路""跑项目"；或 V_{走/跑} 先从空间域投射到其他认知域，然后与该认知域的 N 组

配,例如"走眼""跑肚"。这是"V_{走/跑}＋N"非常规结构形成的两条主要途径。

第三,"V_{走/跑}＋N"非常规结构形成机制。在语言内部为类推与重新分析在起作用,在语言外部受语用中的适量原则、足量原则及经济性原则的制约。其形成的动因与 V_{走/跑}是生命体发出的动作有关。

在空间域的"位移—路径"意象图式中,"走＋N_{路径}"为常规搭配,例如"走路"。在空间域通过类推,N_{目的地}、N_{经过点}进入"走＋N",如"走天涯""走第一步";在不同认知域类推,N_{目的地}在事件域类推为 N_{目标},如"走上海";在性状域类推为 A,如"走红""走俏"。重新分析机制在 V 与 N 生命体并置结构中,及 V 先投射到不同认知域然后与该认知域 N 并置过程中起作用。通过重新分析,使"V＋N"结构词汇化,例如"走兽""跑肚"等。

语用中的适量与足量原则,体现在常规结构与非常规结构并存时,非常规结构在语言系统中存在的语用理据。例如"走眼"中的言语者的主观卸责就体现在"走"与"眼"的非常规并置过程中,通过认知识解使言说者的意图足量体现。而适量原则则是听话者通过非常规组配形成的简省结构体现。

语用中的经济性原则体现在能够还原到常规句法形式的非常规结构中。例如"以一百米的形式跑"和"跑一百米"。两者之间语言形式的经济性通过"跑＋N_{比赛域}"非常规结构体现出来。

追究"V_{走/跑}＋N"非常规结构类型多少与形成途径的根本动因,在于"走/跑"是具有生命性的人发出的动作,而在语言表达中,言说者亦为具有生命性的人,言说者的主观性与动词的主动性之间的叠加,拓宽了语言组合的自由度,这是产生非常规结构的最终根源。人们能根据前概念构建的意象图式,在认知中,在言说者主观性作用下,意象图式在空间域进行变化,在各认知域投射,从而产生各种类型的非常规结构。这些非常规结构组构成分之间在语言表层以义位变体或陪义这些弱关联得以并置。

义位能进行变体,是人们认知中对不同认知域的类推解读;陪义能够形成,是 V_{走/跑}作为生命体发出动作后使生命体产生的情感、身体各方面的感受。义位变体与陪义是"V_{走/跑}"语义中主观性成分的固化,通过对义位变体或陪义的识解而使非常规结构得以在语言系统中普遍使用。

第四,非常规结构与常规结构之间存在连续统,非常规结构之间具有等级度差异。非常规等级度与义素层级析出互为表里。

非常规结构的等级度与非常规结构形成的路径、其词汇化影响因素具有正相关性。如 N 在空间域意象图式中的位置及与 V_{走/跑}的语义相关度,以及在不同认知域投射时,认知域之间的认知识解距离远近等。非常规结构的层级度递增,与该类结构的词汇化过程相互契合。非常规结构的词汇化其实是其非常规层级度递增的结果。非常规结构词汇化是属于句法和非句法词汇化之间的一种类型。由此,通过对非常规结构形成途径的梳理,不仅能对"V_{走/跑}＋N"非常规结构是否能词汇化进行判别,同时利用这些影响因素,设置非常规结构层级度计算权重方法,从而能探究义素析出的层级性与语法之间的关系。

二、结论二:非常规结构中的"认知—语义—句法"通道

从非常规结构的语义理据、形成途径、制约机制与识解中,发现语义层面的义素析出对句法层面的非常规结构的形成与识解有重要的制约作用。非常规结构的语义与句法中存在互动的底层逻辑在于存在"认知—语义—语法"一条由认知底层向句法表层激发的通道。

在非常规组配中,组构成分之间的语义契合是通过陪义或义位变体。陪义为词汇的内置成分,其显化需要一定的语境条件;义位变体为言说者将基义在不同认知域投射,不同的认知域在语言表层也表现为不同的语境。因此,从语言表层而言,非常规结构的形成,与外部语境之间关系密切。而外部语境由言说者主观创立,而言说者能创立外部语境,是建立在组构成分具有内置陪义或建立在义位变体的基础上。外部语境的存在,是内置各种语义以义素形式析出的条件。由此可见,言说者创立的语境,属于认知层面环节,句法是信息表达的形式,两者在语义层面,以陪义的形式打通。从动态角度,内置义素的存在,是认知的结果;义素的析出,是非常规结构受语境影响挤压以陪义的形式外化。这是语义与句法在认知作用下形成的互动。

一类与生命体有关的涉身动词,例如"吃、喝、打、走"等。它们能具备内置陪义或进行义位变体,也是由于生命体发出该动作的主观性决定的。由此,当言说者的主观表达与该类动词由于源自生命体而自带主观性成分两相叠加,语言组构的自由度大大增加,组构成分以陪义或义位变体为语义依据,打破句法常规限制,形成非常规结构。

外部语境与组构成分内部的主观性之间,以组构成分内部为决定因素。由此可以推论,与生命体关系密切的动作,也就是生命体发出的动作越基本,在语言形式上表现为使用频度越高,其构建非常规结构的可能性越大,形式也越多样。

非常规结构作为语法手段,义素析出为语义手段,两者互动的激发机制是言说者的主观意图与语言成分的主观性成分叠加,在语言层面表现为以组构成分的义位变体或陪义析出,与句法结构互动形成非常规结构。言说者的

主观意图、创制语境,体现为认知维度;语义向下与认知以意象图式的方式打通,向上以陪义的形式与句法打通,义素析出,作为认知与句法之间的动态手段存在。这也就是笔者从"认知—语义—语法"通道剖析非常规结构的本质,试图提出假设的激发理论。

三、结论三:方法论上的修辞、句法、词法互通

1985 年,胡裕树和范晓提出"三个平面"的学说。作为方法论的"三个平面理论",认为语法研究要在形式和意义、静态和动态、描写和解释几对范畴内寻求相互结合与内部统一。胡裕树和范晓(1995)总结了三个平面理论的五个特点:第一,主张多侧面、多角度地研究语法,即从句法、语义、语用三个平面来综合研究语法;第二,主张除了研究一种语言的静态结构系统之外,还要在语法的静态结构基础上研究语法的动态面貌;第三,主张在语法研究中要贯彻形式与意义并重的原则;第四,主张不仅重视语法的描写,而且更要重视语法的解释;第五,主张不仅需重视在语法层次上进行分析,还重视在深层次上挖掘语法生成机制并对其进行研究。

而本书在方法论上主张的打通修辞、句法、词法进行研究的方式,正是对三个平面理论的实践与深化。非常规结构的研究,是从修辞到句法动态研究中不可缺少的一环。

语用为语言传信驱动,当语言有表达需求,语用落实为语义表达,语义需要选择适当的语法进行表现,语法规则制约着语义的表达方式。而当语用需求中的语义在找不到合适的现成语法规则时,一类与句法位置相关的修辞现象就出现了,例如"太夏天了"。而语言的临时应用的修辞现象,在当时语境的辅助下获得语义解读,但由于不适应既成语法规则,将以昙花一现的方式消失在语言系统里。但是,若其修辞方式恰好与语法规则的一些底层逻辑,譬如,谓词后面可以衔接名词相符合——那么这样的修辞形式,激发出了词汇语义中的陪义义素,就有可能进入语法结构,例如"跑腿"中[费力]义素、"走样"中的[偏离]义素。这些语用驱动下的语义表现方式,由于有既成语法规则形式的支撑,在使用过程中不断磨损修辞非语法规则的特性,从而形成针对该类词汇的新的语法细则,例如"遛狗""遛娃"中的"遛",从不及物动词不能带宾语,转成能常规带宾语的句法规则。而"非常规结构"是从修辞到句法常规结构中不可缺少的动态一环。

在非常规结构中,语义与既成语法结构不断互动博弈,是否能激发出陪义义素成为句法成分之间的链接点,成为非常规结构是否能常规使用的关键。而在这个博弈过程中,若语法强势,不肯改变规则使用,那么在语用驱使

261

下,不符合语法规则的语言结构要么作为修辞一瞬即逝,要么词汇化紧密结合成词的形式整体识解,例如"走狗""走兽"的形成;若语义强势,能析出明晰的义素成为句法成分之间的链接,那么新的句法规则形成,例如"跑项目"中的"跑"析出[费力]义素成为"跑"与"项目"之间的底层语义契合点,从而使"跑项目"这类不及物动词也带上了宾语,成为我们日常语言使用过程中习焉不察的类常规用法。

在以上分析中,我们可以明晰地看出:在研究内容上,常规语言表达上,语法对语义有制约作用;而在非常规结构研究中,义素析出对语法结构具有反向作用,两者互动推动着语言的发展和演变。从而也解释了三个平面中语用、语义、语法之间互相制约、互相博弈的过程。

总而言之,从语言事实上看,常规与非常规之间是一个连续统。非常规结构是常规结构在各种因素作用下,通过人们语用需求、认知拓展,逐步创造出非常规结构。在非常规结构形成机制上,类推与重新分析是引发语言从常规向非常规演化的重要手段。$V_{走/跑}$ 的自足动词性质为非常规结构的出现提供了可能性,而语用中的合作原则是促使非常规结构出现的外部动因。从方法论角度,通过对非常规结构的研究,我们也能较为清晰地梳理出修辞—语法—词汇互相转化的通道、触发点和制约因素。

第三节　研究不足、拓展及展望

一、研究不足

在研究中,还存在许多不足的地方。首先,在研究对象上,非常规结构是汉语中的普遍现象,不仅仅存在于 $V_{走/跑}$ 中。有限的研究范围,主要是通过对典型动词所构成的非常规结构的研究,能较为精深地研究该动词所构成的特殊现象。但在覆盖面上存在不足。

其次,在研究方法上,对于一种语言现象,多语言对比是一种有效方法。本书虽然也运用了语言线性排列基本规则及 V 型语言与 S 型语言等普通语言学理论,但是从具体多语言对象对比,从类型学角度对汉语非常规结构进行论证方面还相对做得不足。单从汉语而言,对于非常规结构的形成,虽然在现代汉语共时认知角度进行了深入探索,同时也从历时演变角度给予佐证,而在语言结构演变形成过程中,虽然我们已经发现语音、方言、文化因素等对非常规结构的形成均具不可或缺的影响,但在这方面,由于研究能力不足,探讨相对还较为肤浅。

再次,在研究结果上,对于在结论上提出的理论假设,需要通过其他类型的非常规结构研究进行印证。

二、研究拓展

鉴于以上研究对象覆盖面上的不足,笔者随后对同属于"行走"类范畴,分类标准统一且只有速度快慢之分的快速类动词"奔",慢速类动词"逛、踱、遛",以相似的研究方法、思路进行了研究。发现"奔＋N"依然存在与"走/跑＋N"类似的从常规到非常规的连续统,从空间域到事件域、时间域的非常规结构拓展依然根据认知域的远近具有等级度,而其个性化义素在非常规结构中的体现之一是以"奔"语音变调的方式出现。而慢速类的"逛、踱、遛"这些动词在其行走核心动作之外,还都附着了其他动作,这些附着动作成为它们的属性陪义。譬如"逛"中"边走边看"动作中,"看"属于"逛"的属性陪义;"遛"中"时走时停"动作中的"休息"属于"遛"的属性陪义。这些陪义在"逛/踱/遛＋N"非常规结构中以义素析出的方式成为该结构得以成立的语义契合理据。例如"逛灯、遛弯"等。

更为有意思的是在以原型理论为基础、家族相似性理论支持下考察"行走"类边缘"遛"时,发现通过其意象图式的常规映射及陪义固化,使"遛"语义中的及物性得到凸显,语言中"常规—非常规—常规"的演变途径在句式和语义的共同作用推动下形成。这不仅印证了语言内部不仅具有常规向非常规结构演变的动力,而且处于范畴的原型与边缘不同位置的词汇,边缘词汇在义素析出的前提下,同样具有非常规结构向常规结构演化的潜能。这些都能证明语言在发展演变过程中,义素对语义的细分描述,能够清晰观察到语法结构层面词汇及物性与不及物性之间的过渡演化。

由上可见,对于与 $V_{走/跑}$ 特性处于同一原型范畴的其他行走类动词所构成非常规结构,其研究方法、思路或许可以复制,但对于其他领域的动词所构成的"V＋N"现象的研究,笔者尚未进行多方研究印证,本研究或许只能提供一条参考思路。

三、研究展望

从语言哲学角度来看,语法规则从语言事实中提取,又应用于语言表达。语义、语法成为语言互为表里的两个层面,成为语言研究无法割裂的两个方面。汉民族的思维方式,决定了汉语属于形态标志不明显的表达类型。语序成为汉语表达的重要语法手段之一。而非常规结构与常规结构是一种相对的概念。非常规结构的产生,必然能从构成句法的构建成分的语义中找到线索,语义与句法的互动,成为非常规结构语言事实可推想的基础。

从句法层面来看,汉语的非常规结构,不仅仅存在于动名组配之中,主谓结构、状中结构、动补结构中,都存在形式与语义的错配现象,导致无法用现成的句法规则进行解释。"V_{走/跑}＋N"非常规结构的研究,只是动名错配的一种类型,为各种非常规结构的一个样本。通过对这个样本的研究,或许能给其他主谓、状中、动补等类型的非常规结构提供研究思路和方法。而这些类型的非常规结构的研究,语义与句法的互动,成为该类结构研究的一个方向,是汉语非常规结构研究的广阔天地。

从应用角度来看,在"V_{走/跑}＋N"研究取得成果的基础上,可进一步应用到汉语国际教育教学实践中去。在语言教学中,提取语言事实中的规则是进行教学的基点。尤其在汉语国际教育中,对于二语习得者,他们已经掌握较为系统的普通语言学规则。汉语缺乏形式标记,使其在学习中存在很大的困惑。而本研究基于普遍语言学语言常规:形式制约与语义组合匹配两个角度,对汉语中非常规结构进行界定。其非常规等级度在语言表层表现为语言的不透明度。而等级度的构建,使这一类非常规结构的分层教学成为可能,可以指导教材编订及课堂教学。而这一成果在教学实践中能够达到何种程度效果,还需要通过教学中量化和质化研究进行印证。

而汉语中的非常规结构,其高频常用性,令我们对这类语言现象不能视而不见。因此对汉语非常规结构的研究,是基于汉语本体,探索汉语自身语言规则的一种尝试。在对汉语非常规结构研究的基础上,对这些不符合语言学常规,但却在汉语中普遍使用的句法规则有所探讨,或许能为汉语自身语法规则系统的建构,尽到绵薄之力。

参 考 文 献

白连明、陈青.浅谈"肌肉记忆"[J].西北师范大学学报(自然科学版),1993(01):61-63。

白云."走"词义系统的历时与共时比较研究[J].山西大学学报(哲学社会科学版),2007(02):81-85。

[澳]布赖恩·马丁.上海青帮[M].周育民译,上海:上海三联书店,2002。

蔡意.现代汉语"行走"类单音节动词与名词宾语搭配中的词义变异研究[D].湖南大学,2014。

曹秀玲、罗彬彬.汉语不及物动词及物化:修辞与语法化叠加作用下的论元重置[J].高等日语教育,2020(02):1-12+152。

陈昌来、胡建锋.带受事成分的不及物动词的考察[J].语言教学与研究,2003(03):63-72。

陈刚编.北京方言词典[M].北京:商务印书馆,1985。

陈海威.扑朔迷离的"走光"现象[J].汉字文化,2006(02):42。

陈建生、夏晓燕、姚尧.认知词汇学[M].北京:光明日报出版社,2011。

陈建萍."走+N处所"惯用语结构语义成因及其教学[J].现代语文(语言研究版),2017(04):74-78+2。

陈建萍、吴春相."走眼"的认知识解与主观性归因[J].对外汉语研究,2017(02):57-69。

陈建萍.非常规搭配中"走+N(处所)"语义语用分析[J].牡丹江大学学报,2018,27(05):15-18。

陈建萍.意象图式变形与"追+N"非常规结构[J].枣庄学院学报,2018,35(04):16-23。

陈建萍.互动视角下"走+A"构式承继理据探索[J].语言教学与研究,2018(04):46-55。

陈建萍、杜丹."走+N_(脏器)"网络新义获得与演变机制[J].励耘语言学刊,2019(01):276-288。

陈金生.释古代汉语中的走、奔、行、步、趋[J].文史知识,2002(09)：119-123。

陈黎.现代汉语中名词成分的定指性与句法位置关系的篇章考察[D].北京大学,2012。

陈柳.东汉"行走"语义场及演变研究[D].西南交通大学,2015。

陈妮妮、杨廷君."跑＋NP"等不及物动词带宾语现象分析[J].现代语文(语言研究版),2014(03):55-58。

陈念波."跑"字小考[J].桂林师范高等专科学校学报,2009(01):88-90。

陈彭年等撰.广韵(下)[M].北京:商务印书馆,1935。

陈平.释汉语中与名词性成分相关的四组概念[J].中国语文,1987(2)：81-93。

陈平.语言学的一个核心概念"指称"问题研究[J].当代修辞学,2015(03):1-15。

陈望道.修辞学发凡简论[M].上海:复旦大学出版社,2016。

程文文."走心"的新义[J].语文建设,2015(19):66-67。

储泽祥.名词的时间适应性情况考察[A].名词及其相关结构研究[C].长沙:湖南人民出版社,2000。

储泽祥.处所角色宾语的判定及其典型性问题[J].语言教学与研究,2004(06):43-48。

储泽祥、彭建平.处所角色宾语及其属性标记的隐现情况[J].语言研究,2006(04):89-93。

戴浩一、黄河.时间顺序和汉语的语序[J].国外语言学,1988(01):10-20。

戴浩一.Toward a Cognitive-Based Functional Grammar of Chinese[A].戴浩一、薛凤生主编.*Functionalism and Chinese Grammar*[C].北京语言学院出版社,1994:187-226。

丁建川.两个新兴的类前缀——看、走[J].宁夏大学学报(人文社会科学版),2006a(02):51-53。

丁建川."走族词"谈片[J].汉字文化,2006b(05):38-40。

丁建川.一个新兴的类前缀——走[J].辞书研究,2008(01):138-140。

董树人.新编北京方言词典[M].北京:商务印书馆,2010。

董秀芳.词汇化:汉语双音节词的衍生和发展[M].成都:四川民族出版社,2002。

杜美臻.原因宾语和目的宾语的鉴定模式与典型性考察[D].华中师范大学,2014。

杜翔."走"对"行"的替换与"跑"的产生[J].中文自学指导,2004(06):35-38。

[美]端木三.重音理论和汉语的词长选择[J].中国语文,1999(04):246-254。

段晓平.及物动词范围扩大探因——从"服务人民"谈起[J].汉语学习,1997(04):54-56。

范崇俊.汉大汉语规范大字典[M].上海:汉语大词典出版社,2004。

范晓.及物动词和不及物动词的区分和再分类[J].中国语言学报,1991(4):140。

(宋)朱熹集传.(清)方玉润评,朱杰人导读.诗经[M].上海:上海古籍出版社,2009。

冯胜利.汉语的韵律、词法与句法(修订本)[M].北京:北京大学出版社,2009。

冯胜利.论汉语的韵律结构及其对句法构造的制约[J].语言研究,1996(01):110-129。

傅维康、吴鸿洲.国学大讲堂·黄帝内经导读[M].北京:中国国际广播出版社,2007。

符淮青.现代汉语词汇[M].北京:北京大学出版社,1985。

高明.古文字类编[M].北京:中华书局,1980。

高名凯.语言论[M].北京:科学出版社,1963。

甘莅豪.空间动因作用下的对举结构[D].华东师范大学,2008.

古代汉语词典编写组.古代汉语词典(大字本)[M].北京:商务印书馆,2002。

顾野王撰.大广益会玉篇(一至五册)[M].北京:中华书局,1985。

顾柏林.词的词汇意义及其基本类型(上)[J].中国俄语教学,1987(2):18-23。

郭璞(晋)注,王世伟校点.尔雅[M].上海:上海古籍出版社,2015。

郭预衡.中国古代文学史长编·秦汉魏晋南北朝卷[M].北京:首都师范大学出版社,2000。

韩金广."V吃+N"结构的认知语义分析[J].语言教学与研究,2014(02):61-67。

韩蕾.现代汉语事件名词分析[J].华东师范大学学报(哲学社会科学版),2004(05):106-112+125。

韩蕾.汉语事件名词的界定与系统构建[J].华东师范大学学报(哲学社会

科学版),2016,48(05):161-175＋196。

何昌平.语言学习中概念形成的认知诠释——24 种"跑"的启示[A].江苏省外国文学学会.第四届全国认知语言学研讨会论文摘要汇编[C].江苏省外国文学学会,2006:2。

何清强.语义关系与汉语动宾结构的习得顺序[J].汉语学习,2014(03):97-103。

贺凯林.说"行"[J].湖南师范大学社会科学学报,1993(03):122-125＋128。

[德]洪堡特.论语法形式的通性与汉语的特性[A].姚小平译洪堡特语言哲学文集[C].湖南教育出版社,2001。

胡裕树.现代汉语(增订本)[M].上海:上海教育出版社,1981。

胡裕树、范晓.试论语法研究的三个平面[J].新疆师范大学学报(哲学社会科学版),1985(02)。

胡裕树、范晓.深化"三个平面"理论的研究[J].韩山师范学院学报,1995(2):5。

黄洁.论"吃"和宾语非常规搭配的工作机制[J].外语学刊,2012(02):44-48。

黄洁.动宾非常规搭配的转喻和隐喻透视[J].同济大学学报(社会科学版),2009(01):85-90。

黄洁."吃＋NP$_p$"语义网络建构及主观性阐释[J].外语与外语教学,2015(02):26-31。

黄瑞祺.社会理论与社会世界[M].北京:北京大学出版社,2005。

黄小娅.从"走"的变化看词义演变的复杂性——以民族共同语和广州话为比较[J].广州大学学报(社会科学版),2012(05):81-86。

回江月."跑北京"等"跑＋NP"中"NP"的题元分析[J].四川教育学院学报,2010(09):65-67。

吉益民."V＋目的宾语"论略[J].汉语学报,2016(03):53-63＋96。

江蓝生.超常组合与语义羡余——汉语语法化诱因新探[J].中国语文,2016(05):515-525。

蒋绍愚.从"走"到"跑"的历史更替[C]//纪念李方桂先生一百周年诞辰汉语史国际学术研讨会.2002。

蒋绍愚.词义的发展和变化[J].语文研究,1985(02):7-12。

蒋协众、杨利丹.从"走 X"用法的扩展看语言的潜与显[J].现代语文(语言研究版),2007(12):102-103。

焦浩.义素析出视角下的"大+指人名词"结构研究[J].新疆大学学报(哲学·人文社会科学版),2021,49(01):138-143。

金立鑫.从普通语言学和语言类型角度看汉语补语问题[J].世界汉语教学,2011(04):449-457。

金立鑫.什么是语言类型学[M].上海:上海外语教育出版社,2011。

贾彦德.汉语语义学[M].北京:北京大学出版社,1992。

孔德超,杨淋.释"走心"[J].汉字文化,2016(02):54-55。

[英]劳蕾尔·J.布林顿(Laurel J.Brinton)、[美]伊丽莎白·克洛斯·特劳戈特(Elizabeth Closs Traugott).罗耀华、郑友阶、樊城呈、柴延艳译.词汇化与语言演变[M].北京:商务印书馆,2013。

劳麟书."跑路"及其他[J].咬文嚼字,2012(02):40-41。

黎锦熙.新著国语文法[M].长沙:湖南教育出版社,2007。

李福印.语义学概论[M].北京:北京大学出版社,2006。

利奇(Geoffrey N. Leech).李瑞华译.语义学[M].上海:上海外语教育出版社,1987。

李杰.不及物动词带主事宾语句研究[D].复旦大学,2004。

李临定.宾语使用情况考察[J].语文研究,1983(02):31-38。

李临定.现代汉语动词[M].北京:中国社会出版社,1990。

李讷,汤珊迪.The Semantic Function of Word Order:A Case Study of Chinese[A].李讷、汤珊迪主编.*Word Order and Word Order Change*[C].得克萨斯州:得克萨斯大学出版社,1975:163-195。

李强.动态语境与无指成分的非指称性[J].当代修辞学,2015a(04):58-67。

李强.从生成词库论看动词"读"与名词的组合[J].云南师范大学学报(对外汉语教学与研究版),2015b,13(02):69-80。

李艳芝.不及物动词带宾语的构式性研究[J].汉语国际教育研究,2018(00):127 142。

李艳芝,吴义诚.[V+非受事 NP]表达式的构式演变[J].现代外语,2018,41(02):147-160。

李瑶琴,于善志.路径动词"到"的语言类型学及不对称研究[J].现代语文(语言研究版),2014(01):60-62。

李在铭.并置关系的特性与并置理论[J].福州大学学报(哲学社会科学版),2001(04):120-122。

李宗江.汉语常用词演变研究[M].上海:汉语大词典出版社,1999。

刘红妮.汉语非句法结构的词汇化[D].上海师范大学,2009。

刘红妮.词汇化与语法化[J].当代语言学,2010,12(01):53-61＋94。

刘江涛.《释名》"行,抗也"疏证[J].现代语文(学术综合版),2017(08):118-119＋2。

刘琦.汉语非常规单宾语句的构式语法研究[J].语文学刊(外语教育教学),2012(03):7-9。

刘叔新.汉语描写词汇学[M].北京:商务印书馆,1990。

刘晓林.也谈不及物动词带宾语的问题[J].外国语(上海外国语大学学报),2004(01):33-39。

刘月华等.实用现代汉语语法[M].北京:外语教学与研究出版社,2001。

刘正光、刘润清.Vi＋NP的非范畴化解释[J].外语教学与研究,2003(04):243-250＋321。

刘正光、刘润清.语言非范畴化理论的意义[J].外语教学与研究,2005(01):29-36＋81。

娄雅楠."行"走历史[J].淮北职业技术学院学报,2016,15(03):43-44。

卢英顺.从认知图景看不及物动词带宾语问题——兼谈对外汉语教学中的相关问题[J].汉语学习,2016(03):85-92。

陆丙甫、于赛男.消极修辞对象的一般化及效果的数量化:从"的"的选用谈起[J].当代修辞学,2018(05):13-25。

陆俭明.语义特征分析在汉语语法研究中的运用[J].汉语学习,1991a(01):1-10。

陆俭明.关于语义指向分析[A].中国语言学论丛(第一辑)[C].1997。

陆俭明.现代汉语不及物动词之管见[J].语法研究和探索,1991b(05):87。

陆俭明.现代汉语语法教程(第3版)[M].北京:北京大学出版社,2005。

陆俭明、沈阳.汉语和汉语研究十五讲(第2版)[M].北京:北京大学出版社,2016。

罗竹风.汉语大词典[M].上海:汉语大词典出版社,1985/1990。

罗振玉.殷虚书契考释三种[M].北京:中华书局,2006。

吕叔湘、朱德熙.语法修辞讲话[M].北京:中国青年出版社,1952。

吕叔湘.现代汉语八百词[M].北京:商务印书馆,1980。

吕叔湘.中国文法要略[M].北京:商务印书馆,1982。

马秉义.汉英比较:"走"的音义联想[A].中国英汉语比较研究会第7次全国学术研讨会论文集[C].中国英汉语比较研究会,2006:12。

马建忠.马氏文通[M].北京:商务印书馆,1983。

马庆株.述宾结构歧义初探[J].语言研究,1985(01):90-101。

马庆株.汉语动词与动词性结构[M].北京:北京语言学院出版社,1992。

马庆株.指称义动词和陈述义名词[A].语法研究和探索(七)[C].北京:商务印书馆,1995。

马庆株、邱广君编著.动词与动词性结构二编[M].北京:北京大学出版社,2007。

马云霞.汉语位移事件的表达变化——对先秦汉语与现代汉语位移事件的对比分析[A].华中师范大学语言与语言教育研究中心.华中语学论库(第四辑)——多视角语法比较研究[C].华中师范大学语言与语言教育研究中心,2007:13。

马云霞.汉语路径动词的演变与位移事件的表达[M].北京:中央民族大学出版社,2008。

孟晓妍.先秦"走"、"趋"同义辨析[J].贵州社会科学,2008(03):81-84。

莫梦娜、黎勇权.也谈流行语"走起"[J].牡丹江师范学院学报(哲学社会科学版),2015(05):102-105。

倪波、顾柏林编著.俄语语义学[M].上海:上海外语教育出版社,1995。

牛保义.构式语法理论研究[M].上海:上海外语教育出版社,2011。

袁邦照.论及物动词与不及物动词的互相转化[J].湘潭大学学报(哲学社会科学版),2005(S2):138-140。

彭小琴、刘晓然."暴走"怎么"走"?[J].辞书研究,2007(04):153-154。

齐沪扬.现代汉语现实空间的认知研究[M].北京:商务印书馆,2014。

乔东蕊.工具宾语的鉴定模式及其典型性考察[D].华中师范大学,2008。

[美]乔治·莱考夫(George Lakoff).李宝嘉,章婷,邱雪玫译.女人、火与危险的事物:范畴显示的心智(一)[M].北京:世界图书出版公司,2017。

任鹰.从生成整体论的角度看语言结构的生成与分析——主要以汉语动宾结构为例[J].当代语言学,2016,18(1):19-37。

阮元校刻.十三经注疏[M].北京:中华书局,1980。

商务印书馆编.新华方言词典[M].北京:商务印书馆,2011。

邵敬敏、吴立红.论从意义到形式的语法研究新思路[J].南京师大学报(社会科学版),2005(01):140-144。

邵敬敏.语义语法与中国特色的语法理论创建[J].汉语学报,2020(03):23-32。

施春宏."招聘"和"求职":构式压制中双向互动的合力机制[J].当代修辞

学,2014(02):1-11。

施春宏.互动构式语法的基本理念及其研究路径[J].当代修辞学,2016(02):12-29。

史文磊.汉语运动事件词化类型的历时转移[J].中国语文,2011(06):483-498+575。

史锡尧."人"与动性语素组合的语义[J].世界汉语教学,1992(02):91-93。

史有为.语野问答(二)[J].汉语学习,1991(02):47-50。

沈家煊."语法化"研究综观[J].外语教学与研究,1994(04):17-24+80。

沈家煊.转指和转喻[J].当代语言学,1999(01):3-15+61。

沈家煊.语言的"主观性"和"主观化"[J].外语教学与研究,2001(04):268-275+320。

沈家煊.语用原则、语用推理和语义演变[J].外语教学与研究,2004(04):243-251+321。

沈家煊.认知与汉语语法研究[M].北京:商务印书馆,2009。

沈家煊.不对称和标记论[M].北京:商务印书馆,2015。

沈阳.领属范畴及领属性名词短语的句法作用[J].北京大学学报(哲学社会科学版),1995(05):85-92。

束定芳编著.认知语义学[M].上海:上海外语教育出版社,2008。

帅志嵩.从"方式"到"结果"的语义演变及其理论思考——以"送、摔、丢、走、跑"为例[J].中国语文,2021(06):733-746+768。

孙天琦、潘海华.也谈汉语不及物动词带"宾语"现象——兼论信息结构对汉语语序的影响[J].当代语言学,2012,14(04):331-342+436。

唐婧、彭巧燕.从动词义项、语义关系看"跑+N"的歧义情况[J].衡阳师范学院学报,2008(05):104-107。

唐兰.中国文字学[M].上海:上海古籍出版社,2005。

佟福奇.俄汉语"走行义"的词汇语义框架研究[J].云南师范大学学报(对外汉语教学与研究版),2013(03):1-7。

(清)汪中.述学内外篇[M].上海:四部丛刊初编集部.上海商务印书馆缩印明刊本.无锡孙氏藏汪氏刻本.//汪中撰.戴庆钰、涂小马校点.述学.沈阳:辽宁教育出版社,2000。

王葆华.位移介质动词的语义与论元表达[J].江苏大学学报(社会科学版),2013,15(05):88-92+100。

王红旗."指称"的含义[J].汉语学习,2011(06):3-12。

王红旗.论无指成分[A].语言学论丛(第 37 辑)[C].北京:商务印书馆,2007。

王力等原编.蒋绍愚等增订.古汉语常用字字典(第 4 版)[M].北京:商务印书馆,2005。

王力.中国现代语法[M].北京:商务印书馆,1943/2011。

王力.王力古汉语字典[M].北京:中华书局,2000。

王临惠.临猗方言中"走"的语法特点[J].语文研究,1998(01):59-61。

王珏.现代汉语名词研究[M].上海:华东师范大学出版社,2001。

王珏.汉语生命范畴初论[M].上海:华东师范大学出版社,2004。

王俊毅.及物动词与不及物动词分类考察[J].语言教学与研究,2001(05):17-24。

王楠.双音节动宾式人体动作词语的语义衍生方式及语义类型[J].中国语文,2013(05):447-457+480。

王维贤.现代汉语语法研究的一些方法论问题[A].语法修辞方法论[C].上海:复旦大学出版社,1991。

王小莘.试论中古汉语词汇的同步引申现象[J].南开学报,1998(04):66-70。

王寅.认知语言学的哲学基础:体验哲学[J].外语教学与研究,2002(02):82-89+160。

王寅.认知语言学[M].上海:上海外语教育出版社,2007。

王寅.构式语法研究(上卷):理论思索[M].上海:上海外语教育出版社,2011。

王宇波."句管控"下的短语组配原则[J].汉语学报,2010(04):79-87。

王宇波.小句视点下的动宾超常搭配研究[D].华中师范大学,2007。

王月婷.古汉语"及物"变读规则所反映的语言运作模式[J].古汉语研究,2017(01):35-49+103-104。

王云五,朱经农主编.礼记[M].北京:商务印书馆,1947。

王珍.汉语不及物动词带宾语结构存在的认知理据[J].汉语学报,2006(03):62-68+96。

魏红.面向汉语习得的常用动词带宾情况研究[D].华中师范大学,2008。

魏红.汉语常用动词带宾语的习得研究[J].语言教学与研究,2009(05):74-79。

魏红.宾语结构形式的规约机制考察[J].云南师范大学学报(哲学社会科学版),2009,41(02):115-121。

魏红、朱军.汉语论元结构的"动态性"特征[J].思想战线,2009,35(03)：135-136。

魏红.基于汉语动宾结构特点的汉语动词教学策略[A].世界汉语教学学会(The International Society for Chinese Language Teaching)、国家汉办.第十届国际汉语教学研讨会论文选[C].世界汉语教学学会(The International Society for Chinese Language Teaching)、国家汉办,2010：6。

温宾利、陈宗利.领有名词的移位：基于 MP 的分析[J].现代外语,2001(04)：413-416。

吴春相.事件名词的时间量认知[J].《言語文化研究》第 25 卷第 1 号[C].2005。

吴春相、陈建萍.常规和非常规近义述宾结构的认知分析——以"变样"和"走样"为例[J].语言研究集刊,2017(01)：106-115＋336。

吴福祥.近年来语法化研究的进展[J].外语教学与研究,2004(01)：18-24。

吴福祥主编.汉语主观性与主观化研究[C].北京：商务印书馆,2011。

吴福祥.关于语法演变的机制[J].古汉语研究,2013(03)：59-71＋96。

吴福祥,王云路编.汉语语义演变研究[C].北京：商务印书馆,2015。

吴怀成.关于现代汉语动转名的一点理论思考——指称化与不同层面的指称义[J].外国语(上海外国语大学学报),2011(02)：39-46。

吴琼、周保国.汉语非常规动宾搭配理解层级性的实证研究[J].汉语学习,2014(06)：91-96。

吴为善.构式语法与汉语构式[M].上海：学林出版社,2016。

吴义诚、李艳芝.语言及物性的构式研究[J].外国语(上海外国语大学报),2014,37(03)：41-48。

伍谦光.语义学导论[M].长沙：湖南教育出版社,2001。

伍铁平.词义的感染[J].语文研究,1984(03)：57-58。

芜菘.从不及物动词带宾语看汉语的走势[J].沙洋师范高等专科学校学报,2002(01)：39-41。

武占坤.词汇[M].上海：上海教育出版社,1983。

武占坤、王勤.现代汉语词汇概要[M].呼和浩特：内蒙古人民出版社,1983。

项梦冰.连城客家话语法研究[M].北京：语文出版社,1997。

谢坤."跑路"新义衍生探析[J].现代语文(语言研究版),2013(04)：38-39。

谢晓明.相关动词带宾语的多角度考察[D].湖南师范大学,2002。

谢晓明、王宇波.动宾超常搭配实现的句法因素[A].华中师范大学语言与语言教育研究中心.华中语学论库(第三辑)——动词与宾语问题研究[C].华中师范大学语言与语言教育研究中心,2005:11。

谢晓明、王宇波.概念整合与动宾常规关系的建立[J].汉语学报,2007(02):66-72+96。

谢晓明、王宇波.管控动宾超常搭配的若干句法因素[J].语文研究,2009(02):29-33。

谢晓明、谷亚丽.方式宾语的鉴定模式及其典型性考察[J].语言研究,2009(02):47-52。

谢晓明、乔东蕊.工具宾语的鉴定模式及其典型性[J].汉语学习,2009(02):12-16。

辛平.面向对外汉语教学的常用动词"V+N"搭配研究[M].北京:世界图书出版公司,2014。

邢福义.汉语里宾语代入现象之观察[J].世界汉语教学,1991(02):76-84。

邢福义主编.现代汉语修订版[M].北京:高等教育出版社,1993。

邢福义.汉语语法结构的兼容性和趋简性[J].世界汉语教学,1997(03):3-8。

徐杰.两种保留宾语句式及相关句法理论问题[J].当代语言学,1999(01):16-29+61。

徐杰."及物性"特征与相关的四类动词[J].语言研究,2001(03):1-11。

徐靖."移动样态动词+处所宾语"的语义功能[J].汉语学习,2009(03):37-43。

徐烈炯.语义学[M].北京:语文出版社,1995。

徐盛桓.常规关系与句式结构研究——以汉语不及物动词带宾语句式为例[J].外国语(上海外国语大学学报),2003(02):8-16。

徐盛桓.隐喻的起因、发生和建构[J].外语教学与研究,2014,46(03):364-374+479-480。

徐中舒编.说文解字段注上[M].成都:四川省新华书店发行,1981。

许宝华,官田一郎.汉语方言大字典[M].北京:中华书局,1999。

许嘉璐.论同步引申[J].中国语文,1987(01):50。

(汉)许慎.班吉庆、王剑、王华宝点校.说文解字校订本[M].南京:凤凰出版社,2004。

《新华新词语词典》编写组.新华新词语词典[M].北京:商务印书

馆,2003。

　　杨娟.汉英人类"行走"类词汇对比研究[D].云南师范大学,2013。

　　杨克定.关于动词"走"行义的产生问题[J].东岳论丛,1994(03):73-75。

　　杨永忠.Vi＋NP中NP的句法地位[J].语言研究,2007(02):59-64。

　　杨永忠.Vi＋NP句法异位的语用动机[J].汉语学报,2007(01):58-65＋96。

　　叶锦明."走""跑"历时替换考[J].湖北师范大学学报(哲学社会科学版),2019,39(03):45-48。

　　尹明珠.现代汉语"走 X"的共时词汇化状态考察[D].上海师范大学,2016。

　　尹铂淳."跑＋N"表征的行为事件概念框架研究[J].华中师范大学研究生学报,2016(04):94-98。

　　袁邦照.论及物动词与不及物动词的互相转化[J].湘潭大学学报(哲学社会科学版),2005(S2):138-140。

　　袁毓林.怎样判定语法结构的类型[J].对外汉语研究,2009(00):145-168。

　　詹人凤.现代汉语语义学[M].北京:商务印书馆,1997。

　　赵变亲.山西襄汾方言中"走"的趋向用法[J].中国语文,2015(05):397-401。

　　赵元任.*Mandarin Primer*[M].波士顿:美国哈佛大学出版社,1964。

　　赵元任.*A Grammar of Spoken Chinese*[M].洛杉矶:美国加州大学洛杉矶分校出版社,1968。

　　赵元任.汉语口语语法[M].北京:商务印书馆,1979。

　　赵芸.古汉语中"走""跑"的词义演变分析[J].广东石油化工学院学报,2022,32(02):45-50。

　　张斌.简明现代汉语[M].上海:复旦大学出版社,2004。

　　张博.组合同化:词义衍生的一种途径[J].中国语文,1999(02):129-136。

　　张伯江.词类活用的功能解释[J].中国语文,1994(05):339-346。

　　张伯江.从施受关系到句式语义[M].北京:商务印书馆,2009。

　　张国宪.单双音节动作动词充当句法成分功能差异考察[J].淮北煤师院学报(社会科学版),1989a(03):116-123。

　　张国宪.单双音节动作动词语用功能差异探索[J].汉语学习,1989b(06):12-14。

　　张国宪."V$_双$＋N$_双$"短语的理解因素[J].中国语文,1997(03):176-186。

张辉、周平.转喻与语用推理图式[J].外国语(上海外国语大学学报),2002(04):46-52。

张辉、卢为中.认知转喻[M].上海:上海外语教育出版社,2010。

张辉.熟语及其理解的认知语义学研究[M].北京:军事谊文出版社.2003。

张辉.认知语义学研究[M].上海:上海外语教育出版社,2011。

张莉莎.意象图式理论框架下轭式的认知构建及解读[J].现代语文(语言研究版),2011(11):19-21。

张诒三.从上古到中古动词"走"的语法功能演变[J].浙江万里学院学报,2005(01):32-35。

张瀛."走人"及其他[J].殷都学刊,1990(01):125。

张云秋、周建设.语法结构的经济原则——从汉语受事标记的过度使用谈起[J].外语研究,2004(06):9-13+80。

张志公、林杏光,菲白编.简明汉语义类词典(序)[M].北京:商务印书馆,1987。

张志毅、张庆云.词汇语义学[M].北京:商务印书馆,2005。

中国社会科学院语言研究所词典编撰室.现代汉语词典(第5版)[M].北京:商务印书馆,2005。

中国社会科学院语言研究所词典编撰室.现代汉语词典(第7版)[M].北京:商务印书馆,2016。

钟珊辉.汉英"跑+名/run+n."搭配的对比研究[J].外语学刊,2009,(04):59-61。

周领顺.汉语移动动词"跑"的语义认知——以英语"RUN"为参照[J].河南大学学报(社会科学版),2015(03):126-130。

周同春.汉语语音学[M].北京:北京师范大学出版社,1990。

周一民.义素的类型及其分析[J].汉语学习,1995(6):34-36。

朱德熙.语法讲义[M].北京:商务印书馆,1982。

朱德熙.语法答问[M].北京:商务印书馆,1985。

朱家席."行"字浅析[J].安徽农业大学学报(社会科学版),2013,22(06):104-107。

朱军.配价、论元隐现与短语宾语的"必现性"[J].江汉大学学报(人文科学版),2006(05):58-63。

朱军.完形态事件宾语内论元的隐现机制[J].宁夏大学学报(人文社会科学版),2007(04):6-10。

朱军.论元结构的互动性与层次性[J].宁夏大学学报(人文社会科学版),2009,31(05):21-26。

朱军.也说汉语的意合性——兼议汉语动词后论元共现方式与规律[J].云南师范大学学报(对外汉语教学与研究版),2009,7(06):54-60。

朱军、姚双云.动词与配项匹配的不同层级[J].语言文字应用,2010(02):127-134。

朱彦.意象图式与多义体系的范畴化——现代汉语动词"赶"的多义研究[J].当代语言学,2016(01):38-50。

朱彦.从语义类推的新类型看其认知本质、动因及其他问题[J].世界汉语教学,2011,25(04):507-521。

张宗洁.从词化对比角度分析英汉"走"类动词的语义[J].安徽科技学院学报,2010,24(04):77-81。

邹虹、王仰正.基于"吃"的原型义项及 NP 的语义分析谈汉语述题化的俄译[J].外语研究,2010(02):21-24。

左双菊、杜美臻.目的宾语的鉴定模式及其典型性[J].语言研究,2015(02):33-36。

Asher N，Sablayrolles P. A typology and discourse semantics for motion verbs and spatial PPs in French[J]. *Journal of Semantics*，1995，12(2)：163-209.

Anttila R. *Historical and comparative linguistics*：2nd edition[M]. Amsterdam/Philadelphia：John Benjamins Publishing, 1989[1972].

Bauer L. *English word-formation*[M]. Cambridge University Press，1983.

Black M. *Language and Philosophy*[M]. Ithaca，N.Y.：Cornell University Press，1949.

Blank A. Pathways of lexicalization[J]. *Language typology and language universals*，2001，2:1596-1608.

Bolinger D. Meaning and memory[Z]. *Forum Linguisticum*，1976:1-114.

Boucher J，Osgood C E. The pollyanna hypothesis[J]. *Journal of Verbal Learning and Verbal Behavior*，1969，8(1):1-8.

Brinton L J，Traugott E C. *Lexicalization and language change*[M]. Cambridge University Press，2005.

Bybee J L，Perkins R D，Pagliuca W. *The evolution of grammar：Tense，aspect，and modality in the languages of the world*[M]. Chicago：

University of Chicago Press，1994.

Cabrera J C M，Carlos J. On the relationships between grammaticalization and lexicalization[J]. *The limits of grammaticalization*，1998:211-227.

Caramazza A，Hillis A E. Lexical organization of nouns and verbs in the brain[J]. *Nature*，1991，349(6312):788.

Carter R. *Vocabulary*.[M]. London: Allen and Unwin，1987.

Cinque G. A null theory of phrase and compound stress[J]. *Linguistic inquiry*，1993，24(2):239-297.

Csordas T. *Embodiment and experience*[M]. New York: Cambridge University Press，1994.

Chen P(陈平). Identifiability and definiteness in Chinese[J]. *Linguistics*，2004，42(6):1129-1184.

De Saussure F. *Course in General Linguistics. Baskin* W (trans). [M]. New York: Philosophical Library，1959: 176.

Duanmu S. A formal study of syllable，tone，stress and domain in Chinese languages[D]. *Massachusetts Institute of Technology*，1990.

Evans V，Green. M. *Cognitive Linguistics: An Introduction*[M]. Edinburgh，Edinburgh University Press，2006.

Fauconnier G. *Mental spaces: Aspects of meaning construction in natural language*[M]. Cambridge University Press，1994[1985].

Fauconnier G. *Mappings in thought and language*[M]. Cambridge University Press，1997.

Fauconnier G，Turner M. *The way we think: Conceptual blending and mind's hidden complexities*[M]. New York: Basic Books，2002.

Charles. J. Fillmore，Frames and the Semantics of Understanding [M]. *Quadernidi Semantica* VI，1985:222-254.

Geoffrey L. *Principles of pragmatics*[J]. London and New York: Longman，1983.

Gibbs R. W. Jr Skating on thin ice: Literal meaning and understanding idioms in conversation[J]. *Discourse processes*，1986，9(1):17-30.

Gibbs R. W. Jr，Colston H L. The cognitive psychological reality of image schemas and their transformations [J]. *Cognitive Linguistics (includes Cognitive Linguistic Bibliography)*，1995，6(4):347-378.

Gibbs R. W. Jr Taking metaphor out of our heads and putting it into the cultural world[J]. *Amsterdam Studies In The Theory And History Of Linguistic Science Series 4*, 1999:145-166.

Goldberg A E. *Constructions: A construction grammar approach to argument structure*[M]. University of Chicago Press, 1995.

Goldberg A E. Constructions: a new theoretical approach to language[J]. *Trends in cognitive sciences*, 2003, 7(5):219-224.

Grice H. *Logical and Conversation*[M]//Cole P, Morgan J, eds. Syntax and semantics 3: Speech Acts. New York: Academic Press, 1975.

Givón T. Historical syntax and synchronic morphology: An archaeologist's field trip[C]//*Chicago linguistic society*, 1971, 7(1):394-415.

Harris A C, Campbell L. *Historical syntax in cross-linguistic perspective* [M]. Cambridge University Press, 1995.

Hopper P J. Emergent grammar. In Michael Tomasello, ed., *The New Psychology of Language: Cognitive and Functional Approaches to Language Structure*[M]. Mahwah, NJ: Lawrence Erlbaum, 1988:155-173.

Hopper P J. On some principles of grammaticization[J]. *Approaches to grammaticalization*, 1991, 1:17-35.

Hopper P J, Traugott E C. *Grammaticalization*[M]. Cambridge University Press, 2003.

Huddleston R, Pullum G K. The Cambridge Grammar of English[M]. Cambridge: Cambridge University Press, 2002:1-23.

Johson M. *The Body in the Mind: The Bodily Basis of Meaning, Imagination and Reason* [M]. Chicago: University of Chicago Press, 1987: Preface.

Lakoff G, Johnson M. *Metaphors We Live By*[M]. Chicago: University of Chicago Press, 1980.

Lakoff G. *Women, fire and dangerous things*[M]. Chicago: University of Chicago Press, 2008.

Lakoff G. The Invariance Hypothesis: Is abstract reason based on image-schemas? [J]. *Cognitive Linguistics* (includes Cognitive Linguistic Bibliography), 1990, 1(1):39-74.

Lakoff G, Johnson M. *Philosophy in the Flesh* [M]. New York: Basic Books, 1999.

Langacker R W. *Foundations of cognitive grammar: Theoretical pre-*

requisites[M]. Stanford University Press，1987.

Langacker R W. *Foundations of Cognitive Grammar：Volume 1：Theortical Prerequisites*[M]. Stanford：Stanford University Press，1991.

Langacker R W. *Foundations of Cognitive Grammar：Volume 2：Descriptive Applications*[M]. Stanford：Stanford University Press，1991.

Langacker R. Reference point constructions[J]. *Cognitive Linguistics* 4，1993：1-38.

Langacker R. *Grammar and Conceptualization*[M]. Berlin，New York：De Gruyter Mouton，2000.

Lamb S M. *Pathways of the brain：The neurocognitive basis of language*[M]. John Benjamins Publishing，1999.

Leech G. *Principles of pragmatics*[M]. London：Longman，1983.

Lehmann C. Grammatikalisierung und Lexikalisierung[J]. *STUF-Language Typology and Universals*，1989，42(1)：11-19.

Lehmann C. Theoretical implications of grammaticalization phenomena [J]. *The role of theory in language description*，1993，69：315.

Lehmann C. New reflections on grammaticalization and lexicalization[J]. *Typological Studies in Language*，2002，49：1-18.

Levin B，Hovav M R. Two Structures of Compositionally Derived Events [J]. *Semantics and Linguistic Theory*，1999，9：199-223.

Levinson S C. *Presumptive meanings：The theory of generalized conversational implicature*[M]. MIT Press，2000.

Lipka L. Lexicalization and institutionalization in English and German[J]. *Linguistica Pragensia*，1992：1-13.

Lyons J. *Semantics 2 Vols*[M]. Cambridge：Cambridge University Press，1977.

Malchukov A L. Constraining nominalization：function/form competition [J]. *Linguistics*，2006，44(5)：973-1009.

Mandler J M. How to build a baby：II. Conceptual primitives[J]. *Psychological Review*，1992，99(4)：587.

Mandler J M. How to build a baby：III. Image schemas and the transition to verbal thought[M]//Hampe B，ed. *From perception to meaning：Image schemas in cognitive linguistics*. Berlin，New York：De Gruyter Mouton，2005：137-163.

Meillet A. L'évolution des formes grammaticales[M]//*Linguistique historique et linguistique générale*. Paris: Librairie Ancienne Honoré Champion, 1965:130-148. [Rivista di Scienza 1912:12(26)].

Miller G. A., Johnson-Laird P. N. *Language and perception*[M]. Belknap Press, 1976.

Momenian M, Nilipour R., Samar R G, et al. Neural correlates of verb and noun processing: An fMRI study of Persian[J]. *Journal of Neurolinguistics*, 2016, 37:12-21.

Moon R. *Fixed expressions and idioms in English: A corpus-based approach*[M]. Oxford University Press, 1998.

Oakley L. *Cognitive development*[M]. Routledge, 2004.

Ogden C. K., Richards I. A. *The Meaning of Meaning*[M]. London: Harcourt Brace Jovanovich, 1923.

Pulvermüller F, Lutzenberger W, Preissl H. Nouns and verbs in the intact brain: evidence from event-related potentials and high-frequency cortical responses[J]. *Cerebral cortex*, 1999, 9(5):497-506.

Quinn N. The cultural basis of metaphor[M]//Fernandez J. W., ed. *Beyond metaphor: The theory of tropes in anthropology*. Stanford University Press, 1991:56-93.

Rosch E, Mervis C B. Family resemblances: Studies in the internal structure of categories[J]. *Cognitive psychology*, 1975, 7(4):573-605.

Rohrer T. Embodiment and experientialism. In Geeraerts D. & Cuyckens H. (eds). *The Oxford Handbook of Cognitive Linguistics*[M]. Oxford University Press, 2007:25-47.

Talmy L. Lexicalization patterns: Semantic structure in lexical forms[J]. *Language typology and syntactic description*, 1985, 3(99):36-149.

Talmy L. Path to realization: A typology of event conflation[C]//*Annual Meeting of the Berkeley Linguistics Society*. 1991, 17(1):480-519.

Talmy L. *Toward a cognitive semantics*: Vol.2[M]. Cambridge, MA: MIT Press, 2000.

Taylor I R. Linguistic Categorization, Prototypes *in Linguistic Theory*[M]. Oxford: Clarendon Press, 1989/1995.

Tenny C L. How motion verbs are special: The interaction of semantic and pragmatic information in aspectual verb meanings[J]. *Pragmatics & Cog-*

nition，1995，3(1):31-73.

Traugott E C. Subjectification in grammaticalization［M］//Stein D，Wright S.，eds. *Subjectivity and subjectivisation*，Cambridge University Press，1995:31-54.

Ullmann S. *Semantics: An Introduction to the Science of Meaning*［M］. Oxford: Blackwell，1962.

Ungerer F，Schmid H. J. *An Introduction to Cognitive Linguistics*［M］. London: Longman，1996.

Ungerer F，Schmid H. J. *An Introduction to Cognitive Linguistics*［M］. Beijing: Foreign Language Teaching and Research Press，2001.

Van Riemsdijk H. The unbearable lightness of Going: The projection parameter as a pure parameter governing the distribution of elliptic motion verbs in Germanic［J］. *The Journal of Comparative Germanic Linguistics*，2002，5 (1):143-196.

Wischer I. Grammaticalization versus lexicalization［J］. Methinks "There is Some Confusion"，Pathways of Change: Grammaticalization in English，ed.，by Fischer，Olga Fischer，*Anette Rosenbach and Dieter Stein*，2000: 355-370.

Zipf G K. *Human behavior and the principle of least effort: An introduction to human ecology*［M］. Ravenio Books，2016.

Zubin D A，Li N. Topic，contrast，definiteness，and word order in Mandarin［C］//*Annual Meeting of the Berkeley Linguistics Society*. 1986，12: 292-304.

后　记

本书是在我的博士论文基础上修订而成。

回望自己进入语言学学术领域的过程，真觉得神奇。

我的学习经历中规中矩，从汉语言文学本科到语言学及应用语言学硕士研究生到汉语国际教育博士研究生。记得三十年前本科学习时班主任徐越老师问我以后想选择的方向，我毫不犹豫地在"语言"与"文学"之间选择了"文学"。而的确，在开始的近十年工作生涯中，我发表的论文几乎都是文学与教育，语言学从来不在我视线之内。而在 2005 年进入上海师范大学学习语言学及应用语言学硕士课程时，貌似进入了语言学学术领域，但所研究的方向是语言与文化。纵然在读硕期间导师王澧华教授要求我们看一些语言学书籍，但也就仅仅是入门，与语言学一直隔着一层透明的玻璃。而让我对语言学产生强烈兴趣的触发点是当时听了齐沪扬老师的课。记得是一门《现代汉语》教材的比较分析课。一学期课程结束，居然让我有了强烈地想去教《现代汉语》课程的欲望。而当年怎么也想不到，若干年后，我会成为齐老师的学生——吴春相教授的学生。

小书得以出版，最感激之人，莫过于我的导师吴春相教授。

2015 年进入上海外国语大学攻读博士学位，最年轻的博导碰见最年老的学生——我。吴老师端不起导师的架子，拿着我写的第一篇小论文，幽幽地问："以前有没有写过语言学论文？"在看到我犹豫地摇头后，无可奈何道："那先把你速成为语言学硕士，再往博士路上走吧！"

吴老师作为导师，对我最大的引领在于引导我掌握语言学的研究方法，让我自己去寻找有意思的语言现象，自己去思考语言背后的原理与规律。提示我去关注哪些领域、哪些理论，要求我去参加各种会议了解语言学研究的前沿和热点。从来点到即止，绝不越俎代庖。让我在不断发现问题、思考问题、解决问题的路上蹒跚前行。而到这本小书成型，蓦然回首，吴老师一直在旁授我以渔，保驾护航，守望扶持。

而得以能在吴春相教授门下学习，还得感谢金立鑫教授录取了我。在金老师要去韩国前,把经手录取的学生都作了妥善安排,把我交给了吴春相老师。而在学习期间,金老师本已无指导我的义务,但是每次我有小论文请教金老师,金老师总是不留情面,一针见血地指出问题。而对我们的开题、答辩,金老师总是挂怀在心,严师慈父集金老师于一身,每每想起,感激于心。

本书能顺利完成,要感谢论文开题过程中对我的论文研究对象范围界定、论文框架思路提出宝贵意见的金立鑫、刘芳、张红玲老师;感谢在论文写作过程中,对我论文的个案研究提出建议和指导的刘大为老师、黄健秦老师;感谢我那一群青春无敌的师弟师妹,帮我解决各种问题:李静、杜丹帮我借各种书籍,计算机高手冀娜、史又今教我修订格式的各种小窍门,特别是澳大利亚籍师妹白溱,利用她母语的优势,教我寻找外文文献的途径和方法,逐条帮我把关外文参考文献。感谢论文答辩委员会的张谊生老师、陆丙甫老师、金立鑫老师、金基石老师、刘大为老师对论文提出的中肯意见,使论文得以进一步完善,为博士论文国家社科基金后期资助立项打下了基础。

而在书稿修订过程中,要感谢立项、结项时的专家,虽然我不知道专家们的姓名,但是从所给的意见建议中,无不在小书的研究深入、理论提升,甚至格式细节各方面提出真知灼见,为小书的立意、深度、完备提供了很大的帮助。

最后,要感谢我的家人,丈夫、儿子,是一直站在路边为我加油的人。而尤其要感谢我的嫂子,自从我十年前离开家乡,兄嫂二人一起照顾年过八旬的老父亲。嫂子,替我做了所有我作为女儿该做的事,让我无后顾之忧。嫂子的淳朴善良,是我能静心写作、专心科研的坚强后盾。

纸短情长,谨以此书献给所有培育我、关心我、帮助我的师长和亲友!但愿在另一个世界的母亲,能欣慰于爱书的女儿终能出版属于自己的著作。

2024 年母亲节于上海

图书在版编目(CIP)数据

义素层级析出对语法结构的影响 ：以"V走/跑＋N"
非常规结构为例 / 陈建萍著. -- 上海 ：上海三联书店，
2025. 1. -- ISBN 978-7-5426-8649-7

Ⅰ. H04

中国国家版本馆 CIP 数据核字第 20248E15M1 号

义素层级析出对语法结构的影响：以"V走/跑 ＋ N"非常规结构为例

著　　者 / 陈建萍

责任编辑 / 杜　鹃
装帧设计 / 一本好书
监　　制 / 姚　军
责任校对 / 王凌霄

出版发行 / 上海三联书店

　　　　　(200041)中国上海市静安区威海路 755 号 30 楼
邮　　箱 / sdxsanlian@sina.com
联系电话 / 编辑部：021 - 22895517
　　　　　发行部：021 - 22895559
印　　刷 / 上海颛辉印刷厂有限公司

版　　次 / 2025 年 1 月第 1 版
印　　次 / 2025 年 1 月第 1 次印刷
开　　本 / 710 mm×1000 mm　1/16
字　　数 / 300 千字
印　　张 / 18.5
书　　号 / ISBN 978 - 7 - 5426 - 8649 - 7/H · 143
定　　价 / 98.00 元

敬启读者，如发现本书有印装质量问题，请与印刷厂联系 021 - 56152633